Reiseführer Natur
Kanarische Inseln

Die Deutsche Bibliothek - CIP-Einheitsaufnahme

Reiseführer Natur Kanarische Inseln /
Hans-Heiner Bergmann; Wiltraud Engländer.
[Red. Mitarb.: Einhard Bezzel; Josef H. Reichholf].
– 2., durchges. Aufl. – München; Wien; Zürich: BLV, 1995
ISBN 3-405-14318-7
NE: Bergmann, Hans-Heiner; Engländer, Wiltraud; Bezzel,
Einhard [Red.]; Kanarische Inseln

Umschlagfotos: B. & H. Hohmann
(vorn: Punta de Teno, Teneriffa);
H.-H.Bergmann (hinten: Raubwürger);
W. Engländer (hinten: Hierro-Rose);
F. Kögel (großes Foto: beim Roque Redondo, Gran Canaria)

Foto S. 1: Drachenbaum auf El Hierro
Foto S. 2/3: bei Andén Verde, Gran Canaria

Zweite, durchges. Auflage

BLV Verlagsgesellschaft mbH
München Wien Zürich
80797 München

Umschlaggestaltung: Julius Negele, München
Karten: Viertaler + Braun, Grafik und DTP,
München
Redaktionelle Mitarbeit: Dr. Einhard Bezzel,
Prof. Dr. Josef H. Reichholf
Lektorat: Dr. Friedrich Kögel
Layout: Volker Fehrenbach, München
Herstellung: Hermann Maxant
Satz: DTP im BLV Verlag
Reproduktion: Combi-Repro, Wels
Druck: Appl, Wemding
Bindung: Bückers GmbH, Anzing
Gedruckt auf chlorfrei gebleichtem Papier

Printed in Germany · ISBN 3-405-14318-7

Bildnachweis

G. Beese: 24
H.-H. Bergmann: 19 (alle), 22 u, 25, 26 M, 32 M, 33, 35 ul,
36, 39 u, 40 o, 40 u, 43, 44, 45, 46 o, 47 M,
47 u, 48, 49 Ml, 49 ul, 49 ur, 52 r, 54 l, 54 r, 61 (alle), 63, 64 u,
65 M, 70 o, 70 u, 73 ur, 74, 76 ol, 76 Mr, 80 o, 80 M, 86 u,
90 u, 91 M, 93, 95 o, 95 u, 96, 99 ol, 99 u, 102 o, 102 u, 105,
107 Mr, 107 ur, 109, 111ul, 111ur, 114, 116, 120, 122 u, 123 o,
123 M, 125, 126 u, 127 ul, 130, 133, 135 o, 135 u, 138, 139 u,
141, 143 Mr, 143 ur, 144 u, 146 o, 146 u, 147, 148 o, 148 u,
151
W. Engländer: 1, 2/3, 10, 12 o, 12 u, 14, 20, 23, 27, 30, 32 o,
32 u, 35 o, 38, 39 o, 42, 47 o, 50 u, 53 u, 55, 56, 57, 64 o,
65 o, 68, 69, 72 o, 73 o, 76 o, 76 ul, 77, 78, 82/83 (alle),
86 o, 87, 89, 90 o, 91o, 92, 94, 98, 99 or, 106, 107 ul, 110,
111 o, 115 o, 118, 119, 122 o, 126/127, 131, 134, 136 o,
136 u, 139 o, 142/143, 144 o
T. Grüner: 60, 65 u
C. Hinz-Buske: 128
B. & H. Hohmann: 11, 26 u, 35 ur, 124, 127 Mr
F. Kögel: 31 o, 103 o, 107 o, 123 u
A. Machado: 84
M. Müller: 26 o, 115 u
Patzner/MTI-Press: 46 u
H. Roy: 34 u, 52 l, 95 M
H. Schmidt: 31 u, 34 M, 73 ul
B. Schottler/F. Henning: 72 u, 80 u
M. Stock: 29, 34 o, 50 o, 53 o
G. Synatzschke: 16, 79, 91 u, 103 u, 117, 122 o (kleines Foto)
J. Weiss. 15, 22 o, 49 o, 58

Danksagung

B. & Dr. H.HOHMANN, J. MELTER, Dr. P. SACHER und
Dr.M.v.TSCHIRNHAUS halfen uns mit Literaturhinweisen.
D. BRAMWELL, H.BURKE, K. EMMERSON (ICONA, La Lagu-
na) A. MARTÍN HIDALGO (Universität La Laguna), V. MON-
TELONGO und R. PAHS haben uns vor Ort mit wertvollen
Ratschlägen geholfen. B. & Dr.H.HOHMANN sowie R.PAHS
haben Teile des Manukripts kritisch durchgesehen. Ihnen allen
danken wir herzlich.

Inhalt

Einführung
Zur Benutzung des Buches 8
Inselkunde 9
  Lage und Größe der Inseln 9
  Entstehung 10
  Landschaftsformen 12
  Klima 13
Pflanzen- und Tierwelt 15
  Natürliche Vegetation 15
  Eingeführte Pflanzen 21
  Fauna 24
Mensch und Geschichte 26
  Die Ureinwohner 27
  Schutzgebiete 28

Reiseziele

Teneriffa 29
1 Nationalpark Las Cañadas de Teide 30
2 Barranco del Infierno 38
3 Punta de Teno 42
4 Monte del Agua (Teno-Gebirge) 48
5 Pijaral (Anaga-Gebirge) 52

La Palma 55
6 Nationalpark Caldera de Taburiente 56
7 Lorbeerwald Canal y Los Tilos 63

La Gomera 68
8 Nationalpark Garajonay 69
9 La Fortaleza bei Chipude 74

El Hierro 77
10 El Golfo, El Sabinar, La Restinga 78

Gran Canaria 87
11 Cuesta de Silva und Andén Verde 89
12 Los Tilos de Moya 94
13 Barranco von Tenteniguada und
    Botanischer Garten 98
14 Kiefernwälder im Inselinneren 104
15 Barranco von Arguineguín 110
16 Dünen und Lagune von
    Maspalomas 114

Fuerteventura 118
17 Jandía, Corralejo, Lajares und
    La Oliva 119

Lanzarote 131
18 Timanfaya und der Süden 133
19 Riscos de Famara und der Norden 141

Reiseplanung
Vor der Reise 149
Reisen im Land 150
Sonstiges 150

Anhang
Karten 154
Literatur 154
Wörterbuch 155
Register 157

Essays
»Drago«, der Drachenbaum 16
Kanarengirlitz 25
Obsidian: Erinnerungen aus der
Steinzeit 33
Gelbschnabelsturmtaucher 44
»La Graja« - der Vogel von
La Palma 60
Tauben, Tauben... 66
»El Silbo« 75
Die Hierro-Rieseneidechse 84
Vogelblumen und Blumenvögel 96
Eidechsenprobleme 116
Der Kanarenschmätzer 120
Ziegen 124
Die Kragentrappe 128
Vulkanausbruch auf Lanzarote 136
Trockenfeldbau 138

Zum Geleit

Reiseführer Natur – eine Chance für den sanften Tourismus?

Dem Massentourismus ist sehr viel Natur zum Opfer gefallen. Der Versuch, der Unwirtlichkeit der Städte und der Industriegesellschaft in eine »intakte Natur« für die kostbarsten Wochen des Jahres zu entfliehen, mißlang gründlich. Denn der Ruhe, Entspannung und Naturgenuß suchende Mensch wurde im Touristikboom schnell wieder in die Massen einbezogen und beinahe zu einer »Ware« degradiert. Der zähe Brei des Massentourismus wälzte sich, da er fortlaufend seine eigenen Existenzgrundlagen zerstört, immer weiter hinaus bis in die letzten Winkel der Erde. Mit größter Sorge betrachteten Naturschützer in aller Welt diese Entwicklung und versuchten – vergeblich – sich dagegen zu stemmen. Sie waren und sind machtlos gegen die Flut, die über sie und die wenigen geschützten Gebiete hereinbrach. Die Naturschützer hatten so gut wie keine Chancen, die Natur vor dem Massenansturm zu bewahren.

So wurde denn der Tourismus in Bausch und Bogen als nicht natur- und umweltverträglich verdammt und gebrandmarkt. Nicht ganz zu Recht, wie man bei objektiver Betrachtung der Sachlage zugeben muß. Denn nicht wenige der wichtigen, ja unersetzlichen Naturreservate der Welt konnten gerade wegen des Tourismus gesichert werden, der Staaten wie Tansania mit der weltberühmten Serengeti oder Ecuador mit seinen Galápagos-Inseln mehr harte Währung einbrachte, als eine Umwidmung der geschützten Flächen zu anderen Formen der Nutzung. Durch geschickte und gezielte Lenkung des Besucherstromes ist es möglich, die Schäden gering zu halten, aber großen Nutzen einzubringen. Viele Beispiele gibt es hierfür. In Amerika, in Afrika und in Südostasien gelingt es offenbar weitaus besser, Naturreservate zu erhalten als hierzulande in Mitteleuropa, wo Naturschutzgebiete fast automatisch zu Sperrgebieten für Naturfreunde gemacht werden (während andere Nutzungsformen, insbesondere Jagd und Fischerei, in der Regel uneingeschränkt weiterlaufen dürfen).

Es fehlt an Information und an Personal, das die Schutzgebiete überwacht, Besucher betreut und für die Erhaltung der Natur wie für die Einhaltung der Schutzbestimmungen sorgt. Vielfach können gerade da, wo die Schutzgebiete mit strengem »Betreten verboten« ausgewiesen sind, die Schutzziele nicht eingehalten werden. Es fehlen die »Verbündeten«; sie sind als Naturfreunde ausgeschlossen und damit keine starken Partner. Eine grundsätzliche Änderung, eine Wende zum Besseren ist derzeit nicht in Sicht. So bleibt der Naturfreund auf sich allein gestellt, Natur zu erleben, ohne sie zu stören oder gar zu zerstören.

Die neue Serie »Reiseführer Natur« folgt diesen Leitgedanken. Sie will den engagierten Naturfreunden die Möglichkeiten aufzeigen, sich schöne Landschaften mit einem reichhaltigen oder einzigartigen Tier- und Pflanzenleben auf eine »umweltverträgliche« Art und Weise zu erschließen. Ein Tourismus dieser Art, der auf Information aufbaut und dessen Ziel die Sicherung der Naturschönheiten ist, wird vielleicht die überfällige Wende bringen. Unberührte Natur, naturnahe Landschaften und freilebende Tiere und Pflanzen haben ihren besonderen Wert. Aber er wird nicht zum Nulltarif auf Dauer zu erhalten sein.

Einhard Bezzel
Josef H. Reichholf

Vorwort

Als »Islas encantadas« gelten sie seit alters her, als verzauberte, zauberhafte Inseln. Viele alte und neue Sagen ranken sich um sie. Immer noch haftet ihnen auch der Ruch des im Atlantik versunkenen märchenhaften Inselreichs Atlantis an. Doch vermögen die Kanarischen Inseln auch heute auf den aus dem nüchternen Norden anreisenden Besucher ihren Zauber auszuüben. Das gilt zwar auch für jene Gäste, die sich am liebsten nur am Swimmingpool in der Sonne aalen möchten, aber noch viel mehr für diejenigen, die ihre Augen, ihre Ohren, all ihre Sinne offenhalten möchten für die Schönheit und Besonderheit der Natur außerhalb der »Urbanizacion«.

Durch ihre isolierte Lage, durch ihre vulkanische Entstehung, durch ihre teilweise beachtliche Höhe über dem Meeresspiegel warten die Inseln mit einem großen Reichtum an natürlichen Erscheinungen sowohl in der Geologie und Mineralogie als auch in der Tier- und Pflanzenwelt auf: von Lebensräumen unter dem Meeresspiegel bis zu alpinen Felsfluren auf dem Teide, dem mit 3718 m höchsten Berg Teneriffas, der Kanaren und zugleich ganz Spaniens.

Das Ziel dieses Naturführers ist es, dem Besucher zu einer Begegnung mit diesen Naturerscheinungen zu verhelfen. Er soll ihn anleiten, die natürlichen Anziehungspunkte der Inseln aufzufinden, sie zu erkennen und sie besser zu verstehen. Dieses Buch will nicht einen Wanderführer, aber auch nicht spezielle Bestimmungsbücher für Gesteine, Pflanzen oder Tiere ersetzen. Wer solche Information benötigt, der findet Hinweise auf einschlägige Literatur im Anhang. Das Buch setzt dort ein, wo Wanderführer nicht mehr weiter wissen. Es kann je nach Interesse seines Benutzers in Kombination mit anderer speziellerer Literatur verwendet werden. Dementsprechend wollen wir auch nicht die Standorte der seltensten gefährdeten Pflanzen und Tiere präsentieren, sondern dem Leser die häufigen Formen, die uns in den Landschaften der Inseln beim Wandern oder Durchfahren begegnen, nahebringen. Den Begriff Natur haben wir allerdings weit gefaßt. Der Mensch gehört manchmal dazu, besonders wenn er die Natur verändert oder nutzt oder sich ihr besonders anpaßt.

Die Natur der Kanarischen Inseln ist trotz ihrer in mancher Hinsicht weltfernen Lage einiger Gefährdung ausgesetzt. Der Tourismus hat direkt oder indirekt viel Schaden gestiftet. Jeder Umgang mit der Natur fordert daher besondere Rücksichtnahme. Der Besucher ist ein Gast, dem erlaubt ist, die Wunder der Kanaren zu erleben, ohne daß er sie gefährden sollte. Deswegen soll dieses Buch auch dazu beitragen, den gerade erst in eine aktive Phase eingetretenen Naturschutz auf den Kanarischen Inseln im Bewußtsein der Gäste und der Einheimischen zu verankern und zu stärken. Die Kanarier fordern sich selbst und ihre Gäste heute überall dazu auf:

»Respete la naturaleza!«
»Nehmt Rücksicht auf die Natur!«

Prof. Dr. Hans-Heiner Bergmann
Wiltraud Engländer

Einführung

Zur Benutzung des Buches

Wir haben uns bemüht, Ihnen, dem Leser, die wichtigsten Naturschönheiten der Kanarischen Inseln nahezubringen. Um die Informationen vollständig und rasch nutzen zu können, sollten Sie sich zuerst mit dem Gebrauch des Buches etwas vertraut machen.

Die »Inselkunde« gibt allgemeine Informationen über den Naturraum der Kanarischen Inseln. Man findet hier Angaben zur Entstehung der Inseln, ihrer Lage und Größe, über das Klima und die natürliche Vegetation, aber auch über Naturschutz und Schutzgebiete, Besiedlung, Bevölkerung und Landwirtschaft. Viele dieser Informationen sind wichtig zum Verständnis der jeweiligen Insel, die man bereisen möchte.

Den Hauptteil des Führers nehmen die **Beschreibungen der Reiseziele auf den einzelnen Inseln** ein. Eine Einführung in die jeweilige Insel finden Sie vor dem ersten Reiseziel dieser Insel. Eine Übersicht über Größe und Lage aller Inseln gibt die Karte im hinteren Umschlagdeckel. Die aufgeführten Reiseziele sind gewissermaßen die naturkundlichen Höhepunkte der Kanarischen Inseln: Sehenswerte Landschaften, interessante geologische Formationen, Gebiete, die Besonderheiten der Pflanzen- und Tierwelt beherbergen. Ein Reiseziel besteht oft aus mehreren ganz verschiedenartigen Unterzielen oder Besuchspunkten. Das gilt besonders für El Hierro und Fuerteventura, die jeweils nur als ein Reiseziel vertreten sind.

An jedem Kapitelbeginn werden Hauptattraktionen und Charakteristik des Gebietes stichwortartig vorgestellt, um eine schnelle Orientierung zu erleichtern. Die Beschreibung der Tier- und Pflanzenwelt konzentriert sich auf Arten, die für die Kanaren typisch und häufig sind, aber in Mitteleuropa und anderswo auf der Welt fehlen.

Viele Arten werden im Foto vorgestellt; freilich nur ein kleiner Teil der insgesamt vorkommenden. Die Fotos erleichtern das Erkennen, können aber ein Bestimmungsbuch nicht ersetzen. Auf Abbildungen, die nicht im gleichen Kapitel zu finden sind, wird mit »S...« verwiesen, Textstellenverweise bzw. Verweise auf Arten, die anderswo ausführlicher beschrieben wurden, erfolgen durch »s. S...«.

Artnamen von Pflanzen und Tieren sind soweit möglich in Deutsch angegeben. In einer Reihe von Fällen haben wir aber keinen deutschen Namen gefunden und daher den spanischen (in Anführungszeichen) oder den wissenschaftlichen Namen (in Kursivdruck) genannt. Das Auffinden von Orten und **Besuchspunkten** wird durch Querverweise zwischen Text und **Karten** (Zahlen im Kreis) erleichtert.

Der praktischen Reisevorbereitung dient das Kapitel **Reiseplanung**. Dort finden sich Tips zum Reisen auf den Inseln, aber auch eine genaue Aufstellung aller vom verantwortungsbewußten Besucher zu beachtenden Nationalparkregeln sowie Tips zum Verhalten am Meer. Das anschließende **Literaturverzeichnis** verweist auf weiterführende Lektüre. Aus der Vielzahl der allerdings oft spanischen Veröffentlichungen über die Natur der Inseln wurde nur ein kleiner Teil zitiert und das Hauptaugenmerk auf allgemeinverständliche Lektüre und Nachschlagewerke gelegt.

Im **Wörterbuch** der Tier- und Pflanzennamen findet man zu den manchmal unbekannten oder nicht eindeutigen deutschen bzw. spanischen Namen die exakten wissenschaftlichen Bezeichnungen. Das **Register** enthält alle im Text vorkommenden Tier- und Pflanzennamen, Ortsnamen und viele andere Stichworte mit Seitenzahlen.

Zeichenerklärung für die Karten im Text

Um die Übersichtlichkeit der Karten zu gewährleisten, wurden vor allem die für den Touristen interessanten Informationen aufgenommen. Die verwendeten Abkürzungen und Symbole werden unten erklärt. Weitere Sonderzeichen sind in der jeweiligen Karte erläutert, wenn sie nur in diesem Gebiet verwendet werden.

Inselkunde

Lage und Größe der Inseln

Die Kanarischen Inseln liegen 115 km westlich der Küste Nordwestafrikas im Atlantischen Ozean. Ein Blick auf die Karte macht klar, daß sie geographisch nicht mehr zu Europa, sondern zu Afrika gehören. Die sieben großen Inseln sitzen unter Wasser auf Sockeln, die teilweise miteinander verbunden sind, über einem mehr als 3000 m tiefen Meeresgrund. Zusammen mit einigen kleineren Inselchen beläuft sich ihre Gesamtfläche auf 7500 km². Die Nördliche Breite zwischen 27° 38' und 29° 25' entspricht der Lage der zentralen Sahara Marokkos. Auf der gleichen Breite liegt Kairo, auf der gleichen geographischen Länge Island. Die größte der Inseln ist Teneriffa (2057 km²), gefolgt von Fuerteventura (1731 km²) und Gran Canaria (1532 km²). Lanzarote (795 km²) und La Palma (729 km²) sind kaum halb so groß; Gomera und Hierro sind mit 378 und 277 km² die kleinsten der sieben Hauptinseln. Die Schlußlichter bilden die Inselchen Graciosa, Alegranza und Montaña Clara bei Lanzarote und Lobos nahe Fuerteventura. Gran Canaria und Teneriffa sind mit etwa je 600000 Einwohnern am dichtesten besiedelt. Gran Canaria hat mehr Einwohner pro Quadratkilometer (440) als die alte Bun-

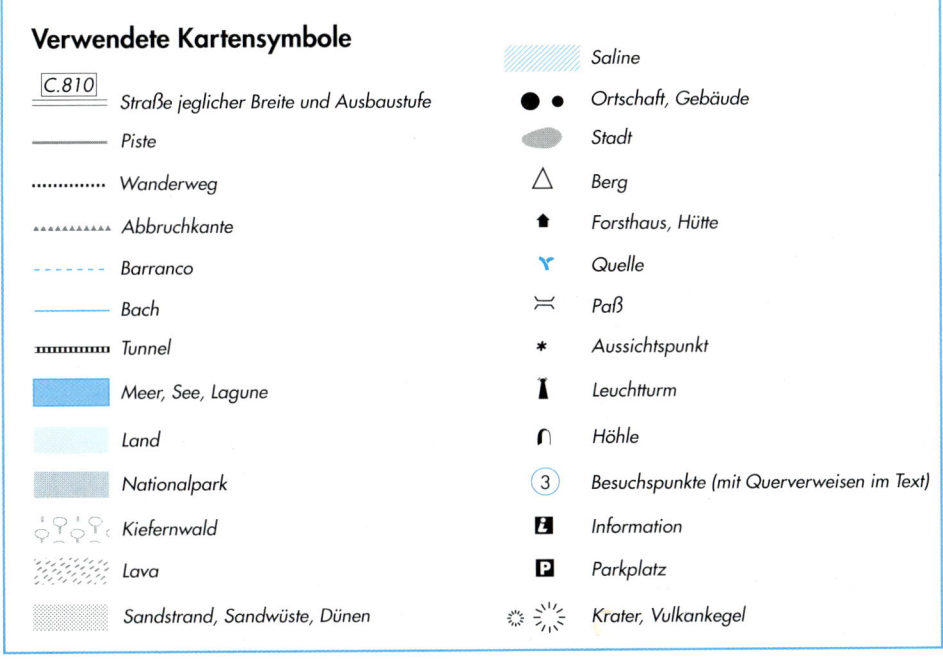

Verwendete Kartensymbole

C.810	Straße jeglicher Breite und Ausbaustufe
	Piste
....	Wanderweg
▲▲▲▲▲▲▲	Abbruchkante
- - - - -	Barranco
———	Bach
▥▥▥▥▥	Tunnel
▮	Meer, See, Lagune
▮	Land
▮	Nationalpark
🌳🌳🌳	Kiefernwald
░░░	Lava
▒▒▒	Sandstrand, Sandwüste, Dünen

▨	Saline
● •	Ortschaft, Gebäude
⬭	Stadt
△	Berg
♠	Forsthaus, Hütte
Y	Quelle
⋈	Paß
✳	Aussichtspunkt
♙	Leuchtturm
∩	Höhle
③	Besuchspunkte (mit Querverweisen im Text)
ℹ	Information
🅿	Parkplatz
✳ ✳	Krater, Vulkankegel

Lavablöcke, wie von Riesenhänden hingestreut: Blocklavafeld bei Arenas Blancas, El Hierro.

desrepublik (248) und selbst als das am dichtesten besiedelte mitteleuropäische Land, die Niederlande (349). Auf den anderen Inseln leben 8000 (Hierro) bis 80000 Menschen (La Palma). Als zweitgrößte ist Fuerteventura zugleich die einwohnerärmste Insel (18 pro Quadratkilometer). Politisch gehören die Kanarischen Inseln zu Spanien. Teneriffa und die westlich gelegenen Inseln bilden die Provinz Santa Cruz de Tenerife, Gran Canaria und die Ostinseln die Provinz Las Palmas.

Entstehung

Nach einer mythischen Entstehungssage sollen die Inseln Reste des im Atlantischen Ozean versunkenen Inselreichs Atlantis sein. In der Wissenschaft wurden lange zwei kontroverse Hypothesen diskutiert. Beide scheinen zu gelten. Die westlichen Inseln dürften rein vulkanischer unterseeischer Herkunft sein. Die Haupttätigkeit der Vulkane fand in zwei Phasen statt: im Früh- und Mitteltertiär und vom Spättertiär bis zur Gegenwart. Bei den Ostinseln gibt es Belege dafür, daß sie früher eine Landverbindung zum afrikanischen Festland hatten. Die aufgefundenen fossilen »Straußeneier« werden allerdings inzwischen als Schildkröteneier interpretiert. Die Inseln weisen jedenfalls ein ganz unterschiedliches geologisches Alter auf. Die östlich gelegenen sind mit 16 – 20 Mio. Jahren die ältesten, Gran Canaria mit 13 – 14 Mio. Jahren schon etwas jünger. Teneriffa und Gomera erreichen nur ein Alter von etwa 10 Mio. Jahren, während La Palma und Hierro mit 2 – 3 Mio. Jahren die jüngsten sind. Das Alter nimmt von Ost nach West ab.

Vulkanismus

Aktive Vulkane sind Erhebungen auf der Erdoberfläche, die Material aus dem Erdinneren nach außen befördern. Später, nach dem Erkalten, bilden sich aus solchen Ergußgesteinen flüssiger Lava ganz verschie-

Cumbre Dorsal, Teneriffa: Helle trachitische und dunkle basaltische Lapilli sind zu Tuffschichten verfestigt.

dene Oberflächenformen, die man sämtlich auf den Kanaren finden und studieren kann. Am attraktivsten ist die **Pahoehoe-Lava**. Das Wort kommt aus dem Hawaianischen und bedeutet »Barfuß-Lava« – die Oberfläche ist ziemlich glatt. Diese Form entstand, wenn sehr heiße, gashaltige, dünnflüssige Lava schnell fließend ausgeworfen wurde und sich auf der Fläche ausbreitete. Dabei bildeten sich durch Stau der sich allmählich abkühlenden Flüssigkeit die wunderlichsten Oberflächenformen. Sie sind besonders im Süden der Insel Hierro bei Restinga (s. S. 78), aber auch im Timanfaya-Gebiet auf Lanzarote (s. S. 136) ausgebildet. Die gehärteten Platten können durch Bewegung des Untergrunds sekundär verworfen und zerspalten werden. Unter ihnen befinden sich oft Höhlungen, in denen Lava geflossen ist. Manchmal ist die Decke nur zentimeterdick, und man kann einbrechen. An der Höhlendecke sieht man meist die Spuren der darunter geflossenen Lava oder auch

regelrechte Stalaktiten, die hier Staphyliten genannt werden (S. 136).
Demgegenüber ist die **Aa-Lava** weniger heiß und zähflüssiger zutage getreten. Sie bildet chaotische Schlackenflüsse und -haufen, die aus scharfkantigen, kaum begehbaren Blöcken unterschiedlicher Größe aufgeworfen sind. Die Kanarier nennen solche Erscheinungen »**malpaís**« (=schlechtes Land).
Eine dritte Form heißt **Blocklava**. Sie kommt dadurch zustande, daß erkaltete große Lavablöcke sekundär transportiert worden sind.
In bestimmten Phasen ihrer Ausbrüche werfen Vulkane unter sehr hohem Gasdruck Material in die Luft. Es besteht einerseits aus Gas (meist Wasserdampf), andererseits aus geformten Bestandteilen, die die Fachleute vulkanische Lockermassen, **Pyroklastite** oder auch Tephra nennen. Sehr feines Material mit Korngrößen kleiner als 2 mm nennt man **Asche**. Bei Korngrößen zwischen 2 und 64 mm spricht man von

Vulkanische Bombe, Wurfgeschoß des Vulkans.

Lapilli. Noch größere Objekte, die der Vulkan ausgespieen hat, nennt man bei unregelmäßiger Gestalt **Schlacken**, bei gleichmäßig abgerundeter Gestalt **Bomben**. Diese haben ebenso wie die größeren Lapilli oft eine charakteristische tropfenförmige Gestalt mit seitlichen Leisten. Sehr solide schwere Bomben sind oft mit Olivinkristallen (s. S. 140) angefüllt. Die pyroklastischen Elemente können schwarz oder dunkel gefärbt sein. Dann nennt man sie Scoria. Helle, hochgradig gashaltige Materialien kennen wir als Bims oder Bimstein. Sie sind sehr leicht und können schwimmen. Lapilli gibt es in verschiedenen Farbtönen. Die Färbung der Gesteine hängt von ihrer chemischen Zusammensetzung, der bei ihrem Freisetzen herrschenden Temperatur und davon ab, wie

schnell sie abgekühlt sind. Über derartige Prozesse können Töpfer Auskunft geben, die ihre Keramik je nach Behandlung schwarz, rot oder anders brennen. Betrachtet man die Schichtenfolgen in einem Aufschluß, zum Beispiel entlang einer Straße, so kann man oft die verschiedensten Materialien übereinander gelagert erkennen: Basalte und Phonolithe, dann wieder dunkle, helle oder gar weißliche **Tuffe**, das sind verfestigte Lockermassen, und anderes. Gehen solche Schichtenfolgen auf die Tätigkeit eines einzigen Vulkans zurück, so nennt man ihn **Misch- oder Schichtvulkan.** Daneben gibt es, vielerorts auf den Kanarischen Inseln sichtbar, auch reine **Lockervulkane**, die nur Aschekegel bilden.

Bei den Mischvulkanen kommt es häufig zum Einsturz des ursprünglich aufgehäuften Kraters. Der stehenbleibende Rand bildet eine **Caldera** (span. »Kessel«). In dieser können sich wieder neue Kegel als Nebenvulkane ausbilden. Die Cañadas auf Teneriffa (s. S. 30) stellen einen riesigen Einsturzkrater dar, ebenso die Caldera de Taburiente auf La Palma.

Steckengebliebene Eruptionen füllen einen Schlot mit vulkanischer Gesteinsmasse an. Ist diese härter als die Umgebung, so bildet sich durch Verwitterung ein freigestellter domartiger Fels, ein Neck oder **Schlot**. Besonders beeindruckende Beispiele hierfür findet man auf La Palma und La Gomera (S. 69).

Landschaftsformen

Viele Einflüsse prägen die Landschaften der Kanarischen Inseln. Als erstes ist es der **Vulkanismus**, der die Inseln entstehen ließ und viele Spuren an der Oberfläche hinterlassen hat. In der Tiefe wirkende tektonische Prozesse zusammen mit Schwankungen des Meeresspiegels haben Hebungen und Senkungen verursacht und auch einen Teil des Riesenkraters El Golfo von Hierro ins Meer sinken lassen.

Sekundär ist diese Urlandschaft durch das

Die 5 m hohen rosettenartigen Basaltsäulen sind eine geologische Attraktion Teneriffas oberhalb Puerto de la Cruz.

Wasser der Niederschläge und Quellen geformt worden, das Täler und Schwemmland produziert. Am beeindruckendsten sind die **Barrancos**, durch Erosion tief eingeschnittene Schluchten. Älter sind die ausgedehnten Kehltäler. Das **Meer** mit seiner Dünung formt die Landschaft an der Küste. Die meisten Küsten der Kanaren sind steil und felsig. Sandstrände sind selten. Der Sand ist oft dunkel. Er wird durch die Sonnenhitze so heiß, daß man ihn barfuß kaum betreten kann. An vielen Stellen ist er mit Schotter aller Korngrößen bis zum groben Geröll durchmischt. Manchmal ist schließlich auch der **Wind** als formende Kraft beteiligt, der marine Sande ins Land transportiert. Sie können zu Dünen aufgehäuft werden, wie man sie im Süden Gran Canarias und auf Fuerteventura findet. Für die Lebewesen entstehen daraus Sand- oder Halbwüsten. Im Norden Lanzarotes und Hierros bildet sich aus Schalenstücken kalkschaliger Meerestiere ein weißer Kalksand, der ebenfalls vom Meer her durch den Wind landeinwärts getragen wird.

Unter dem Einfluß des Menschen ist die Naturlandschaft an manchen Orten zur **Kulturlandschaft** geworden, andernorts zur »Wüste der Zivilisation« degeneriert. Auf mehreren Inseln ist die küstennahe Zone eine großflächige Bananenkultur.

Klima

Die Kanaren sind ozeanische Inseln. Daher ist es vor allem die ausgleichende Wirkung des Meeres, die ihnen während des ganzen Jahres wenigstens in Küstennähe steten Frühling mit Temperaturen um 20° C beschert. Nur wenige 100 km weiter östlich findet man in der afrikanischen Sahara tagsüber dörrende, lebensfeindliche Hitze und nächtliche Kältestarre. Die Milde der Inseln ist im wesentlichen durch das mediterrane Klima bedingt. Die Kanaren stehen unter dem Einfluß des dafür so bezeichnenden Winterregens mit verstärkten Niederschlägen in den Monaten November bis Februar, besonders von Dezember bis Januar. Im Sommer herrschen Schönwetterlagen mit etwas höheren Temperaturen vor.

An der Küste liegt das mittlere monatliche Maximum der **Temperatur** zwischen 20° C (Januar) und 29° C (August), das mittlere Minimum zwischen 15° C und 21° C. Schon in 500 m Höhe in der Passatzone sind die Temperaturen durchschnittlich um 5° C niedriger. In den Cañadas können auf einer Meereshöhe von mehr als 2000 m Temperaturen zwischen -8° C und + 28° C gemessen werden.

Wegen der Nähe zum Äquator schwankt die **Tageslänge** nicht so stark wie in Mitteleuropa. Der längste Sommertag dauert etwa 14 Stunden, der kürzeste Tag im Jahr nicht viel weniger als 11 Stunden. Die Sonne steht mittags sehr hoch am Himmel. Sie sinkt steil ins Meer und steigt ebenso steil daraus auf. Daher ist die Dämmerung zu allen Jahreszeiten relativ kurz.

Die Vielfalt der Lebensräume – wenigstens auf den Westinseln – findet ihre Ursache vor allem in der ungleichen Verteilung der **Niederschläge**. Es gibt wüstenhafte Regionen im Süden, in denen es kaum jemals regnet. Andernorts im Norden und Nordosten regnet es fast an jedem Tag des Jahres. Dabei spielt der Passat eine Rolle.

Passat und Antipassat

Im Süden strahlende Sonne und Hitze, im Norden und Osten, von wo der Wind kommt, eine Wolkendecke, Feuchtigkeit und Kühle: eine typische kanarische Wettersituation. Dafür ist der Nordostpassat verantwortlich.

Am Äquator steigt über dem erwärmten Ozean warme Luft auf. Dadurch entsteht nahe der Meeresoberfläche ein Tiefdruck-, in der Höhe ein relatives Hochdruckgebiet. Hieraus fließt Luft in nördliche Breiten ab. Zum Ausgleich entsteht ein nordöstlicher Wind, der über das Meer wieder in das oberflächennahe Tiefdruckgebiet hinein-

Wie bei Föhn quillt die Passatwolke über den Bergkamm und löst sich darunter auf. La Cumbrecita, La Palma.

weht. Dies ist der **Passat**. Er wurde schon im Mittelalter von Handelsschiffen (»trade winds«) und von Entdeckungsreisenden wie Columbus genutzt. Der in der Höhe entgegengesetzt nach Nordosten wehende Wind wird als **Antipassat** bezeichnet. Daß Passat und Antipassat von der Nord-Süd-Richtung nach rechts abweichen, kommt durch die unterschiedliche Geschwindigkeit der Erdoberfläche (hervorgerufen durch die Erddrehung) auf den verschiedenen Breitengraden zustande.

Wenn der feuchte, über das Meer kommende Passat auf eine niedrige Insel wie Lanzarote oder Fuerteventura trifft, bilden sich nur über den höchsten Erhebungen ein paar Wolken. An den höheren Westinseln aber staut sich die auftreffende Luft und muß aufsteigen. Dabei kühlt sie sich ab, es bilden sich Tröpfchen und Wolken. Unter dem Einfluß der warmen vom Boden aufsteigenden Luft wird dieser Effekt verstärkt. So entsteht tagtäglich im Laufe des Vormittags auf der windzugewandten

Wo der Nordostpassat auf höhere Erhebungen der Inseln trifft, bilden sich Passatwolken (nach Satellitenfoto).

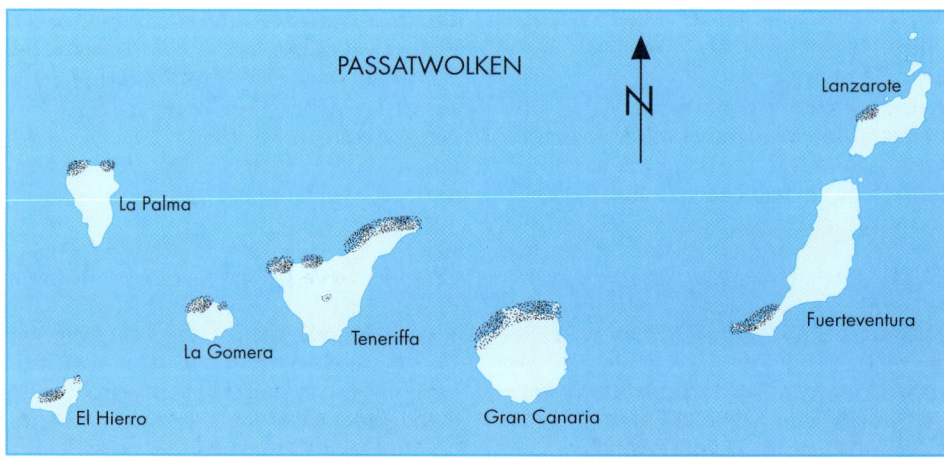

Luvseite der Berge eine mehrere hundert Meter dicke **Passatwolke**. Ihre Obergrenze liegt auf Teneriffa in einer Meereshöhe von etwa 1600 m, in den Sommermonaten nur etwa bei 1200 m. Im Winter gibt es viele wolkenfreie Tage. Bei ruhigem Wetter im Sommer kann sich auch auf der Leeseite eine solche Wolke ausbilden.

Über der Wolkendecke herrscht strahlender Sonnenschein. Die obere Wolkengrenze kommt dadurch zustande, daß aus größerer Höhe kalte und dadurch schwerere trockene Luft herabgleitet und auf die Wolkenmasse aufläuft. An Bergkämmen quellen die Wolken auf die Leeseite hinüber und lösen sich dort auf. Diese Wolkenmassen erinnern an Erscheinungsbilder des Föhns in den Alpen.

Der Nebelniederschlag fängt sich in der Bartflechte.

Nebelniederschlag

Fährt man von unten in eine Passatwolke hinein, so wird es feucht und das Licht gedämpft. Von allen Bäumen tropft das kondensierende Wasser herunter. Die langen Nadeln der Kanarischen Kiefer, aber auch die fein benadelten Äste der Baumheide kämmen die Feuchtigkeit regelrecht aus den Wolken heraus. So kann es geschehen, daß zwischen den Bäumen der Boden trocken ist, unter den Baumkronen aber feucht. An sehr niederschlags- und wolkenreichen Stellen wie auf dem Kamm des Anaga-Gebirges auf Teneriffa können zur jährlichen Niederschlagsmenge von etwa 1000 mm weitere 300 mm durch Nebelniederschlag hinzukommen. In den Kiefernwäldern werden lokal noch weit höhere Werte erreicht. Das zeigt, wie wichtig der Wald für den Wasserhaushalt der Inseln ist.

Das Wetter

Das Wetter ist etwas anderes als das Klima. Die momentane Wetterlage wird ungeachtet der Beständigkeit des Passats besonders im Winter auch von anderen Witterungseinflüssen bestimmt. Dann verlagert sich das Passatsystem mit der Sonnenbahn nach Süden. Die vom Norden kommenden Tiefdruckgebiete dringen weit südwärts vor. Sie können den Inseln Abkühlung, Sturm und heftige Regenfälle bescheren. Auch polare Kaltluft kann bei solcher Gelegenheit nach Süden gelangen. Die nördlichen und westlichen Inseln sind von solchen Einflüssen stärker betroffen als die südlichen und östlichen.

Im Sommer dagegen gibt es nicht selten mehrtägige Südwetterlagen. Der von Afrika kommende **Levante** oder **Scirocco**, ein trockenheißer, mit rötlichem Saharastaub (»Calima«) beladener Südostwind, erzeugt dörrende Trockenheit. Dabei entsteht eine drückend-schwüle Atmosphäre. Solches Wetter macht viele Menschen für Krankheiten anfällig.

Pflanzen- und Tierwelt

Natürliche Vegetation

Auf den Kanarischen Inseln gibt es insgesamt etwa 3000 Arten von Farnen und Höheren Pflanzen. 800 Arten wurden als Kultur- oder Zierpflanzen auf die Inseln gebracht oder sind eingeschleppt worden.

»Drago«, der Drachenbaum

Er findet sich als Titelfoto auf manchem Buch und ziert ungezählte Ansichtspostkarten: ein lebendiges Wahrzeichen der Kanarischen Inseln. Der berühmte Drachenbaum von **Icod de los Vinos** auf Teneriffa ist ein Haltepunkt für alle Besucher der Insel. Er ist 16 m hoch, der Stamm weist einen Umfang von etwa 6 m auf. Drachenbäume sind Liliengewächse. Der baumförmige Wuchs ist etwas Ungewöhnliches für diese Pflanzenfamilie. Die äußere Gestalt kommt durch wiederholte gabelige Zweiteilung des Vegetationskegels zustande. Solche Bäume können hunderte von Jahren alt werden. Der »tausendjährige« Drachenbaum von Icod wird von Botanikern auf ein Alter von etwa 380 Jahren geschätzt – eine respektable Zahl für eine Lilie.

Der »tausendjährige« Drachenbaum von Icod, Teneriffa, wird auf ein Alter von etwa 380 Jahren geschätzt.

Drachenbäume bilden an Rispen sitzende rötliche Beerenfrüchte, die keimfähig sind. Sie sind lebende Fossilien. Einst waren sie im Mittelmeergebiet verbreitet, sind aber dort in eiszeitlichen Kältephasen ausgestorben. Sie gelten als eines der eindrucksvollsten Tertiärrelikte der kanarischen Pflanzenwelt. Nächstverwandte Formen gibt es erst wieder in Ostafrika und auf der Insel Sokotra im Indischen Ozean. Heute findet man Drachenbäume einzeln in der Kulturlandschaft. In neugeschaffenen Parkanlagen und an

Straßen werden junge »Dragos« angepflanzt. Auf La Palma gibt es sogar kleine »Drago«-Wälder. Wilde Exemplare haben nur an den unzugänglichsten Felsstandorten überlebt.

Wegen seines Alters und seiner eindrucksvollen Ausmaße wurde der »Drago« schon von den Ureinwohnern verehrt. Dabei spielte neben dem Holz, das sich zur Herstellung von Booten verwenden ließ, das »Drachenblut« eine Rolle. Ritzt man den Baum an, so läuft ein farbloser, harziger Saft aus der Wunde. Er wird beim Eintrocknen dunkelrot. Dieses »Drachenblut« wurde von den Guanchen beim Mumifizieren der Toten und als Medizin verwendet.

Bleiben etwa 2200 Wildpflanzenarten. Die Kanaren erreichen eine höhere Artenzahl als die 34mal so großen Britischen Inseln. Der Reichtum der Pflanzenwelt ist für den Besucher kaum zu überblicken. Auch heutzutage sind noch nicht alle Pflanzen bekannt, die auf den Kanaren wachsen. In den letzten dreißig Jahren wurden hier mehr als 60 neue Arten entdeckt. Erst im Jahre 1991 ist eine neue Glockenblume aus der Gegend von Masca auf Teneriffa beschrieben worden.

Endemismus

440 Pflanzenarten, das sind 20 %, sind jeweils auf nur einer einzigen Insel heimisch. Diese Arten nennt man inselendemisch. 230 weitere Arten sind für die Kanaren als ganze Inselgruppe typisch. Diese kanarischen Endemiten machen 35–45 % der heimischen Pflanzenwelt aus, wenn man alle eingeschleppten und absichtlich importierten Pflanzenarten abrechnet. Viele sind selten geworden oder in ihrem Bestand bedroht. Manche existieren nur noch in winzigen Populationen. Nur eine Art, ein Nachtschattengewächs, ist seit über 20 Jahren als vermißt gemeldet. Besonders interessante Gattungen haben gleich eine Vielzahl von Arten hervorgebracht, die aus einer Urform hervorgegangen sein dürften: Die Tochterformen haben sich gleichzeitig in verschiedenen Richtungen spezialisiert und auseinanderentwickelt. Ein Beispiel sind die rosettentragenden Fettblattgewächse der Gattung *Aeonium* mit allein 34 Arten (S. 19). Aber auch die Gänsedisteln, die Gattung Natternkopf, Margeriten der Gattungen *Argyranthemum* u. a. haben mehrere Arten entwickelt. Dafür sind verschiedene Faktoren verantwortlich. Die auf den Inseln neu eintreffenden Individuen fanden unbesetzte Lebensräume vor, in denen sie sich einnisten konnten. Schnelle Anpassung war um so mehr gefordert, je extremer die Lebensbedingungen waren. Durch die Entfernung der Inseln vom Festland war unabhängige Entwicklung möglich.

Wenn eine Art auf mehreren Inseln vorkommt, heißt das keineswegs, daß sie überall gleich ist. Sie kann auf einer Insel durchaus anders aussehen als auf der nächsten. Es gibt Variationen innerhalb der Art. Die Evolution geht weiter.

Riesenwuchs

Ein besonderes Merkmal kennzeichnet viele Pflanzen der Kanaren. Wolfsmilchgewächse, die in Mitteleuropa in die Krautschicht gehören, sind auf den Kanarischen

Durch den Einfluß von Höhenlage und Passat ergeben sich auf den Inseln unterschiedliche Vegetationszonen.

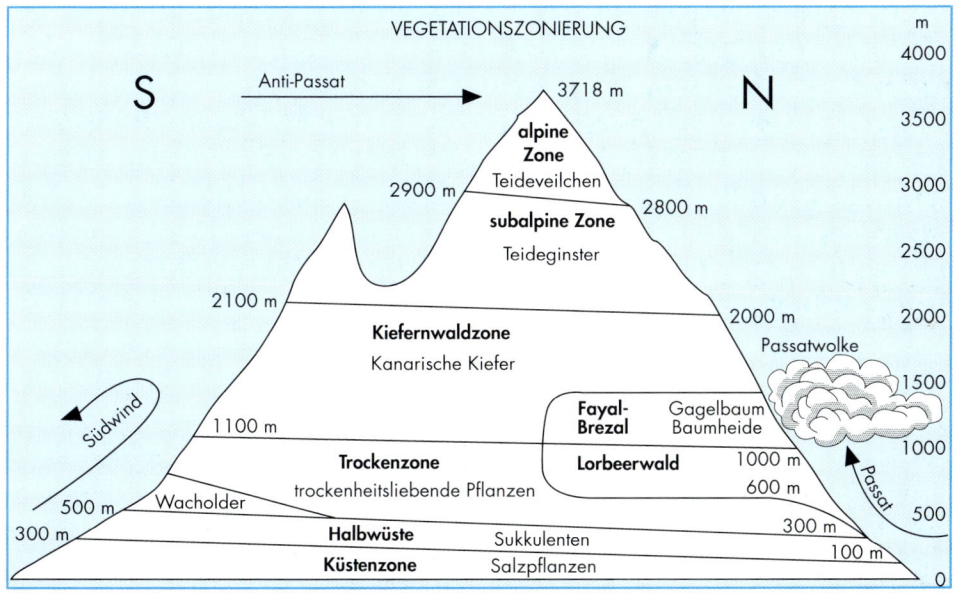

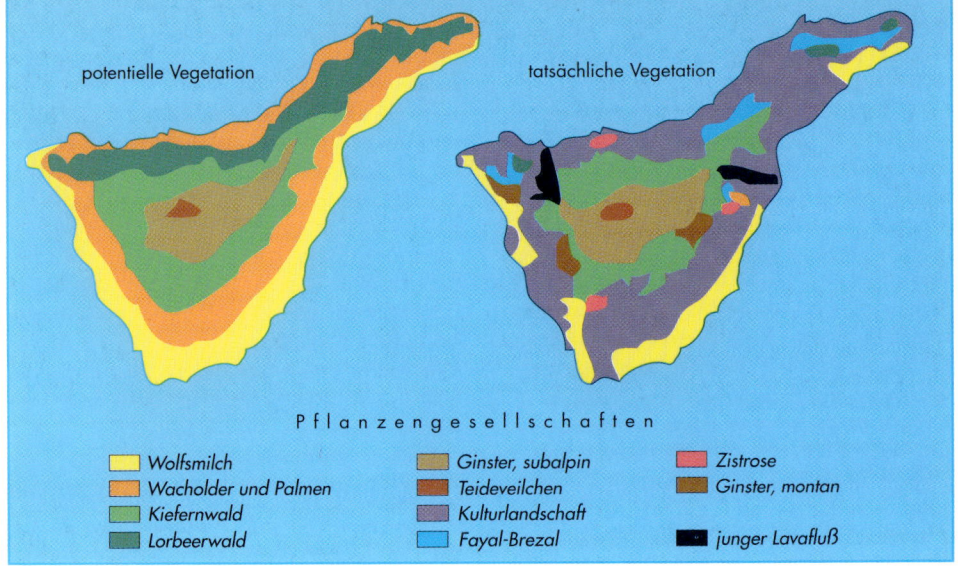

Die natürlichen Vegetationszonen auf Teneriffa (links) sind durch den Einfluß des Menschen verändert (rechts).

Inseln als Sträucher oder gar Bäume vertreten. Der Natternkopf, bei uns eine bestenfalls kniehohe Pflanze, bildet dort fast durchweg bis zu mannshohe Sträucher oder mehrere Meter hohe Blütenkerzen (S. 35). Johanniskraut ist ebenfalls kein Kraut, sondern strauch- oder baumförmig. Die Baumheide im Lorbeerwald kann bis 40 cm dicke und 15 m hohe Stämme bilden. Riesenwuchs findet man in vielen Gattungen und Familien höherer Pflanzen verbreitet. Sicherlich ist es die Gunst des Klimas, die es gestattet, daß Pflanzen, deren Verwandte in Mitteleuropa im Winter absterben oder ruhen, hier eine ganzjährige Vegetationsperiode mit entsprechenden Wuchsformen nutzen können.

Zonierung

Das Pflanzenkleid der Kanarischen Inseln ändert sich wie überall auf der Welt mit zunehmender Höhe über dem Meer, ist aber auch von anderen Faktoren abhängig. Unmittelbar an der **Küste** herrscht der Einfluß des Meeres vor. Die hier siedelnden Pflanzenspezialisten müssen vor allem mit dem Meersalz fertigwerden. Spezielle Pflanzengesellschaften findet man am **Sandstrand** und in den Dünen. Die darüber liegende Zone ist **Halbwüste** und wird vor allem von wasserspeichernden Pflanzen mit verkleinerter Oberfläche, den **Sukkulenten**, besiedelt. Hier erreichen die Wolfsmilchgewächse ihre größte Vielfalt. Wer nach seiner Ankunft auf den Kanaren die erste Kandelaberwolfsmilch (S. 43) entdeckt, wird wohl zuerst glauben, einen Kaktus zu sehen. Aber die Stacheln sind gegabelt, die Blüten unauffällig und viel kleiner als Kakteenblüten. Das deutlichste Merkmal der Wolfsmilchgewächse ist auch zugleich ein gefährliches: Ritzt man sie an, läuft oder spritzt ein weißlicher Milchsaft heraus, der stark ätzend wirkt. Wer davon etwas in die Augen bekommt, muß rasch zum Arzt.

Auch die oberhalb anschließende **Trockenzone** verlangt von den Pflanzen Anpassungen an den Wassermangel. Nur unter Passateinfluß kann in Höhen ab 600 m der feuchte **Lorbeerwald** gedeihen. In seinen Rand- und Übergangsbereichen wächst

Aus der Werkstatt der Evolution: Von den über 30
Aeonium-Arten wächst *Aeonium urbicum* auf Teneriffa.

Die strauchförmig verzweigte Art *Aeonium spathulatum*
kommt unter anderem auf Gran Canaria vor.

Das tellerförmige *Aonium tabuliforme* von Teneriffa.

Aeonium undulatum oder Mönchsohr von Gran Canaria.

Aeonium subplanum findet man nur auf der Insel Gomera.

Aeonium sedifolium kommt unter anderem auf La Palma vor.

Der Kanarische Kiefernwald tritt in sonnigen und trockenen Südlagen an die Stelle des Lorbeerwalds.

die Pflanzengesellschaft des **Fayal-Brezal** (S. 72) aus Gagelbaum (»faya«) und Baumheide (»brezo«). Auf den trockenen Südseiten bis etwa 2000 m tritt die Kanarische Kiefer für den Lorbeerwald ein. Oberhalb des **Kiefernwaldes** gedeihen in der **subalpinen Zone** vor allem Ginsterarten. Hier herrscht kontinentales Klima mit trockenen Sommern und kalten Wintern. In der **alpinen Zone** wachsen nur noch Moose und Flechten und als Pionier das Teideveilchen (S. 34). Auf den passatzugewandten Nord- und Ostseiten der Inseln wird die Zonierung heruntergedrückt. Die küstennahe Halbwüste verschmälert sich, der Lorbeerwald mit seinen Arten kann bis fast an das Meer herabreichen.

An die unterschiedlichen Niederschlagsbedingungen in den verschiedenen Höhenzonen ist auch die pflanzliche **Vegetationsperiode** angepaßt. Im Februar stehen in der Trockenzone viele Pflanzen in voller Blüte. Im Sommer bei Dürre und Hitze gehen die meisten von ihnen in einen Trockenschlaf über und werfen ihre Blätter ab. In den Hochlagen über 2000 m verzögert sich die Ginsterblüte in den Mai hinein.

»El Pinar« – der Kiefernwald

Die Kanarische Kiefer kommt nur auf den westlichen Kanaren vor. Sie ist im Tertiär auch in Südwesteuropa heimisch gewesen. Heute lebt ihre nächste Verwandte *Pinus roxburghii* im Westhimalaya. Hochgewachsene alte Kanarenkiefern mit ausladender Krone bieten einen prächtigen Anblick. Sie haben bis zu 30 cm lange, jeweils zu dritt in einem Kurztrieb sitzende Nadeln, die im Gegenlicht glänzen. Ihre mächtigen Zapfen sind größer als die der mediterranen Pinie.

Das Wunderbarste an diesen Bäumen ist ihre Fähigkeit, dem Feuer zu widerstehen – wohl eine stammesgeschichtliche Anpassung an den Vulkanismus. Selbst wo keine Lava fließt, entstehen heute durch Unachtsamkeit oder Absicht nicht selten Waldbrände. Eine in Brand geratene Waldkiefer in Mitteleuropa stirbt. Bei der Kanarischen Kiefer ist die mächtige Borke oft über dem Boden verkohlt. Doch selbst wenn die Flammen den ganzen Baum erfaßt haben, fallen ihnen nur die Nadeln und dünneren Äste zum Opfer. Der Stamm und die dickeren Seitenäste überleben.

Schon bald treiben sie neue Seitenästchen aus. Die frischen Triebe tragen anfänglich blaugrüne Nadeln. Mehrfach feuergeschädigte Bäume, wie man sie z. B. auf La Palma finden kann, wirken wie Säulen. Ein heroisches, aber gleichzeitig auch ein schauriges Bild.

Das dunkelbraune Kernholz der alten Bäume, das die Spanier »tea« nennen, ist hart und zäh. Es wird als Baumaterial, besonders für Türen und Balkone geschätzt. In der Vergangenheit hat man in eigens dafür konstruierten Steinöfen (»horno de brea«) daraus Kiefernharz gewonnen. Es diente als Imprägnierungsmittel für Bau- und Schiffsholz. Die abgefallenen Nadeln wurden über lange Zeit dazu verwendet, die geernteten Bananenfruchtstände weich zu lagern und zu verpacken. Noch heute nutzt man die Nadeln als Einstreu im Stall. Manchmal werden die Bäume von dem Forstschädling *Dasychira* (oder *Macaronesia*) *fortunata* kahlgefressen, den Raupen eines Schmetterlings aus der Familie der Nonnen. Doch selbst vom Kahlfraß können sich die Kiefern gut erholen.

»Laurisilva« – der Lorbeerwald

Der kanarische Lorbeerwald ist ein Kind des Passats. Er beherbergt anders als der Kiefernwald je nach Standort 15 bis 20 verschiedene Baumarten. Alle sind relativ ähnlich. Sie haben immergrüne, meist einfache Blätter. Die Blüten sind oft unscheinbar und stehen unerreichbar hoch in den Baumkronen. Man muß die Bäume nach den Blättern und der Borke bestimmen. Zum Wald gehören Strauch-, Kraut- und Moosschicht, außerdem die Epiphyten auf Ästen und Stämmen der Bäume. Die Laurisilva ist ein Urwald, der an manchen Stellen einen sehr dichten Kronenschluß erzeugt. Wegen des Lichtmangels kann es hier kein Unterholz und keinen Jungwuchs geben. Ein Weg bringt allerdings eine Auflichtung mit sich. Er wird daher von einer besonders reichen Waldboden- und Waldrandflora begleitet. Auch die aus den Früchten gekeimten Jungpflanzen haben nur an den helleren Stellen eine Chance. Ansonsten findet die Erneuerung der Bäume durch rings um den Hauptstamm sprießende Stockausschläge statt, die nicht so stark auf eigene Lichtversorgung angewiesen sind. Sie treten später an die Stelle des alten Baumes, der oft noch lange als Totholz in der Mitte stehenbleibt.

Immergrüne Dickblattgewächse

In Anpassung an besonders trockene Standortbedingungen haben Dickblattgewächse aus der Gruppe um *Aeonium* (S. 19) ihre Gestalt entwickelt. Blattrosetten vermindern die Verdunstung, besonders wenn sie dem Boden anliegen. Sukkulenz ermöglicht Wasserspeicherung für Dürrezeiten. Sie meiden die Meeresnähe, aber auch die Höhenlagen. Sie haben auf den einzelnen Inseln und in den verschiedenen Lebensräumen eine Vielzahl von unterschiedlich gestalteten Arten entwickelt. Insgesamt 83 Arten von Dickblattgewächsen in verschiedenen Gattungen sind heute auf den Kanaren bekannt. Da sich die Arten erst in jüngerer Zeit entwickelt haben, wundert es nicht, daß sie oft noch zum Bastardieren neigen. Sie sind alle immergrün und werden viele Jahre alt. Der griechische Wortsinn besagt »aei« = immer und »on«= seiend.

Eingeführte Pflanzen

»Hier gedeihen Pinien ebenso wie Palmen, Kastanienbäume und Kakteen.« Dieser Satz aus einem neueren Bildband über die Kanaren ist richtig. Allerdings sind allein die Palmen heimisch, und von diesen nur die Kanarische Dattelpalme (S. 109). Kastanien und Kakteen sind Fremdlinge, auch die seltenen Pinien. Sehr häufig ist anstelle der Kanarischen die dunkelnadlige kalifornische Montereykiefer angepflanzt, daneben gelegentlich die duftende Aleppokiefer aus dem Mittelmeergebiet. Das Gemisch aus heimischen

Die Bäume des Lorbeerwalds verjüngen sich hauptsächlich durch Stockausschlag: Monte del Agua, Teneriffa.

Trockene Lebensräume werden vielerorts von Opuntien beherrscht.

Oft sind es aber unauffällige, versehentlich eingeschleppte Wildkräuter, die sich überall breitmachen und heimische Formen verdrängen. Das gilt besonders für die sogenannten Ruderalstandorte an Straßen und Wegen. Hier findet man u. a. das Federborstengras (S. 89), das sich schon weit in die Landschaft hinein ausgebreitet hat, den hübschen Kalifornischen Mohn und das aus Mexiko stammende Weiße Eupatorium (*Ageratina adenophora*), das sich an vielen Orten zur wahren Landplage entwickelt hat. Man findet die Art nicht nur an Wegen, sondern selbst mitten im besten Lorbeerwald. Gleicher Herkunft ist der schmächtige Wilde Tabak (S. 76), der einige Meter hoch wird, an Flieder erinnernde Blätter und gelbe Röhrenblüten trägt.

Kulturpflanzen

Die Kanaren galten schon im Mittelalter als Zwischenstation für die Akklimatisierung tropischer Gewächse an europäisches Klima. Aufgrund ihrer klimatischen Gunst sind sie aber auch zum Anbaugebiet vieler Kulturpflanzen geworden, auf den Westinseln besonders von Bananen. Das Klima eignet sich auch gut für Tomatenkulturen, die teilweise in großflächigen plastikbedeckten Gewächshäusern reifen. Der Avocadobaum, zur Familie der Lorbeergewächse gehörig, stammt aus dem tropischen Amerika. Eine nächstverwandte Art mit kleinen Früchten wächst im kanarischen Lorbeerwald. Avocadobäume werden mehr und mehr in ausgedehnten Kulturen gezogen und treten an manchem Ort an die Stelle der Bananen. Man kann die warzigen, dunkelgrünen Früchte billig

kanarischen und fremden Pflanzen aus aller Herren Länder, das heute die Pflanzenwelt der Kanarischen Inseln kennzeichnet, ist ebenso bemerkenswert wie beängstigend. Die tropische Blütenpracht ist zugleich mit dem Verlust an echten kanarischen Pflanzen verbunden. An die Stelle des ursprünglichen kanarischen Lorbeerwalds tritt an manchem Ort ein fader, schnellwüchsiger Eukalyptusbestand.

Der Gelbe Sauerklee, ein Neubürger, verdrängt durch Massenvorkommen im Kulturland die heimische Flora.

Kulturpflanze Banane: Der Scheinstamm trägt den Fruchtstand, der neue Sproß wird "hijo" (Sohn) genannt.

im Geschäft oder auf dem Markt kaufen, sie sind aber in kleinen Ortschaften kaum erhältlich. Für Kenner empfiehlt sich die Herstellung von Avocado-Creme. Das zerdrückte Fleisch wird mit kleingeschnittenem hartgekochtem Ei vermischt, mit etwas Zitrone, reichlich Knoblauch, Pfeffer und Salz abgeschmeckt. Erstklassiger Brotaufstrich. Manche empfehlen auch den Zusatz von etwas Cognac oder Sherry.

Bananen – Glanz und Elend

Seit mehr als hundert Jahren und in immer zunehmendem Maße ist die Küstenzone auf den Westinseln bis in Höhen von etwa 300 m mit Bananenkulturen zugebaut worden. Dadurch sind viele ursprüngliche Landschaften und Lebensräume verlorengegangen. Selbst junge, noch unbewachsene Lavaströme werden auf diese Weise nutzbar gemacht. Durchbrochene Umfassungsmauern sollen stärkeren Wind abschirmen, aber eine gewisse Luftbewegung zulassen. Neuerdings sind viele Plantagen durch plastikbespannte Gewächshäuser geschützt.
Es war im Jahre 1855, als der französische Konsul Sabin de Berthelot die Zwergbanane aus Südostasien auf den Inseln einführte, eine Art mit kleinen, aromatisch-süßen Früchten, die aber nicht leicht über längere Zeit transportiert werden können. Der Export beschränkt sich daher zum größten Teil auf das festländische Spanien. Die Rentabilität des Anbaus steht heute auch wegen des unmäßigen Wasserverbrauchs der Kulturen grundsätzlich in Frage.
Eine Bananenpflanze hat keinen Stamm, sondern lediglich einen Scheinstamm, der sich aus den Blattscheiden zusammensetzt. Er wächst innerhalb eines Jahres unter viel Wasser- und Nährstoffverbrauch heran und trägt einen einzigen großen Blüten- und Fruchtstand. Danach stirbt er und

wird abgeschlagen. Was noch davon brauchbar ist, dient als Viehfutter oder Einstreu im Stall. Die Pflanze regeneriert inzwischen durch Stockausschlag von der Basis her. Den kleinen Keimling nennen die Spanier »hijo« = Sohn. Meist sieht man an einer Pflanze drei Generationen: Den alten Stumpf, den tragenden Stamm und einen oder mehrere »hijos«.

Opuntien und die Koschenillelaus

Opuntien sind Kakteen südamerikanischer Herkunft, die ihre Blätter reduziert haben und mit Hilfe der grünen, sukkulenten Flachsprosse assimilieren. Mehrere Opuntienarten sind schon früh als Viehfutter auf den Kanaren eingeführt worden und haben sich an manchen Stellen massenweise ausgebreitet. Im Jahre 1826 wurde die Koschenillelaus aus Südamerika auf den Inseln eingeführt. Sie ist ein Insekt mit stark reduzierten Fühlern und Beinen, das als Pa-

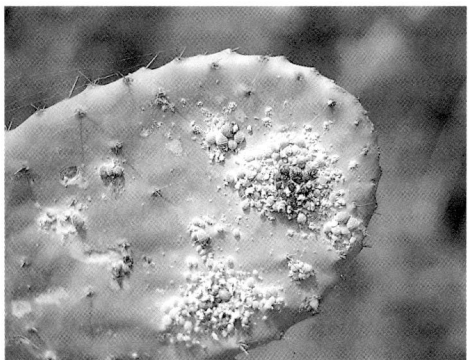
Koschenille-Schildläuse leben auf den häufigen Feigen-
kakteen. Aus ihnen gewinnt man den Farbstoff Karmin.

Säugetiere

Unter Säugetierkennern sind die Kanaren immer wieder einmal für eine kleine Sensation gut. Die beiden Zoologen Molina und Hutterer haben 1989 eine neue Spitzmausart (*Crocidura osorio*) beschrieben, die nur auf Gran Canaria, vielleicht in kleiner Zahl auch auf Teneriffa vorkommt. Die früher wohl auf allen Inseln lebenden küstenbewohnende Mönchsrobbe ist längst ausgerottet bzw. zu einem extrem seltenen Gast geworden.

In den Cañadas auf Teneriffa und in der Caldera de Taburiente auf La Palma hat man dagegen das Mufflon eingebürgert, um ein geeignetes Jagdwild zur Verfügung zu haben. In der jüngeren Vergangenheit hat man viel Mühe darauf verwendet, diese Tiere wieder auszurotten, da sie durch ihr Abweiden gefährliche Schäden an der Vegetation anrichteten. Auf verschiedenen Inseln trifft man gelegentlich im Wald verwilderte Hauskatzen, darunter scheue große Tiere mit dickem Schwanz, die an Wildkatzen erinnern. Wildkaninchen sind in beinahe allen Lebensräumen häufig und werden bejagt. Man findet sie vom Meer bis in Hochlagen über 2000 m.

Wale

An der Küste lohnt sich immer ein langer Blick mit dem Fernglas auf das hohe Meer hinaus. Man wird nicht nur fliegende Sturmtaucher und Möwen entdecken, sondern nicht selten auch große Meeressäuger: Wale und Delphine. Letztere begleiten bei ruhigem Wasser gern Fährboote auf der Überfahrt.

Grindwale sind an ihrer tropfenförmig nach hinten gebogenen Rückenflosse leicht zu erkennen, auch wenn man den runden Kopf nicht sieht. Sie ernähren sich hauptsächlich von Kalmaren und Hochseefischen wie Bonitos und Stachelmakrelen. Weibchen sollen bis zu 60 Jahre alt werden, Männchen weniger. Besonders an der

rasit in kleinen Kolonien auf der Oberfläche der Opuntiensprosse lebt. Die Tiere bevorzugen den häufigen Feigenkaktus. Sie besitzen im Fettkörper den rötlich-violetten Farbstoff Karmin, der schon den Azteken bekannt war. Im vorigen Jahrhundert wurde Karmin in Europa viel für Färbungszwecke verwendet. Obwohl die Zucht der Tiere und das Gewinnen des Farbstoffs mit viel Handarbeit verbunden war, ließen sich damit gute Geschäfte machen. So kam es um die Mitte des vorigen Jahrhunderts zu einem Koschenille-Boom auf den Kanaren. In den 80er Jahren allerdings wurden in Europa die Anilinfarben erfunden. Damit brach die Karminindustrie zusammen. Heute findet man die Tiere noch an vielen Stellen auf den Kanaren, vor allem im Nordosten Lanzarotes. Das natürliche Karmin wird nur noch in geringer Menge gewonnen, z. B. als Farbstoff für mikroskopische Präparate, für Lebensmittel und in der Kosmetik. Die nach mehreren Häutungen ausgewachsenen Tiere werden von den Kakteen abgekratzt und durch Hitze getötet und getrocknet. Die bis 6 mm langen Weibchen werden ausgesucht und zermahlen. Dabei entsteht das pulverisierte Koschenille oder Cochenille, woraus der Farbstoff extrahiert wird. Für 50 g Karmin benötigt man 1 kg Koschenille, hierfür etwa 140000 Läuse.

Südküste von Teneriffa kann man die Tiere sehen. Kleinen Schulen begegnet man bei der Schiffsüberfahrt nach Gomera oder La Palma. In diesem Meeresbereich scheint sich eine ortsfeste Population von 200–300 Tieren aufzuhalten. Viele von ihnen haben Narben am Körper, die von den Propellern der Schnellboote stammen. Die Wale sind bei einer Länge von 4–5 m und einem Gewicht von etwa 1,5 Tonnen nicht so wendig, daß sie den schnellen Booten rasch genug ausweichen könnten. Tote, nach Verletzungen eingegangene Wale werden mit Regelmäßigkeit an den Küsten, vor allem auf Fuerteventura und Lanzarote angespült.

Außer dem Grindwal sind vor den Kanarischen Küsten bisher 18 verschiedene Arten von Barten- und Zahnwalen nachgewiesen worden, unter ihnen auch weltweit sehr seltene und bestandsgefährdete Arten.

Vögel

Obwohl Vögel zu den beweglichsten Organismen zählen, waren die kanarischen Vogelpopulationen gegenüber dem afrikanischen und dem europäischen Festland soweit isoliert, daß sich einige endemische Arten gebildet haben: Teidefink, Lorbeertaube, Kanarentaube und Kanarenschmätzer. Eine etwas größere Verbreitung haben Kanarengirlitz, Kanarenpieper und Einfarbsegler. Sie kommen auch auf Madeira und den Azoren vor. Ausgestorben sind der Schwarze Austernfischer und ein Grünlingsverwandter (*Carduelis triasi*).

Amphibien, Reptilien, Fische

Die Reptilien sind vor allem durch Eidechsen vertreten, unter ihnen auch mehrere Gecko- und Skinkarten. Schlangen fehlen ganz. An Amphibien kommen der Iberische Seefrosch und der Mittelmeer-Laubfrosch vor. Die Zahl der Fischarten im Meer ist groß. Man kann sie am besten auf dem Fischmarkt, bei einem Angler oder beim Schnorcheln bzw. Tauchen kennenlernen.

Kanarengirlitz

Der Kanarienvogel, besser Kanarengirlitz und von den Einheimischen »Canario« genannt, ist in beinahe allen Lebensräumen der westlichen Inseln anzutreffen, im Kulturland wie im Kiefernwald, in den Trockengebieten wie in den Randzonen des Lorbeerwalds. Er ist ein schnell fliegender Vogel. Die Männchen sind prächtiger als die schlichten Weibchen. Der kurze Kegelschnabel zeichnet den Körnerfresser aus. Der Kanarengirlitz ist etwas größer als der europäische Girlitz, dementsprechend sind seine Bewegungen nicht ganz so flink, die Stimme tiefer. Die Strophen des Männchens stehen wegen ihres klaren Aufbaus und ihrer klangvollen Phrasen dem Gesang der Mönchsgrasmücke nicht nach. Dem Wildvogel fehlt allerdings der typische tiefe Roller des Harzer Kanarienschlages, oder er ist nur in Andeutungen zu hören. Durch jahrhundertelange Mühen hat man inzwischen beim Kanarienvogel eine Vielzahl von Farb- und Formschlägen herausgezüchtet. In der kanarischen Reiseliteratur werden die wilden Kanarengirlitze abschätzig behandelt. Wer aber einmal ein prächtiges Männchen bei seinem gaukelnden Singflug sah, der wird darüber anders denken.

Den Teneriffagecko kann man auf Gran Canaria und Teneriffa nachts an den Hauswänden sitzen sehen.

Nur noch ein Gehäuse: Leere Panzer der Rennkrabbe finden sich nicht selten im Spülsaum.

Von dem kleinen Tintenfisch *Spirula* stammt die zart durchscheinende Schale, die weniger als 2 cm groß ist.

Wirbellose des Meeres

Meerestiere haben seit jeher für die Menschen auf den Kanaren eine wichtige Rolle gespielt. Die Guanchen haben an vielen Stellen Abfallhaufen mit Tausenden von Schalen der Napfschnecke hinterlassen. Heute sind diese recht selten geworden. Das Tierleben im Meer ist ansonsten reich. Nur wer es tauchend oder schnorchelnd erkundet, wird diesen Reichtum erahnen. Zerbrechliche kleine Posthornschalen, die man im Spülsaum findet, stammen nicht von einer Schnecke, sondern von dem Tintenfisch *Spirula*. Auch die fein gekammerten Schulpe von *Sepia*-Tintenfischen treiben gelegentlich an. An Fisch-Schwimmblasen erinnern die bläulich-irisierenden Schwimmpolypen einer Staatsqualle, die den Namen Portugiesische Galeere (S. 151) trägt. An den treibenden Blasen hängen bis zu 50 m lange dunkelblaue Fäden. Ihre Nesselwirkung ist so stark wie ein heftiger Peitschenhieb. Die Kenner meiden sie deshalb wie die Pest. Auch Individuen der nahe verwandten, aber harmlosen Staatsqualle *Velella* werden angetrieben, die sich mit Hilfe eines kleinen Segels vom Wind verdriften lassen und ihre Tentakel als Schwimmanker benutzen.

Mensch und Geschichte

Schon die Phönizier scheinen, ausgehend von ihren nordafrikanischen Stützpunkten bzw. von Cadiz in Südspanien, die östlichen Inseln Lanzarote und Fuerteventura besucht zu haben. Sie brachten von dort den begehrten purpurroten Farbstoff der Orchilla-Flechte (Orseille; S. 92) mit nach Hause. Seither werden die beiden Ostinseln als die **Purpurarien** bezeichnet Der römische Astronom Ptolemäus (etwa 85 – 160 n. Chr.) setzte die Insel Hierro als Nullmeridian in seinem geozentrischen Weltsystem ein. Er bezeichnete die ganze Inselgruppe als »insulae fortunatae«, die glücklichen Inseln oder Inseln der Seligen.

Dieser Name hat sich für die Westinseln, die **Fortunaten**, bis heute erhalten. Zu ihnen gehören Gran Canaria, Teneriffa, Hierro, Gomera und La Palma.

Der eigentliche Name der Kanaren ist in seinem Ursprung ungeklärt. Nach dem römischen Universalgelehrten Plinius dem Älteren (23/24 – 79 n. Chr.) wird Gran Canaria wegen der dort vorkommenden großen Hunde (lat.»canis« = Hund) als »Canaria« bezeichnet. Dem stehen aber auch andere Deutungen gegenüber.

Die Ureinwohner

Von den Phöniziern und den Römern wurden sie zuerst besucht, gelebt haben sie auf den Inseln schon viel länger: Die frühesten Einwanderer der Kanarischen Inseln gehörten der **Cromagnon**-Gruppe an. Noch heute gibt es Menschen dieses Typs einerseits bei den Berbern in Nordafrika, andererseits auch bei den Basken, Iren und Bretonen. Sowohl der Rassentyp der älteren Cromagniden als auch derjenige der jüngeren Promediterranen war auf den Kanarischen Inseln vertreten. Die Inseln wurden vermutlich in mehreren Schüben besiedelt. Die erste Einwanderungswelle soll etwa 2500 v. Chr. stattgefunden haben. Auf Gomera scheint der kulturell weniger fortschrittliche cromagnide Typus vorgeherrscht zu haben, ebenfalls auf Teneriffa. Nur hier werden die Ureinwohner als Guanchen bezeichnet.

Auf Gran Canaria waren eher mediterrane Typen mit moderneren Kulturtechniken aus jüngeren Einwanderungswellen vertreten. Zahlreiche Großsteinbauten belegen besonders auf La Palma kulturelle Zusammenhänge mit westeuropäischen und nordafrikanischen Kulturen: In Tagorors hielten die Ureinwohner ihre Versammlungen ab, das sind Steinkreise, die aussehen wie ein kleines Stonehenge. Die Felsgravierungen in der Höhle von Belmaco und anderswo auf La Palma und Hierro finden ihre Entsprechung in einem Königsgrab in der Bretagne. Bei den Altkanariern war es wie im alten Ägypten üblich, die Toten zu mumifizieren, allerdings mit Hilfe einer etwas einfacheren Technik. Die älteste Datierung einer solchen Mumie ergab ein Alter von etwa 2450 Jahren.

Coenobio de Valerón (Gran Canaria): Kornspeicher und Heiligtum der Ureinwohner, wurde von Frauen bewacht.

Trotz ihrer in vieler Beziehung hohen Kultur befanden sich die Ureinwohner zur Zeit ihrer »Entdeckung« durch die Spanier noch in der Steinzeit: Sie kannten kein Metall, Werkzeuge beschränkten sich auf Steinabschläge oder bestanden aus Holz. Man ernährte sich von Getreide, das auf allen Inseln außer auf La Palma und Hierro wohl von den Besiedlern mitgebracht worden war, von einheimischen Pflanzen und von Viehzucht. Eine wichtige Rolle spielten der Fang von Fischen und das Sammeln von Meerestieren. Die Altkanarier verehrten den Gott »Abora« und brachten dessen Gegenspieler »Guayote« zur Besänftigung Opfer dar. Das Oberhaupt der hochentwickelten sozialen Gemeinschaft war ein König, von dem ein vorbildlicher Lebenswandel erwartet wurde. Frauen spielten im Priester- und Richteramt eine herausragende Rolle. Auch die Erbfolge der Guanchen war mutterrechtlich organisiert.

Als die Inseln um 1340 entdeckt wurden, war dort nicht viel zu holen. Mangels anderer exportierbarer Güter liefen Schiffe der Portugiesen, Spanier und Mallorquiner sie wiederholt mit dem Ziel an, Sklaven zu fangen. Die Menschen galten als heidnisch und somit als Freiwild. Wer nicht als Sklave verschleppt wurde, mußte sein Leben in jahrelangen blutigen Unterwerfungskämpfen lassen – ein Großteil der Urbevölkerung wurde umgebracht. Neuere anthropologische Untersuchungen zeigen jedoch, daß das Erbe der Ureinwohner genetisch zu regional wechselnden Anteilen in der heutigen Bevölkerung weiterlebt. Dies äußert sich z. B. in der Blutgruppe und bestimmten Merkmalen der Gesichter.

Schutzgebiete

Spanien ist Mitglied der Europäischen Gemeinschaft und hat eine Reihe von Vereinbarungen über den Schutz der belebten Natur unterzeichnet, die auch für die Kanarischen Inseln gelten: Die Ramsar-Konvention zum Schutze von Feuchtgebieten internationaler Bedeutung, die Bonner Konvention über den Schutz wandernder wildlebender Tierarten, die Berner Konvention über die Erhaltung wildwachsender Pflanzen und wildebender Tiere sowie natürlicher Lebensstätten in Europa (= Europäische Naturschutzkonvention) und die EG-Vogelschutzrichtlinie zur Erhaltung wildlebender Vogelarten.

Auf den Kanaren gibt es Schutzgebiete unterschiedlicher Wertigkeit:
1 World Heritage Reservat: Nationalpark Garajonay auf Gomera;
1 Biosphärenreservat: Canal y Los Tilos auf La Palma;
spezielle Schutzgebiete der EG: Los Islotes de Lanzarote, Riscos de Famara (Lanzarote), Jable Istmo de Jandía (Fuerteventura), Insel Lobos (bei Fuerteventura), Jable de Corralejo (Fuerteventura), Kiefernwälder von Pajonales, Ojeda, Inagua und la Data auf Gran Canaria, Caldera de Taburiente auf La Palma, Nationalpark Garajonay auf Gomera.

Nationalparks

Zu Nationalparks sind auf den Inseln Naturgebiete erklärt worden, die in ihrer Ursprünglichkeit nicht zu stark durch menschlichen Einfluß verändert worden sind und in denen die Pflanzen- und Tierwelt ebenso wie die Landschaft von außerordentlichem kulturellem, wissenschaftlichem bzw. Erholungsinteresse ist. Die Nationalparks mit ihren thematischen Schwerpunkten sind:

Timanfaya, Lanzarote: Rezenter Vulkanismus;
Garajonay, Gomera: Lorbeerwald;
Cañadas del Teide, Teneriffa: Subalpine Zone;
Caldera de Taburiente, La Palma: Kanarischer Kiefernwald.

Zusätzlich zu den Nationalparks sind Naturparks (»Parques naturales«) ausgewiesen worden, die weniger strengen Schutzbestimmungen und Kontrollen als die Nationalparks unterliegen.

Teneriffa

Teneriffa ist die größte und höchste der Kanarischen Inseln. Als Folge davon wartet sie auch mit der größten landschaftlichen und ökologischen Vielfalt auf: ein Kontinent für sich. Sie reicht von der Dürre der wüstenhaften Küstenzone bis zur subalpinen und alpinen Stufe. Der Nationalpark Las Cañadas de Teide bietet atemberaubende, vielgestaltige Hochgebirgslandschaft. Las Cañadas ist ein ausgedehnter Krater in 2000 m Höhe; in seinem Zentrum erhebt sich der Pico del Teide mit 3718 m. Im Norden und Westen der Insel sind regional Lorbeerwaldreste an steilen Berghängen erhalten. In den trockeneren Südlagen treten ansehnliche Kiefernwälder an ihre Stelle. In den tieferen Lagen herrscht trockenangepaßte Strauchvegetation vor. An der Küste gedeihen salztolerante Pflanzen. Der vielgestaltigen Vegetation ist eine ebenso reichhaltige Tierwelt zugeordnet. Mit Ausnahme weniger Spezialisten kann man alle kanarischen Vogelarten hier sehen.

Trotz des subtropischen Klimas trägt der 3718 m hohe Teide im Winter manchmal einen Mantel aus Schnee.

1 Nationalpark Las Cañadas de Teide

Riesiger Einsturzkrater von 16 km Durchmesser in mehr als 2000 m Höhe; darin Vulkane Pico Viejo und Pico del Teide mit dem 3718 m hohen Gipfel Pilón; überragende Aussicht, auch auf Nachbarinseln; in den Cañadas weitgehend endemische, subalpine Strauchvegetation aus Kugelbüschen; Teide fast vegetationsfrei bis auf das endemische Teideveilchen.

Seit dem Besuch Alexander von Humboldts im Jahre 1799 ist das Gebiet der Cañadas mit dem Teide, dem höchsten Gipfel der Kanaren und ganz Spaniens, eines der meistbesuchten Ausflugsziele von Teneriffa geworden, sehenswert nicht nur für Naturfreunde. Die Cañadas stellen die Reste eines eingestürzten oder explodierten Vulkans (s. S. 12) dar, dessen Kraterwand im Süden noch weitgehend unversehrt, im Norden und Westen jedoch durch jüngere vulkanische Ereignisse zerstört ist. Der Vulkankegel, der in erdgeschichtlicher Vergangenheit über diesem Krater stand, hat im Laufe seiner Entstehung wahrscheinlich mehrere vorher schon vorhandene Teilinseln, darunter die alten Massive **Anaga** und **Teno**, zur heutigen Insel Teneriffa zusammengeschmolzen.

An den **Teide** als Hauptgipfel schließen sich im Südwesten mit einer Höhe von 3106 m der **Pico Viejo**, im Osten die **Montaña Blanca** mit 2750 m an, alles noch innerhalb des riesigen Kraters.

Auch der Teide geht in seiner Entstehung auf mehrere vulkanische Ereignisse zurück. Der von hellem Bimsstein gezeichnete höchste Gipfel, Pilón oder Zuckerhut genannt, erhebt sich 200 m hoch über einer älteren Basis, der Rambleta, aus deren Krater heute noch sichtbare Lavaströme herabgeronnen sind.

Im Inneren des Riesenkraters Las Cañadas: das Schwemmland von Ucanca, im Hintergrund junge Lava.

Die Roques de García sind eines der Wahrzeichen der Cañadas und ein Anziehungspunkt für Fotofreunde.

Las Narices (die Nasenlöcher) stellen einen Strom dunkler Lava dar, der sich im Jahre 1798 aus der Westflanke des Pico Viejo ergossen hat. **Los Azulejos** sind Schichten bunter Lapilli (s. S. 11), einige davon blaugrün (»azul«).

Aus biologischer Sicht bieten erkaltete Lavaströme und Lapillifelder eindrucksvolle Anschauung für die Sukzession bei der Besiedlung durch Tiere und Pflanzen. Als erste werden viele wirbellose Tiere in die lebensfeindliche Umgebung hineingetragen, die sich dort von ebenfalls verdrifteten Insekten und anderem eingewehten organischen Material ernähren. Später fassen Sporen von Farnen, Moosen und Flechten sowie die ersten Samen höherer Pflanzen Fuß, die nach ihrem Keimen weitere Tierformen anziehen und ernähren. Diese Prozesse nehmen Jahrhunderte und Jahrtausende in Anspruch.

Die Cañadas sind seit 1954 mit einer Fläche von 13 500 ha Nationalpark. Darin sind die Caldera und das gesamte Teidegebiet eingeschlossen.

Pflanzen und Tiere

Entsprechend dem Klima finden wir in den Cañadas eine besondere subalpine Pflanzenwelt mit ihren Anpassungen vor. Es gibt nur wenige Arten, meist in relativ lichtem Bestand. Bäume fehlen. An ihre Stelle treten Sträucher, meist als Kugelbüsche ausgebildet. Auch ihre Anatomie ist an den Wassermangel angepaßt.

Schon im Kiefernwald außerhalb des Nationalparks fällt die Teideskabiose als kniehoher Strauch auf, der im Sommer viele

Der seltene Blaue Teidenatternkopf kommt nur in den Cañadas vor - er wird bis 1 m hoch.

In den Hochlagen von Teneriffa und La Palma gedeiht als fast blattloser Kugelbusch der Teideginster.

Der Kanarenpieper gehört auf allen Kanaren vom Meer bis in die Hochlagen zu den typischen Bodenvögeln.

In den Cañadas paßt sich die Westkanareneidechse durch dunkle Färbung dem Lavauntergrund an.

lichtrosa Einzelblüten trägt und im Spätsommer über und über mit winzigen Pusteblumen bedeckt ist. Die länglichen Blätter sind weißfilzig, ein Schutz gegen Wasserverlust.

In den eigentlichen Cañadas dominieren strauchförmige, manchmal über mannshohe Ginsterarten. Ohne Blätter präsentiert sich mit weißlichen, dicht und aufrecht stehenden Sprossen der Teideginster (»Retama del Teide«), der in seinem Vorkommen auf die Hochlagen von Teneriffa und La Palma beschränkt ist. Im fortgeschrittenen Frühjahr sind die Büsche über und über mit weißlichen, stark duftenden Blüten bedeckt. Diese liefern Nahrung für zahllose Bienenvölker, die von den Imkern heraufgebracht werden.

Der gelb blühende mannshohe Ginster »Codeso de Cumbre« hat einen dichten Besatz weißfilziger und etwas klebriger Blätter. Zu den Kreuzblütlern rechnet die Teidebesenrauke, ein weiterer Kugelbusch der Cañadas mit gelben Blütenständen. Nach dem Verblühen bleiben die fahlgelben Blütenstiele stehen und überziehen die Büsche mit einem lichten Heiligenschein. Mit weißen Margeritenblüten wartet ein inselendemischer Korbblütler (*Argyranthemum teneriffae*) auf. Erwähnenswert ist noch der Teidelack (S. 107), ein Kreuzblütler mit wunderschönen vierzähligen weißlich-violetten Blüten. Berühmt sind die bis 2 m hohen Kerzen des Roten Teidenatternkopfs. Man findet einige Individuen unmittelbar am Gebäude des Parador Nacional. Daneben gibt es als zweite Art den meterhohen Blauen Teidenatternkopf.

Auf Teneriffa kommt nur die **Westkanareneidechse** vor. Man hat sie am Teide bis in Höhen von 3200 m gefunden. Die großen Männchen sind sowohl am Kopf als auch auf dem Rücken sehr dunkel gefärbt. Ihnen fehlen der lebhaft blaue Kehl- und Wangenfleck und die gelbgrüne Rückenzeichnung. Dieser dunklen Form *Gallotia galloti galloti* gehören die Cumbre, die Cañadas und der ganze Süden der Insel. *G.g. eisentrauti* (S. 49) ist die buntgemusterte Form, die von der Anaga-Halbinsel bis nach Santa Cruz hin und an der Nordküste bis Garachico vorkommt. Die Populationen gehen in bestimmten Bereichen ineinander über. Die bunten Eidechsen (»Passateidechsen«) sind besser an die reiche Vegetation des Nordens angepaßt. Die dunklen (»Vulkaneidechsen«) stimmen in ihrer Färbung mehr mit der Lava des Südens überein.

Die Cañadas in ihrem inneren Bereich sind abgesehen von dem Pflanzenbewuchs nicht sehr lebensfreundlich für höhere Tiere. Doch fliegen der Kanarenpieper und der Kolkrabe (S. 79) noch bis weit die Hänge des Teide hinauf. Viele Vögel gibt es in den Kiefernwäldern am Außensaum der Cañadas. In den »Zonas recreativas« und im Garten des Besucherzentrums ist häufig fließendes Wasser vorhanden. Dieses zieht die Vögel magisch an. An solchen Stellen kann man besonders morgens, aber bei Sonnenhitze auch tagsüber Teidefinken, Kanarengirlitze, Kanarenpieper, Teneriffa-Goldhähnchen, Blaumeisen, Zilpzalpe, zuweilen sogar den Raubwürger (s. Umschlag) aus der Nähe beobachten.

Zum Wasser kommen auch Eidechsen, Kaninchen und viele Insekten, darunter der häufige Kanarenbläuling (span. »Manto de Canarias«) mit unterseits bunt gemusterten Flügeln. Die Art ist endemisch auf den Westinseln. Die Larven leben auf Schmetterlingsblütlern. Auch die große blaue Köngslibelle kann man hier fliegen sehen. Die Cañadas weisen viele Höhlen auf. In ihnen hat man eine interessante, angepaßte Insektenfauna entdeckt.

Der **Gipfel des Teide** beherbergt einen kleinen Krater, dessen Betreten heute verboten ist. Doch ist bei ruhigem Wetter schwefliger Duft überall in der Luft. Am Boden gibt es häufig Solfataren, wo sich gelblich-glitzernde Schwefelausblühungen ablagern. Der Vulkan ist nicht tot, sondern ruht nur.

Obsidian: Erinnerungen aus der Steinzeit

Auf den Kanarischen Insel gibt es von Natur aus keine Metalle in ausbeutbaren Lagerstätten. Vielleicht liegt es vor allem daran, daß die Eroberer der Inseln im Mittelalter die Urbevölkerung in steinzeitlichem Zustand antrafen. Unter den bearbeitbaren Steinen fehlt auf den Kanaren der Feuerstein. Daher blieben nur Obsidian und Basalt, um daraus Klingen, Schaber und andere Werkzeuge herzustellen. Obsidian ist von der Urbevölkerung besonders auf Teneriffa verwendet worden, wo dieses vulkanische Glas in Mengen in den Cañadas zu finden ist. Es bricht muschelartig wie Feuerstein. Die schwarze Farbe rührt von eingemengtem Eisenoxid her. Obsidian entsteht, wenn flüssiges, gasarmes Magma rasch erkaltet, z. B. als Kruste von Basaltlava oder auch in vulkanischen Bomben (s. S. 12).

Obsidian – vulkanisches Glas – eignet sich, um daraus Steinwerkzeuge herzustellen.

Sonnenaufgang auf dem Teide.. Im Licht der Morgensonne wirft der Vulkan seinen Schatten in den Dunst, der sich in der Ferne wie ein Berggipfel abbildet.

Das Teideveilchen wächst bis in die Gipfellagen.

Der Teidefink ist ein Bewohner der Kiefernwälder.

Nahe den Solfataren wachsen Grünalgen und Moose. Selbst im Winter auf Schneeflecken kann man viele vom Wind herauftransportierte Insekten sehen, die in der Kälte nicht mehr flugfähig sind. Andere Gliedertiere wie Spinnen, Hundertfüßer und Käfer haben sich hier oben angesiedelt und leben von diesen sterbenden oder toten gestrandeten Insekten. Vögel sind hier selten, doch manchmal läßt sich der Kanarenpieper sehen. Kolkraben suchen nach Abfällen.

Das Teideveilchen ist der berühmteste pflanzliche Endemit dieser Region und kommt tatsächlich nur an den Hängen des Teide bis zur Höhe von etwa 3500 m und auf einigen Gipfeln der Caldera vor. Es blüht im späten Frühjahr.

Im Gebiet unterwegs

Man kann die Cañadas auf verschiedenen Straßen mit dem Fahrzeug erreichen: Vom Norden über die C.821 von Puerto de la Cruz: 35 km. Vom Osten von La Laguna

Las Narices del Teide, die Nasenlöcher des Teide, erinnern an einen Vulkanausbruch in jüngerer Zeit.

Die Teideskabiose, ein häufiger Strauch der Cañadas.

Der Rote Teidenatternkopf: ein Wahrzeichen Teneriffas.

Die glänzenden Nadeln der Kanarenkiefer erreichen 30 cm.

her über die Cumbre (C.824): 43 km. Vom Süden von Vilaflor her über die C.821: 16 km. Vom Westen auf der C.823 über Chío: 24 km. Eine Busverbindung gibt es nur von Santa Cruz über La Orotava nach **El Portillo** ⑦ am Osteingang der Cañadas. Der Bus fährt jeweils am Montag, Samstag und Sonntag um 6.30 Uhr in Sta. Cruz ab. Jede Zufahrt zu den Cañadas hat ihre eigenen Reize und führt durch eine eigene Zonierung von Vegetation und Landschaft. Besonders sei auf den südwärts liegenden Kiefernwald von **Vilaflor** hingewiesen, der einen prächtigen Bestand teils uralter Kanarenkiefern bietet.

Wählt man die Südauffahrt, so gelangt man nach einigen Fotostops in eine flache Schwemmlandebene genannt **Los Llanos de Ucanca** ①. Etwas weiter oben passiert man die **Azulejos** ② und gelangt bald zum Parkplatz des Parador Nacional. Von dort hat man Ausblick auf die berühmten **Roques de García** ③. Wenn man die Straße weiterfährt, kommt man zur Talstation des »teleferico«. Die meisten Besucher lassen es damit bewenden, mit der Kabinenbahn zur Bergstation des Teide hinaufzufahren und dann zum Gipfel ④ aufzusteigen. Für Bergwanderer gibt es aber die romantischere Möglichkeit, den Gipfel zu erwandern. Von Osten (El Portillo) her kommend zweigt man nach etwa 7 km beim Schild Montaña Blanca nach rechts ab. Hier stellt man das Fahrzeug ab, da die Piste ⑤ bald

nur noch zu Fuß begehbar ist. Es lohnt sich, den Wagen gut zu verschließen und keine Wertsachen darin zu lassen. Der Weg steigt zunächst durch locker verteilte Strauchformationen in bald immer vegetationsärmeres Gelände. Am schönsten ist es, in den allerfrühesten Morgenstunden noch bei Dunkelheit zum Gipfel aufzusteigen und dort den Sonnenaufgang zu erleben. Im Licht der tiefstehenden Morgensonne wirft der Teide einen riesigen kegelförmigen Schatten nach Westen. Diesen Schatten kann man auch in umgekehrter Richtung sehen, wenn abends die Sonne sinkt. Etwas östlich der Montaña Blanca gibt es eine Stelle, wo neben der Straße ein Obsidianfeld liegt ⑥. Es ist streng verboten, Steine mitzunehmen.

ACHTUNG: Der Aufenthalt im Nationalparkbereich bedeutet Einschränkungen für den Besucher. Man ist verpflichtet, sich an die Wege zu halten. Man darf keinen Lärm machen und weder Abfall hinterlassen, noch Tiere, Pflanzen, Steine oder andere Gegenstände der Natur oder Vorgeschichte mitnehmen.

Praktische Tips

Unterkunft/Verpflegung

Das einzige Hotel im Bereich der Cañadas ist der Parador Nacional, ein staatliches Hotel. Steigt man bei der Montaña Blanca zu Fuß zum Teidegipfel hinauf, kann man nach Anmeldung im Parador Nacional oder im Besucherzentrum im **Refugio de Altavista** übernachten, einer Berghütte auf 3270 m Höhe, die allerdings im Winter geschlossen ist. Die Mitnahme eines Daunenschlafsacks ist zu empfehlen. An der Talstation der Kabinenbahn gibt es einen Kiosk für Getränke und schnelle Kost und ebenso wie in El Portillo ein Restaurant. Auch im Parador Nacional kann man speisen.

Information

Alle nötigen Informationen bekommt man von 9-16 Uhr im **Besucherzentrum bei El**

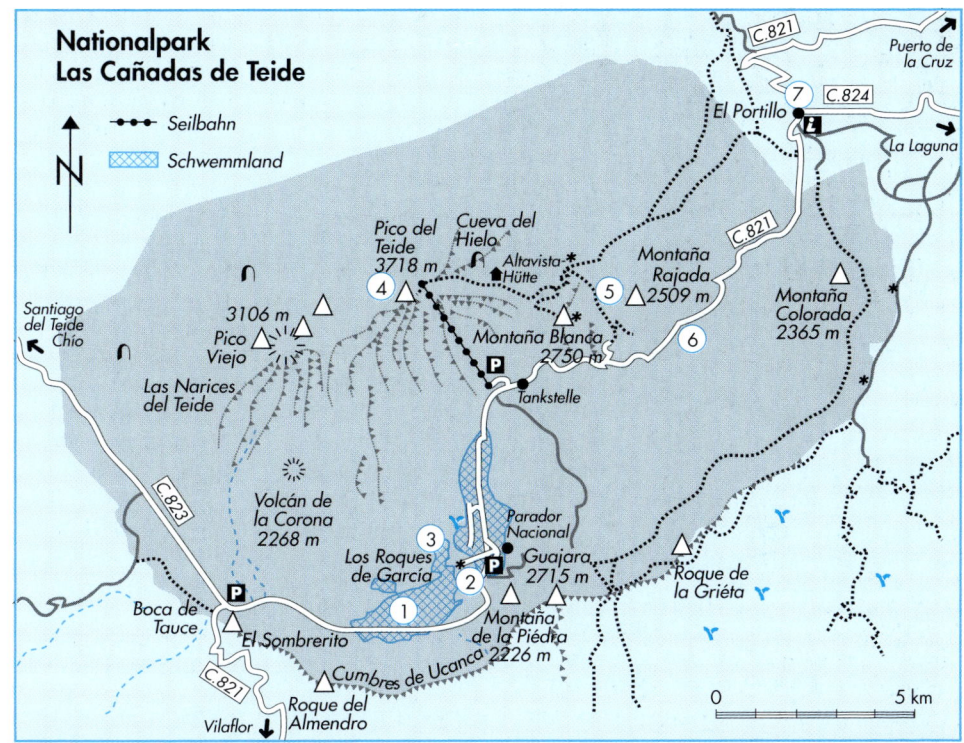

**Nationalpark
Las Cañadas de Teide**

•••• Seilbahn

░░░ Schwemmland

N

C.821

Puerto de
la Cruz

7 El Portillo · C.824

La Laguna

Pico del
Teide
3718 m

Cueva del
Hielo

Altavista
Hütte

C.821

4

3106 m

Santiago
del Teide
Chio

Pico
Viejo

Las Narices
del Teide

Montaña Blanca
2750 m

Montaña
Rajada
2509 m

5

6

Montaña
Colorada
2365 m

Tankstelle

C.823

Volcán de
la Corona
2268 m

Los Roques
de García

Parador
Nacional

Guajara
2715 m

3

2

1

Boca de
Tauce

El Sombrerito

Montaña
de la Piédra
2226 m

Roque de
la Griéta

C.821

Cumbres de Ucanca

0   5 km

Vilaflor

Roque del
Almendro

Portillo ⑦. Eine Wanderkarte mit einführende Information in mehreren Sprachen ist dort und auch anderswo auf Teneriffa erhältlich. Im »Centro« gibt es eine kleine Buchhandlung mit Angebot an naturkundlicher Literatur. Ferner werden von hier aus Führungen im Nationalpark angeboten. Wer die Pflanzen des Nationalparks kennenlernen will, besuche den kleinen, gut beschilderten botanischen Garten.

Besuch des Gipfels

Die Kabinenbahn bringt den Besucher in etwa 8 Minuten zur Bergstation, von der aus noch ein Höhenunterschied von etwa 170 m zum Gipfel zu überwinden ist. Dazu benötigt man je nach Wetterlage und Kondition etwa 20 Minuten. Bei Schneelage am Gipfel im Winter und bei Sturm verkehrt die Kabinenbahn nicht. Bei schönem Wetter ist der Besucherandrang groß. Will man stundenlanges Schlangestehen vermeiden, so lohnt es sich, um 7 Uhr morgens schon an der Talstation zu sein. Die letzte Bergfahrt ist um 16 Uhr. TIP: Für den nächtlichen Aufstieg zum Gipfel über die Montaña Blanca ist festes Schuhwerk vonnöten. Außer Verpflegung und Getränk benötigt man eine Lampe und sehr warme Kleidung, auch Handschuhe. Die Temperaturen können bei Nacht deutlich unter 0° C sinken. ACHTUNG: Am Gipfel kann intensiver Sonnenschein, aber auch starker und kalter Wind herrschen. Man befindet sich im Hochgebirge. Sonnenschutz, warme Kleidung und feste Schuhe sind unbedingt nötig. Herzkranken und Kreislaufschwachen ist dringend vom Besuch des Gipfels abzuraten.

2 Barranco del Infierno

Tief eingeschnittene Schlucht im Südwesten von Teneriffa, auf Wanderweg an Steilhängen entlang etwa 3 km bis zum Talschluß begehbar; formenreiche Trockenvegetation im Steilhang; am Ende bachbegleitender feuchtkühler Auwald mit der endemischen Kanarischen Weide; reiches Vogelleben.

Der Barranco del Infierno, zu Deutsch die Höllenschlucht, hat seinen Namen nicht etwa von den beängstigend steil abfallenden Felswänden, sondern von einer anderen Naturerscheinung. Menschen, die im Barranco den späten Abend oder die Nacht zubrachten, haben die Stimmen von Höllengeistern zu hören geglaubt. In Wirklichkeit war es der nächtliche Gesang der Gelbschnabelsturmtaucher (s. S. 44), die hier ihre Bruthöhlen im Fels aufsuchen. Die Schlucht schließt sich bergwärts immer enger. Der Blick nach oben ist atemberaubend. Über die lotrechten Wände rieselt Wasser herab, am Ende des Talkessels gibt es bei schwachem Tageslicht als krönenden Abschluß einen kleinen Wasserfall, der in einen Tümpel fließt. Der Barranco ist eines der bekanntesten Wanderziele der Insel. Dementsprechend halten sich je nach Tageszeit viele Besucher dort auf – trotzdem bietet er durch die monumentale Landschaft einen der beeindruckendsten und durch den Wechsel der Vegetation interessantesten Ausflüge für Naturfreunde.

Barranco del Infierno: Vom unteren Teil der Bergschlucht eröffnet sich ein Ausblick auf das Städtchen Adeje.

Am Bach im Grund des Barranco gedeihen feuchtigkeits-
liebende Pflanzen wie die Kanarische Weide.

Pflanzen und Tiere

Zunächst ist die Vegetation im Steilhang
schütter, besonders im Sommer, wenn viele Pflanzen sich zurückgezogen oder die
Blätter abgeworfen haben. Man findet die
häufigen Trockenpflanzen. Die hüfthohe
baumförmige König-Juba-Wolfsmilch
(S. 105) dominiert zunächst. Demgegenüber ist die Balsamwolfsmilch meist mehr
strauchförmig entwickelt und hat einen
rundlichen Umriß. Die Kandelaberwolfsmilch (S. 43) ist unverkennbar und findet
sich oft an den steilsten Felsabstürzen.
Häufig ist überall im Trockenbereich der
immergrüne »Valo«, ein Strauch mit hängenden Zweigspitzen und sehr feinem
Laub. Zwei Feigenkaktus-Arten sind eingebürgert. Die kleine, abstoßend stachlige
Opuntia dillenii wirkt mehr gelblich. Der
große, dunkelgrüne Feigenkaktus ist derjenige, der die weißen Kolonien der Ko-
schenille-Schildlaus trägt (s. S. 24). Als
häufiger Korbblütler tritt *Allagopappus
dichotomus* auf: ein Strauch bis 1 m Höhe
mit dichtem Besatz von lanzettlichen
Blättchen gegen Ende der Sprosse. Hier
stehen auch die dichten Blütenstände aus
gelben Korbblüten. Ein Strauch mit schüt-
teren nadelartigen Blättern und rosa-vio-
letten spitzenständigen Blütchen heißt
Campylanthus salsoloides.
In einem Seitental wird die Vegetation
durch bessere Wasserversorgung und geringere Sonneneinstrahlung höher und
dichter. Hier gibt es die Französische Zistrose (S. 61) und den stachelbättrigen
Krapp. Dieser kletternde Halbstrauch kann
zum Pflanzenwürger werden: Manchmal
überdeckt er eine prächtige große Wolfsmilch völlig und bringt sie dadurch zum
Absterben.

Der Kanarische Blaupfeil - eine Libellenart der Inseln.

Die Rotbraune Wolfsmilch unterscheidet sich von den verwandten Arten durch dunkelrote Hochblätter.

Im Talgrund fallen überdimensional große Euphorbien auf. Die König-Juba-Wolfsmilch erreicht mit baumförmigem Wuchs an die 3 m Höhe, ähnlich die hier auftauchende Rotbraune Wolfsmilch mit ihren dunklen Blüten. Auch der sukkulente Korbblütler »Verode« wird hier bis 2 m hoch. Das strauchige Kanarische Johanniskraut erreicht ebenfalls das Aussehen eines kleinen Baums.

Der »Verode«, ein sukkulenter Verwandter aus der Gruppe der Zinerarien, ist trockenangepaßt.

Etwas weiter oberhalb tritt fließendes Wasser zutage, das sogleich eine Änderung der Vegetation mit sich bringt. Verfilztes Brombeergestrüpp begleitet den Weg. Im Talgrund wachsen in dichtem Bestand Kanarische Weiden, eine endemische laubabwerfende Baumart. Auf der Wasseroberfläche schwimmen Wasserlinsen und Wasserhahnenfuß.

Hangaufwärts wird es rasch trockener. Hier findet man unter anderem den »Mocán« und den »Marmulán« als Elemente des Lorbeerwaldes. Hoch oben in den senkrecht abfallenden Felswänden entdeckt man gegen den Himmel die Umrisse von Drachenbäumen (s. S. 16) am natürlichen, vom Menschen nie betretenen Standort. Noch höher droben stehen Kanarische Kiefern, von denen manchmal ein Zapfen in die Schlucht herabfällt. Menschliche Siedlungsätigkeit hat Spuren in der Vegetation zurückgelassen: Es gibt einige uralte Kastanienbäume, auch Feigen- und Maulbeerbäume.

Durch seine ökologische Vielfalt vom trockenen Lebensraum bis zum Süßwasser bietet der Barranco auch eine vielseitige Tierwelt. Schon nahe dem Eingang kann man gelegentlich dem Felsenhuhn begegnen. Einfarbsegler sind immer in der Luft und umschwirren die Felsen. Turmfalken und der Mäusebussard machen ihnen den Luftraum streitig. Sehr häufig, besonders im hinteren Teil, kann man Felsentauben hin- und herfliegen sehen, auch ihre Federn im Talgrund finden. Allerdings sind sie zum Teil mit Haustauben verbastardiert. Die schütter bewachsenen Hänge werden von Kanarenpiepern (S. 32), Samtkopfgrasmücken, Zilpzalpen, Kanarengirlitzen (s. S. 25) und Blaumeisen bewohnt. In der dichteren Vegetation des Talgrunds, besonders in den Weidenbeständen, gesellen sich laut singende Mönchsgrasmücken, Rotkehlchen (S. 49) und Amseln hinzu. An offenem Wasser trifft man paarweise die langschwänzigen Gebirgsstelzen an, die hier mehrere aneinander angrenzende Reviere innehaben, in Adeje aber auch Gebäudebrüter sind. In den Felswänden, manchmal nahe am Weg, brüten im Sommer Gelbschnabelsturmtaucher.

Offenes Wasser gibt auch Lebensmöglichkeiten für viele wassergebundene Insekten. Verschiedene Libellenarten fliegen und hinterlassen an der gemauerten Wasserleitung die leeren Hüllen ihres letzten Larvenstadiums. Das Männchen des Kanarischen Blaupfeils ist deutlich kleiner als die Königslibelle. Daneben findet man auch die gelbschwarz gebänderte Libelle *Zygonyx torrida*.

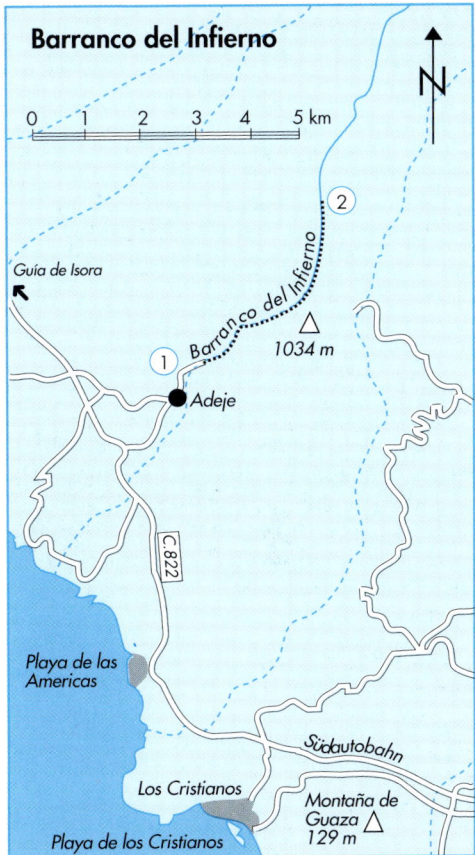

Im Gebiet unterwegs

Das Bergstädtchen **Adeje** liegt im Südwesten von Teneriffa, noch im Dunstkreis der Urbanisationen von Los Cristianos und Playa de las Americas. Man kann es mit dem Fahrzeug von Süden her über die Autopista del Sur (Südautobahn) oder von Norden her entweder auf der Küstenstraße über Playa de San Juan oder über die schnelle Bergstraße (C.822) über Guía de Isora und Tejina erreichen. Im Ort fährt man bergwärts und folgt der Beschilderung vorbei an einer Festung. Die asphaltierte Straße endet in einer Steilstrecke bei der Bar Otelo mit Cafeteria.

Der Wanderweg beginnt unmittelbar dahinter mit einem engen Durchgang nach rechts ①. Der Weg verläuft zunächst hoch in der Schulter des Barrancos und führt horizontal mit kleinen Steigungen und manchmal abwärts über seine Flanke bis zum Talgrund und dann entlang des Baches weiter. Die »Cascada«, den Wasserfall ② im Talschluß, kann man in eineinhalb Stunden erreichen. Die Route ist im allgemeinen unverkennbar. Es gibt eine Markierung mit Pfeilen. An einer Stelle hoch im Hang passiert man eine wasserführende gemauerte Wasserleitung. Man geht an ihr etwa 20 m parallel entlang und muß dann

zum Talgrund absteigen. Gegen Ende des Weges sind im Talgrund ein paar kleine Kletterpartien über wenige Meter hohe, teils glitschige Felsen zu absolvieren.

Praktische Tips

ACHTUNG: Eine Reihe von Schildern warnt vor Steinschlag und verbietet Kampieren, Feuermachen und das Hinterlassen von Abfall im Gebiet. Im Tal können große Hitze und starke Sonneneinstrahlung herrschen. Im Talgrund am Ende ist es aber kühler. Hier gibt es auch genug Wasser zum Trinken. Der steinige Weg verlangt feste Schuhe.

3 Punta de Teno

Trocken-heiße Region am nordwestlichen Kap der Insel mit einer beeindruckenden und formenreichen, an Trockenheit und Salz angepaßten Strauchvegetation; nahe dem Leuchtturm ein kleiner Fischerhafen mit vielen Meerestieren und Möglichkeit zum Schnorcheln.

Die Hunderte von Metern steil ins Meer stürzenden Klippen der **Punta del Fraile** und der anschließende allmähliche Übergang zur Küstenebene bei der **Punta de Teno** gehören zu den botanisch reichhaltigsten und interessantesten Gebieten der Insel. Man hat hier mehr als 300 verschiedene Arten von Blütenpflanzen festgestellt, darunter allein 6 Wolfsmilcharten. Findet man im Winter und Frühjahr viele Arten grünend und blühend vor, so sind sie im Sommer fast durchweg vertrocknet, blattlos oder scheinbar gar nicht vorhanden.

An der Punta de Teno herrscht meist auch dann Sonnenschein, wenn über dem Nordteil der Insel eine Passatwolke liegt. Zugleich weht hier oft kräftiger Wind. Die Sonneneinstrahlung ist stark. Die Region ist Naturpark und verdient intensiven Schutz gegen zu starke touristische und landwirtschaftliche Nutzung.
Inmitten wilder, steil ins Meer stürzender Lavawüste steht auf dem Kap ein Leuchtturm (Faro de Teno) mit prachtvoller Sicht auf das Meer hinaus. Der Fischerhafen daneben liegt geschützt an einer kleinen Bucht und hat ein paar winzige Strände.

Pflanzen und Tiere

Schon vor Beginn der steilen Felswände gibt es im Bereich zweier Wasserspeicher ein Seitental mit vielfältiger Vegetation und vielen Seltenheiten. Hier trifft man auch einige Pflanzen des Lorbeerwalds an.

Von der Punta del Fraile öffnet sich ein Ausblick auf die Punta de Teno - vorn der Ampferstrauch.

In den Felswänden findet man direkt an der Straße den sukkulenten Zwergstrauch *Vieraea laevigata*, der im Sommer mit gelben Korbblüten bedeckt ist. Er kommt auf der ganzen Welt nur in den Basaltklippen des nördlichen Teno-Gebirges in Meereshöhen zwischen 50 und 300 m vor. Nicht nur die Art, sondern auch die Gattung ist hier lokalendemisch. Der Gattungsname geht auf den einheimischen Naturforscher J. Viera y Clavijo zurück. Daneben gibt es einen ebenso dichten felsbewohnenden Zwergstrauch, dessen rosafarbene Blüten zeigen, daß er eine Flockenblume ist (*Cheirolophus canariensis*). Als drittes gesellt sich die sukkulente Strandmargerite hinzu, die teilweise direkt am Straßenrand wächst.

Die biologisch interessanteste und auffälligste Pflanzengruppe stellen die **Wolfsmilcharten** dar. Alle haben selbst im blattlosen Zustand Milchsaft, der stark ätzend wirken kann. Die prachtvolle Kandelaberwolfsmilch (»Cardón«) bestimmt in der Nachbarschaft der Punta das Landschaftsbild bis weit in die Hänge hinauf. Erreicht sie mit ihren stachelbewehrten Sprossen eine Höhe bis 1,50 m, so ist die verwandte Blattlose Wolfsmilch (S. 90) meist nur kniehoch. Sie tritt mehr in den Steilhängen westlich des Tunnels auf. Die anderen Arten haben wenigstens im Frühjahr lanzettliche Blätter, meist in Rosetten. Relativ niedrig und in Meeresnähe überwiegend ist die stämmige Balsamwolfsmilch. Sie trägt nur eine endständige Frucht an jedem Sproß. Schlanker und mit längeren grünen Endsprossen versehen ist die König-Juba-Wolfsmilch (S. 105), die auf den Kanaren bis in Höhen von 1500 m sehr verbreitet ist. Vereinzelt kommt noch die Rotbraune Wolfsmilch (S. 40) hinzu, ein schütterer, 1 m hoher Strauch, dessen rotbraune Blüten und Blattrosetten an den Spitzen der Sprosse konzentriert sind. Die Arten wachsen säuberlich getrennt, sind unterschiedlich häufig und scheinen nicht zu bastardieren. Mit den übrigen dort wachsenden Sträuchern und Kräutern entsteht kein flächendeckender Bewuchs. Man kann beinahe überall zwischen ihnen hindurchgehen. Nur die spitzen Stacheln der häufigen kleinen Opuntienart *O. dillenii*, die des hüfthohen Bocksdorns und des knie-

Die Kandelaberwolfsmilch verträgt extreme Trockenheit und steigt weit in die felsigen Hänge hinauf.

Gelbschnabelsturmtaucher

Wer sich an einem Frühjahrsabend bei
tiefer Dämmerung am Fuß einer Felsküste einfindet, wird sie wahrscheinlich zu hören und im letzten Abend-
licht oder bei künstlicher Beleuchtung
auch zu sehen bekommen. Ein guter
Platz ist der meerwärtige Ausgang des
Barrancos von Masca auf Teneriffa
oder auch der Hafen von Puerto Espindola auf La Palma. Da ertönt zur bezeichneten Stunde plötzlich ein
durchdringender nasaler Klang durch
das Rauschen des Meeres: »äää – äie,
äie, äie; äää – äie äie äie; äää ...«. Das
ist der Gesang der Gelbschnabelsturmtaucher. Auf La Palma werden
sie wohl wegen ihrer Stimme »Tapa-
gao« genannt.

Tagsüber kann man sie ab März in
großer Zahl draußen vor der Küste über
der Meeresoberfläche fliegend auf
Nahrungssuche sehen. Sie segeln niedrig über die Wellen dahin, steilen mit
ein paar Flügelschlägen auf, drehen
eine Kurve und senken ihre Flugbahn
wieder in das nächste Wellental hinein.
Manchmal gehen sie zur Nahrungsauf-
nahme auf der Wasseroberfläche nieder. Sie fressen hauptsächlich Tintenfi-
sche und andere wirbellose Tiere, sind
aber keine Taucher.
An Land sind sie nur bei Nacht aktiv.
Sie brüten auf festem Untergrund und

suchen sich dazu im Frühjahr Höhlen
in Steilwänden. Die besetzte Höhle
markieren sie durch ihren nächtlichen
Gesang. Manche Individuen haben
eine sehr tiefe sonore Stimmlage, andere singen hoch oder quäkend.
Im Spätherbst verlassen die erbrüteten
Jungvögel ihre Höhlen. Dann werden
viele von der künstlichen Beleuchtung in den Ortschaften angelockt
und gehen dort zu Boden. Die spanische Naturschutzorganisation ICONA
fordert die Bevölkerung mit einer Pla-
kataktion dazu auf, die verunglückten
aber unbeschädigten Vögel nicht zu
füttern oder sonstwie zu behandeln,
sondern in einem Karton oder einem
anderen Behältnis an bestimmten
Sammelstellen abzugeben.

---

hohen Dornlattichs (S. 76) verhindern das
an manchen Stellen.
So sehr die Euphorbien einander meiden,
kann man doch Vergesellschaftungen mit
anderen Arten beobachten. In großen alten »Cardón«-Pflanzen wachsen manchmal die kletternden Sträucher Hörnerranke (S. 80)und Bocksdorn. Auch die

Opuntie und der in Meeresnähe häufige
weißliche Kompositenstrauch Schizogine
drücken sich gern in ihren Windschatten.
Ähnlich wie die letztgenannte Art und
ebenfalls völlig weißlich behaart ist die
spatelblättrige Kanarische Steinbeere.
Nicht mit der Blattlosen Wolfsmilch verwechseln sollte man die Gelbe Fenster-

pflanze, die ebenfalls die meiste Zeit des Jahres über blattlos ist. Sie besteht aus einem aufrechten Bündel von kniehohen und fingerdicken Sprossen weißlicher Farbe. Im Frühjahr tragen sie gelbe Gleitfallenblumen, worin sich Insekten fangen, die die Blüten bestäuben.

Werden die meisten Pflanzen hier durch dauernde oder vorübergehende Blattlosigkeit mit Hitze und Trockenheit fertig, so können es einige anders. Auch bei der größten Sommerdürre behält beispielsweise der hüft- bis mannshohe »Valo« mit hängenden Zweigen und zartem Blattwerk sein fröhliches helles Grün.

Je weiter man zum Meer hinabsteigt, desto mehr gewinnen salztolerante oder salzliebende Pflanzen die Oberhand. Zu ihnen gehört die prächtige Nymphendolde, eine Meerfenchelverwandte, die mit ihren gelblichen, breit gelappten Blättern auch noch in der reinen Lavawüste siedelt, wo die anderen Pflanzen kein Fortkommen mehr finden. Im Sommer vertrocknet jedoch schließlich auch sie, trotz ihrer sukkulenten, wasserspeichernden Blätter. Weniger augenfällig ist der Zwergstrandflieder, ein Bleiwurzgewächs mit rötlichen Blütenständen und bodenständigen Blattrosetten. Hier und dort liegen dem Boden dichte, im Sommer teils rotgefärbte, teils vertrocknete Rasen einer Mittagsblume auf: Die Eisblume wurde früher zur Sodagewinnung kultiviert. Eine verwandte Art, *Mesembryanthemum nodiflorum*, hat etwas kleinere Blätter.

Gegenüber dem pflanzlichen Reichtum

Die Gelbe Fensterpflanze, ein Bewohner der Halbwüste, ist fast das ganze Jahr hindurch blattlos.

könnte die Tierwelt fast arm erscheinen. Jedenfalls gibt es nicht viele Vogelarten zu sehen. Über den Steilhängen kreist zuweilen ein Kolkrabenpaar. Kanarenpieper (S. 32) laufen am Boden. Im Frühjahr kann man in dichterem Gebüsch die Samtkopfgrasmücke, in lichterem die Brillengrasmücke beobachten. Beide pflegen ihre Reviere nicht nur durch Gesang, sondern auch durch Singflüge zu markieren.

Vieraea laevigata ist ein seltener Endemit, der nur im botanisch reichhaltigen Teno-Gebirge vorkommt.

An der Küste treten zuweilen Weißkopfmöwen (S. 148) auf, Altvögel neben den braunfleckigen Jungvögeln. Gelegentlich zieht ein Fischadler vorbei – heute in der Roten Liste der Wirbeltiere der Kanarischen Inseln, und zwar in der höchsten Gefährdungsstufe.
Wenn man am Abhang oberhalb der Küstenebene gelegentlich einen größeren Stein herumdreht, kann es geschehen, daß ein dunkles Etwas davonhuscht und sich im Schatten des nächsten Steins verbirgt. Es ist ein Teneriffagecko (S. 26), der tagsüber im Versteck ruht und dabei die dunkle Körperfarbe annimmt. Man findet die Tiere vielerorts auf Teneriffa und La Palma auch als Hausbewohner.

Das Meerpfaumännchen, einer der buntesten Küstenfische.

Der kleine Fischerhafen bietet, wenn nicht die Störung durch die Wasserbewegung zu groß ist, gute Schnorchelmöglichkeiten. Man begegnet vielen verschiedenen Fischarten. Selbst in kleinen Tidentümpeln, die bei Ebbe zurückbleiben, kann man mehrere Bodenfischarten kennenlernen. Zu ihnen gehören kleine Schleimfische, z.B. der atlantisch verbreitete *Ophioblennius atlanticus* mit seinen auffallenden Augenflecken auf den Kiemendeckeln. Häufig sind auch Meergrundeln, z.B. der quergebänderte *Mauligobius maderensis*. Im etwas freieren Wasser schwimmen Scharen verschiedener Meerbrassen und Lippfische, wie man sie auch im Mittelmeer findet. Auffallend ist der mit 6 breiten dunklen Querbändern verzierte *Diplodus cervinus*, der sehr standorttreu ist und oft zu zweit auftritt: ein größerer mit einem kleineren Partner zusammen. Die bunte Vielfalt der sonstigen Fisch- und Wirbellosenfauna läßt sich kaum beschreiben. Der Spülsaum dagegen ist nur gelegentlich nach einem Sturm reichhaltig.
Von hier aus lohnt sich ein Blick auf das Meer hinaus, da manchmal Schulen kleiner Wale ziemlich nahe herankommen. Vom Leuchtturm aus kann man mit dem Fernglas draußen über den Wellen gegen Abend zahlreiche Gelbschnabelsturmtaucher fliegen sehen.

Im Gebiet unterwegs

Die Region ist mit dem Wagen in einer halben Stunde von Icod aus auf der westwärts führenden Straße über die Ortschaften Garachico, Los Silos und Buenavista del Norte zu erreichen. Von Buenavista bis zum Kap sind es etwa 12 km. An dem kleinen, von Buenavista aus zuerst erreichten Kap **Punta del Fraile** ① beginnt eine steile, kurvenreiche Bergstrecke. Sie führt zunächst im Steilhang bergauf bis zu einem Aussichtspunkt mit einzelstehender Felsspitze, dann nach weiterem Anstieg durch zwei

Tunnel. Danach fällt sie ab bis zur **Punta de Teno**. Ist die Vegetation in den lotrechten Felswänden fast nur mit dem Fernglas zugänglich, so gibt es danach begrenzte Möglichkeiten, näher heranzukommen ②. Nahe dem Kap ③ kann man sich zu Fuß auf verschiedenen Pfaden in der Küstenebene bewegen.

Praktische Tips

Unterkunft/Verpflegung

Die besten Möglichkeiten bieten Icod de los Vinos und Umgebung; unterhalb liegt an einer Bucht das malerische San Marcos mit vielen Appartmenthotels und mehreren Fischrestaurants am Strand. Auch Garachico, Los Silos, Buenavista del Norte haben Restaurants. Das wilde Campen nahe der Punta de Teno sollte aus Schutzgründen unterlassen werden. Bis 1991 gab es dort glücklicherweise noch keine Restaurants o.ä., so daß man Getränke und Verpflegung mitnehmen muß.
TIP: Wegen der starken Sonneneinstrahlung ist Sonnenschutz dringend nötig. Eine Fußwanderung von Buenavista aus zur Punta de Teno kann man wegen des schnellen Verkehrs kaum mehr empfehlen.

Blick in die Umgebung

In **Icod de los Vinos** kann man den »Drago millenario« (s. S. 16) besichtigen ④. Zwischen Icod und San Marcos liegt die **Cueva de San Marcos**, eine riesige unterirdische Vulkanhöhle ⑤.
Weiter östlich empfiehlt sich ein Besuch des **Botanischen Gartens von Orotava**. Er bietet eine reichhaltige Sammlung von Riesenbäumen meist tropischer Herkunft aus Südamerika und Südasien. Beeindruckend sind besonders die riesige Würgerfeige mit ihren Luftwurzeln und der »Ombu«, ein Kermesbeerenbaum aus Südamerika. Der Garten enthält nur wenige kanarische Pflanzen, z. B. die Kanarische Dattelpalme und 2 Drachenbäume.

Die Nymphendolde ist ein salztoleranter Küstenbewohner.

Die bodendeckende Eispflanze siedelt ebenfalls in Küstennähe.

Auch der Zwergstrandflieder ist eine Salzpflanze.

4 Monte del Agua (Teno-Gebirge)

Reichhaltiger, gut entwickelter Lorbeerwald in Steilhanglagen mit charakteristischer Pflanzen- und Tierwelt; über eine sehr schlechte Piste zugänglich, die aber einen guten Wanderweg darstellt; stilles abgelegenes Waldgebiet ohne Nutzung; Kanaren- und Lorbeertaube als Brutvögel.

Nur an wenigen Stellen ist der ehemals breite und durchgängige Lorbeerwaldgürtel der Nordabdachung der Insel erhalten. Außer dem Anaga-Gebirge und einigen kleinen Beständen oberhalb Puerto de la Cruz ist nur noch der Monte del Agua im Teno-Gebirge zu nennen. Der Lorbeerwald ist selbst bei sommerlicher Hitze und Trockenheit angenehm kühl.

Pflanzen und Tiere

Wenn man von Erjos aus die erste Wasserstelle erreicht, ist man schon mitten im alten hochgewachsenen Lorbeerwald. Hier kann man tote Bäume sehen, die allseits von jungen Stockausschlägen (S. 22) verschiedener Altersstufen umgeben sind. An den Hängen und am Wegrand findet man eine reiche Vegetation von Kräutern und Sträuchern. Nicht selten sind schlanke, bis

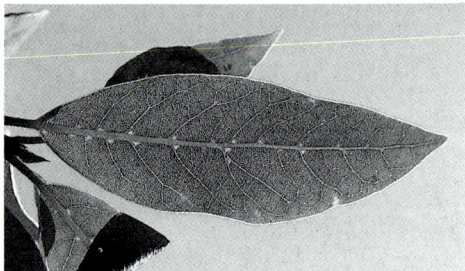

1 m hohe Stauden aus der Familie der Enziangewächse, mit lanzettlichen, immer paarweise gegenüberstehenden Blättern, die beinahe parallel verlaufende Blattnerven aufweisen. Sie tragen im Sommer eine große Menge leuchtend gelber kleiner Blütensterne in einem endständigen Blütenstand. Die Spanier nennen sie »Reina del Monte«, Bergwald-Königin.

Schwierig ist die Bestimmung der Lorbeerwaldbäume. Es gibt nur wenige leicht auffindbare Baumindividuen. Ein Haltepunkt an der Abzweigung eines blind endenden Seitenweges liegt in einer scharfen Rechtskurve. In der Außenkurve steht im Taleinschnitt zwischen relativ jungen Kanarischen Stechpalmen ein schöner »Palo blanco« mit hellbrauner rissiger Borke und dunklem glänzenden Laub. Wenige Meter weiter talaufwärts schließt sich ein etwa 25 cm dicker »Viñatigo« (S. 63) an, ein weiteres Mitglied der Lorbeerfamilie. Hauptsächlich jedoch wird der Wald ringsum von Baumheide mit Nadelblättern und Gagelbäumen mit gezähnten Blättern gebildet.

In der Innenkurve steht hier am Weg dichtes Gebüsch aus kräftigen Brombeerranken und bis zu 3 m hohem Adlerfarn. An etwas lichteren Stellen wachsen schlanke, mit lanzettlichen glänzenden Blättern versehene Stauden, bis 1,5 m hoch, die an der Spitze eine Kerze von hängenden, weit offenen, organgefarbenen Blüten tragen. Aus ihnen schauen große Staubgefäße heraus: eine der schönsten kanarischen Blumen, der Kanarische Fingerhut (»Cresta de Gallo« = Hahnenkamm). Er ist nur in den Lorbeerwälder Teneriffas verbreitet. Seine Blüten sind Vogelblumen (s. S. 96) und werden vom Zilpzalp bestäubt.

Das Blatt des Kanarischen Lorbeers ist an den Öldrüsen in den Achseln der Seitennerven leicht zu erkennen.

Der Lorbeerwald ist ein Kind des Passats - ein wertvolles und gefährdetes Relikt aus dem Alttertiär.

Die bunte Form der Westkanareneidechse besiedelt die feuchteren Gebiete an der Nordabdachung von Teneriffa.

Der Zilpzalp entnimmt den Blüten des Kanarischen Fingerhuts Nektar und bestäubt sie dabei.

Die Rotkehlchen von Teneriffa und Gran Canaria singen ganz anders als die europäischen Artgenossen.

Mittelmeerlaubfrösche halten es auch im Trockenen aus.

In der Nähe eines Aussichtsfelsens (»Roque bollii«) ist der Lorbeerwald weniger tief. Hier findet man an felsigem Hang hauptsächlich Baumheide und Gagelbaum. Doch steht direkt neben dem Weg am Felsblock mit breiter Wurzel angewachsen ein »Mocán« mit kleinen gezähnten und zugespitzten Blättern. Vom Felsen aus kann man abwärts blickend an mehreren Stellen Kanarische Erdbeerbäume mit hellen großen Blattrosetten und orangefarbenem Stamm herausragen sehen. Am Weg gleich beim Felsen gibt es als hüfthohen Strauch die Weidenblättrige Kugelblume mit lanzettlichen Blättern und unscheinbaren weißbläulichen Blüten. Daneben treten hier die Französische Zistrose (S. 61) und der eingeschleppte Klebrige Alant auf.

Gegen Ende der Strecke passiert man immer wieder einmal offene Felsregionen oberhalb des Weges. Hier findet man das kräftige, bis 1 m hohe, unverzweigte *Aeonium urbicum* (S. 19). Daneben taucht in relativ dichtem Bestand das kleinere, bis kniehohe *Aeonium haworthii* auf, das Kugelbüsche bildet. Beim genauen Hinsehen kann man sogar einige Bastarde zwischen den beiden Arten finden (*Aeonium urbicum* x *haworthii*). Bedingt durch den Reichtum an *Aeonium*-Arten sind Bastarde öfter beschrieben worden.

Der Wald schwirrt an einem warmen Sommertag förmlich von Insekten. Die große Königslibelle, auch in Europa die größte Libellenart, kommt häufig vor und fängt in rasanten Flugmanövern fliegende Beutetiere. Ansonsten fallen die zahlreichen Schmetterlinge auf. Man kann manchmal in einer Felswand am Weg oder in der Vegetation ruhende Mittelmeerlaubfrösche finden.

Der Lorbeerwald ist reich an Vogelarten: Amsel, Rotkehlchen, Mönchsgrasmücke, Zilpzalp, Buchfink, Teneriffa-Goldhähnchen, Blaumeise, Sperber, Mäusebussard (S. 70). Nur wer in der Morgen- oder Abenddämmerung im Frühjahr im Wald unterwegs ist, bekommt die balzende Waldschnepfe zu sehen und zu hören oder vernimmt den Gesang der Waldohreule. Schon während einer Fußwanderung durch den Wald wird man immer wieder Tauben mit Geräusch und Flügelklatschen aus einer Baumkrone abfliegen hören. Nimmt man sich Zeit und setzt sich an einem Punkt mit guter Aussicht nieder, so wird man nicht lange warten müssen, bis eine Lorbeer- oder eine Kanarentaube über die Baumkronen fliegt (s. S. 66). Die Kanarentaube ist die häufigere Art.

Der »Roque« ist auch sonst ein beliebter Rastplatz für Ruhesuchende. Das merkt man an den Eidechsen, die von allen Seiten herangelaufen kommen, sobald man etwas Eßbares auspackt. Es handelt sich um die nördliche Westkanareneidechse Teneriffas.

Der Wurzelnde Grübchenfarn bringt im feuchten Lorbeerwald riesige Wedel hervor, die die Hänge bedecken.

Im Gebiet unterwegs

Ausgangspunkt ist im Osten das Dorf **Erjos del Tanque**, das man auf der C.820 von Icod de los Vinos über El Tanque und Rui-gómez erreicht. Man kann auch von Süden von Santiago del Teide über einen Paß (Puerto de Erjos) ① anfahren, der die Klimagrenze Süd/Nord auf engem Raum an der Vegetation erkennen läßt. Direkt oberhalb von Erjos zweigt eine steinige und holprige Piste ② ab, die kaum befahrbar ist. Dieser Zustand der Waldpiste ist das Beste, was dem Lorbeerwald von Erjos passieren kann. Der Ausbau zur breiten Teerstraße würde die wertvollsten Teile des Waldes ruinieren und damit einen der letzten unberührten Standorte der kanarischen Laurisilva zerstören, gleichzeitig einen der wenigen abgelegenen Orte der Insel Teneriffa, an dem man die Stille hören kann. Möglicherweise wird der Weg für alle Autofahrten gesperrt.

Wer kann, sollte von Erjos aus zu Fuß gehen. Die Piste verbreitert sich am Ende des Waldgebietes und wird schließlich zur Asphaltstraße, auf der man Portela Baja und Portela Alta erreicht. Von hier aus gibt es Straßen südwärts über Masca nach Santiago del Teide und nordwärts nach Buenavista del Norte.

Von Erjos aus bewegt man sich zunächst im Kulturland. Nach etwa 500 m erreicht man einen Aussichtspunkt. Kurz danach beginnt der Wald, allerdings zunächst mit Baumheide und Gagelbaum, aber auch schon mit niedrigen Bäumen des Kanarischen Lorbeers. Sehr bald wird er tiefer und reicher. Nach etwa einem weiteren Kilometer erreicht man einen Taleinschnitt, wo der Weg ein kleines Stück gepflastert ist ③. Hier verläuft ein im Winter und Frühjahr Wasser führendes Bachtal mit großen rundgeschliffenen Steinen. Auch im Sommer spendet ein Wasserhahn kühlendes Naß. Oft steht auch Wasser in einer Pfütze auf dem Weg, wo sich Vögel zum Trinken und Baden einfinden. Die Stelle ist ein Platz der Besinnung im Lorbeerwald.

Der Hauptweg führt weiter. Oft bietet sich an offenen Stellen ein guter Ausblick auf die Berghänge. Etwa 5 km nach dem Start erreicht man eine Felsnase, bei der sich der Weg wendet. Von diesem »Roque bollii« ④ aus hat man eine grandiose Aussicht auf die bewaldeten Hänge, nach Norden hin auch auf die Küste. Der Wald wird im folgenden wieder tiefer, man passiert eine zweite Wasserstelle. Nach etwa einem weiteren Kilometer mit Felspartien und einigen Serpentinen endet der Lorbeerwald. Die Waldwanderung von Erjos aus hat bis zum Ende der Piste eine Länge von ungefähr 8 km.

TIP: Sie haben mehr vom Erlebnis des Waldes, wenn Sie die Stille achten und einhalten.

Blick in die Umgebung

Von Santiago del Teide führt eine kurvenreiche Paßstraße westwärts in das Teno-Gebiet hinein zum Bergdorf **Masca**, einem vielbesuchten Ausflugsziel in schöner Lage. Von hier aus kann man zu Fuß in mehrstündiger anstrengender Wanderung durch den Barranco ⑤ zwischen himmelhohen Felswänden zum Meer hinuntergehen. Die Region ist sehr reich an pflanzlichen Endemiten. Unten am Meer gibt es von Fischern genutzte Höhlen.

5 Pijaral (Anaga-Gebirge)

Feuchter und sehr formenreicher Lorbeerwald in der Gipfelregion des Anaga-Gebirges; auf Wanderweg leicht erreichbar; nahezu alle typischen Baumarten der Laurisilva vorhanden; viele Epiphyten auf Bäumen; viele Farnarten.

Pijaral (Aussprache »Picharal«) – das ist für den Kenner der Inselnatur ein Wunderwort. Hier ist der Lorbeerwald am besten und reichsten. Moospolster bedecken Bäume und Boden, mannshohe Farndickichte ragen über den Weg. Die Pflanzenwelt im Pijaral ist vielgestaltig. Wer sich näher damit befassen will, benötigt Zeit zum Betrachten und Bestimmen.
Vom **Pico del Inglés**, der an einer Straßenschleife am Ende einer Stichstraße liegt, bietet sich bei gutem Wetter ein unbeschreiblicher Ausblick über La Laguna hinweg auf die Cumbre bis hin zum Teide, hinunter nach Santa Cruz und San Andrés, und im Nordosten über die waldbedeckten Gipfel und Grate des **Anaga-Gebirges**.

Es gibt hier viele Vögel zu sehen. Einfarbsegler umrunden die Berggipfel und fliegen oft dicht vorbei. Über den Lorbeerwaldbeständen unterhalb des Pico kann man mit etwas Geduld sowohl die Kanaren- als auch die seltene Lorbeertaube (s. S. 6) fliegen sehen.

Pflanzen und Tiere

Schon beim ersten Anstieg des Weges um den Gipfel Pijaral streift man linker Hand an einer Reihe von Baumheide-Individuen mit dunklen, zu Reihen geordneten Nadelblättern entlang: eine nächstverwandte Art, der »Tejo« (S. 73). Der zweite Baum auf der rechten Seite ist eine Kanarische Stechpalme. Riesige, mit bläulicher Wachsschicht bedeckte Blattrosetten gehören zu *Aeonium cuneatum*. Daneben eine hochstielige, etwas kleinere Art: *Ae. ciliatum*.
Große, mit einzelnen Zähnen versehene flache Blätter gehören zur zweiten Stechpalmenart *Ilex platyphylla*. Am feuchteren Abhang, den man nun durchquert, ist der Wald höher. Hier kommen die Lorbeerver-

Die Schnecke *Insulivitrina lamarcki* lebt im Lorbeerwald.

Die Kanarische Zinerarie ist im Anaga-Gebirge häufig.

In den Steilhängen des Anaga-Gebirges gibt es noch reichen Lorbeerwald mit seltenen Pflanzen und Tieren.

wandte »Til«, der Portugiesische Kirschlorbeer, der Kanarische Lorbeer (S. 48), vor allem auch die großblättrige *Pleiomeris canariensis* hinzu.

Immer wieder zwischendurch sieht man die mächtige Baumheide. Der Abhang ist mit den ausladenden Wedeln des Wurzelnden Grübchenfarns (S. 50) bedeckt. Dieser Farn heißt auf Spanisch »Pijaro« und gibt der Gegend ihren Namen. An trockeneren Stellen im späteren Verlauf des Weges setzt sich wieder der Adlerfarn durch. Sehr häufig an solchen Stellen, auch als Epiphyt auf den Bäumen, ist der feingliedrige, schwarzstielige Kanarische Krugfarn. Am feuchten moosbewachsenen Wegrain begegnet man zwei kleinen Farnarten. Die typischen Wedel des Efeublättrigen Streifenfarns werden nur bis 10 cm lang. Ganz runde Blättchen hat der noch kleinere Nierenbättrige Milzfarn. Beiden Pflanzen kann man nur ansehen, daß sie Farne sind, wenn man die Sporenhäufchen auf ihrer Unterseite betrachtet.

Die gängigen Vogelarten des Lorbeerwaldes wie Blaumeise, Rotkehlchen, Buchfink, Amsel und Teneriffa-Goldhähnchen kann man meist eher hören als sehen. Das gleiche gilt für Lorbeer- und Kanarentaube.

In der feuchten Zone fallen auf den Moospolstern Kugelasseln auf, die sich zu einer Kugel zusammenrollen, wenn man sie berührt. Außerdem ist dort die Schnecke *Insulivitrina lamarcki* häufig, die ihrer Form nach eine Gehäuseschnecke ist, aber dieses Gehäuse unter einem Gewebemantel verbirgt. Die Art ist endemisch und gehört einer auf die Kanaren, Azoren und Madeira beschränkten Gattung an. Daneben sind auch echte Gehäuseschnecken der Art *Hemicycla bidentalis* häufig.

Der Nebelniederschlag läßt überall Moospolster gedeihen.

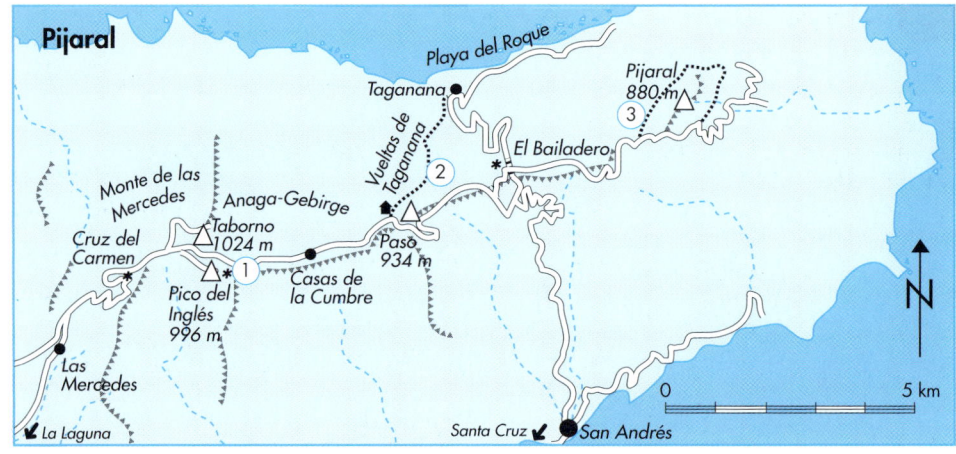

Pijaral

Playa del Roque

Taganana

Vueltas de Taganana ②

El Bailadero

Pijaral 880 m △ ③

Monte de las Mercedes

Anaga-Gebirge

Taborno 1024 m △

Cruz del Carmen *

Paso 934 m

Casas de la Cumbre

Pico del Inglés 996 m △ * ①

Las Mercedes

La Laguna

Santa Cruz ↙ San Andrés

0   5 km

N

Im Gebiet unterwegs

Ein schmaler Wanderweg umrundet den Gipfel des **Pijaral** (880 m) in mittlerer Höhe. Man erreicht die Region entweder von La Laguna aus über den Monte de las Mercedes und die Anaga-Höhenstraße oder von San Andrés bzw. Taganana aus, ebenfalls auf dieser Straße.

Von La Laguna her führt eine schmale Straße vom **Pico del Inglés** ① aus weiter nach **El Bailadero** (11 km). Man passiert die Casas de la Cumbre, einen Weiler auf dem Grat des Gebirges, und das Forsthaus, bei dem ein Fußweg nach Taganana, die **Vueltas de Taganana** ②, abzweigt. Auch dieser Weg führt durch reichen Lorbeerwald.

Nach der Straßenkreuzung San Andrés erreicht man über El Bailadero den mit einem verwitterten gelben Schild markierten Beginn des Weges El Pijaral ③ auf einem Felsgrat auf der linken Straßenseite. Ist man mit dem PKW unterwegs, kann man hier parken. Der Wanderweg durch den Wald läßt sich in aller Ruhe in 2 Stunden bewältigen. Anschließend benötigt man weitere 40 Minuten, um auf der Autostraße zum Ausgangspunkt zurückzukehren. Da der Weg an einigen Stellen etwas glitschig ist, sollte man feste Schuhe mit griffiger Sohle haben. Es kann sehr warm und schwül sein, doch bringen die Passatwolken Wind, Kühle und Feuchtigkeit, unter Umständen auch heftigen Regen.

Der Efeublättrige Streifenfarn liebt feuchte Hänge im Wald.

Nierenblättriger Milzfarn, nur wenige Zentimeter groß.

La Palma

Am weitesten nordwestlich gelegen, bekommt La Palma – korrekt San Miguel de
la Palma genannt – relativ viel Regen mit.
Sie gilt als »grüne« und »schöne« Insel.
Dennoch gibt es auch hier den sonnigen
und trockenen Süden und Westen. Im
Nordosten und Osten in Steilhanglagen
der Barrancos bestehen noch reichhaltige
und ursprüngliche Lorbeerwälder, in den
trockeneren Berglagen ausgedehnter Kiefernwald. Die Gipfel der **Caldera de Taburiente** erreichen 2400 m. Die Caldera, ein
erloschener und eingestürzter Zentralvulkan von atemberaubender landschaftli-
cher Schönheit, ist zum Nationalpark gemacht worden.
Die Alpenkrähe (s. S. 60) hat von Afrika her
nur diese Insel besiedelt. Es gibt endemische Unterarten der Westkanareneidechse
und verschiedener Vogelarten. Kanaren-
und Lorbeertaube sind lokal häufig. Auch
die reichhaltige Pflanzenwelt wartet mit
einigen Besonderheiten auf. Junger Vulkanismus tritt im Süden der Insel zutage, alte
Formen in der Caldera de Taburiente.

Praktische Tips

Anreise
Der Flughafen von La Palma liegt an der
Ostküste etwa 15 Autominuten südlich
der Hauptstadt. Er wird auch vom europäischen Festland her angeflogen.

Verkehr
Das Straßennetz ist gut ausgebaut, im Norden und Nordosten im Ausbau. Die Insel
ist bergig, die kurvenreichen Straßen ver-
langen Erfahrung. Leihwagen bekommt
man in Santa Cruz und den Fremdenver-
kehrszentren. Das Bussystem ist auf Santa
Cruz zentriert. Die Hauptverbindung führt
nach Los Llanos de Aridane.

Unterkunft
Private Unterkunft in Appartements und
Zimmern ist zu vernünftigen Preisen rela-
tiv leicht zu finden, z. B. in Santa Cruz, Los
Llanos, Tazacorte, Puerto Naos, im Nor-
den in Los Sauces und Umgebung und in
Barlovento.

Im Nordosten von La Palma sind in den steilen Wald-
schluchten von Los Tilos noch reichhaltige Bestände von
Lorbeerwald mit der zugehörigen Tierwelt erhalten.

6 Nationalpark Caldera de Taburiente

Nationalpark mit riesigem, nach Südwesten offenem Zentralkrater, fast allseits mit Steilwänden umgeben; höchste Erhebung Roques de los Muchachos mit subalpiner Vegetation; Kolkraben, Alpenkrähen und Vögel des Kiefernwaldes; bei La Cumbrecita großartige Ausblicke auf Kiefernwälder im Kraterinneren, Wolkenmeer und Nachbarinseln.

Der palmensische Nationalpark Caldera de Taburiente wurde 1954 begründet und durch Gesetz von 1981 auf die gegenwärtige Fläche von 4690 ha ausgedehnt. In einer umgebenden Pufferzone, dem soge-

nannten Präpark, sind Baumaßnahmen aller Art untersagt. Die Caldera ist der 8 km breite Krater des Zentralvulkans von La Palma, an vielen Stellen geradezu atemberaubend schroff. Der größte Teil des Kraterinneren und die äußeren Flanken sind mit Kanarischem Kiefernwald bedeckt. Vom höchsten Gipfel fallen die Steilwände nach innen annähernd 2000 m tief ab. Die Caldera ist durch Erosion entstanden, deren Folgen man überall erkennt. Es ist jedoch anzunehmen, daß zuvor der Einsturz des riesigen Kraters das Angreifen der Erosionskräfte vorbereitet hat.

Die Caldera öffnet sich in Richtung Südwesten in den tief eingeschnittenen **Barranco de las Angustias**. Sie war schon für die Ureinwohner ein zentraler Kultort. Der **Idafe**, eine Felsnadel inmitten des Kraterkessels, stellte ein Zentrum der religiösen Verehrung dar. Zur Zeit der Eroberung der Insel zogen sich die bedrängten Ureinwohner in das unwegsame Calderainnere zurück, wo sie nur durch Verrat und Täuschung schließlich unterworfen wurden.

Im Tal gibt es parallel zum Bach Flußterrassen aus Schotter auf unterschiedlicher Höhe über dem Talgrund, die durch Erosionsvorgänge bloßgelegt sind. Einige Feigen- und Kastanienbäume erinnern an eine frühere Besiedlung bzw. Nutzung durch den Menschen. Heute ist solcher Einfluß auf ein Minimum beschränkt.

Roques de los Muchachos
Auf der Straße durch den Kiefernwald aufwärts fahrend gelangt man früher oder später in die feuchte »Wattepackung« der Pas-

◀ Am Grund der Caldera de Taburiente strömt ein Bach, der von Kanarischen Weiden begleitet wird.

Von der Cumbrecita aus hat man atemberaubende Ausblicke in die kiefernbewachsene Caldera de Taburiente. ▶

Der Waldhahnenfuß ist unverkennbar.

satwolken. Im Bereich der oberen Kiefernwaldgrenze endet die Wolkenzone ziemlich unvermittelt. Oberhalb dieser Grenze gibt es eine immer noch gut entwickelte Pflanzendecke, die fast ausschließlich von der subalpinen Ginsterart Klebriger »Codeso« gebildet wird.

Der Hauptgipfel der Roques de los Muchachos (»Knabenfelsen«) ist mit 2426 m die höchste Erhebung von La Palma. Die Nachbargipfel stehen ihm nicht um vieles nach. Von den Gipfeln hat man bei guter Sicht überragende Ausblicke auf die Caldera, die ganze Insel und auf die Nachbarinseln Gomera und Teneriffa mit dem Teide. Nicht weit entfernt liegen astrophysische Observatorien (nicht für die Öffentlichkeit zugänglich). Auf schmalen steinigen Wanderpfaden kann man in die Caldera hinuntergelangen. Man bewegt sich hier im Nationalpark. Immer wieder eröffnen sich überraschende Ausblicke. Allerdings kann die Wolkendecke im Krater höher reichen als außerhalb und den Blick behindern. Der steinige Weg führt durch Denkmale des Vulkanismus, ein Paradies für geologisch Interessierte. Nicht selten findet sich im Verwitterungsschutt

verschiedenster Färbung eine **vulkanische Bombe** (s. S. 12), ein mehrfach geschichtetes Stück Lava, das vom Vulkan ein paarmal hochgeworfen und schließlich ausgespieen wurde. Beim Flug hat die flüssige glühende Lava Tropfenform angenommen, ehe sie dann als erkaltendes Wurfgeschoß außerhalb des Kraters aufschlug.

La Cumbrecita
Die Caldera de Taburiente ist wegen der Steilheit ihrer Felswände nur von wenigen Punkten aus begehbar. La Cumbrecita bietet die Möglichkeit, von einem Punkt aus in mehreren Richtungen in den riesigen Krater hineinzublicken. Über fast senkrecht abbrechenden Felswänden eröffnet sich dem Besucher das grandiose mit Kiefern bestandene Panorama des Kraters. Ein mehrstündiger, etwas schwieriger Wanderweg führt in das Kraterinnere. Bereits bei der Anfahrt bieten sich Möglichkeiten, in schöner Landschaft anzuhalten.

Pflanzen und Tiere

Die Vegetation an den **Hängen der Caldera** unterhalb der Steilabstürze besteht fast durchweg aus lichten Wäldern der Kanarischen Kiefer. Fast alle Bäume zeigen Spuren vergangener Brände an ihrer Borke. 1981 soll sich hier der jüngste Brand ereignet haben, frühere in den 60er Jahren. Die Bodenvegetation im Kiefernwald ist dementsprechend verarmt. Hier wachsen vorwiegend bodendeckende Schmetterlingsblütler, z. B. gelb blühender Hornklee (S. 106). Mit Bakterienknöllchen an den Wurzeln können diese Pflanzen den Stickstoff der Luft binden und daher auch auf nährstoffarmen Böden existieren. In den kleinen wasserführenden Barrancos kommen andere Vegetationselemente hinzu: Baumheide, Gagelbaum, manchmal eine Kanarische Weide.

Die Vogelarten im Wald sind die typischen des Kanarischen Kiefernwalds: Kanarengirlitz (S. 25), Teneriffa-Goldhähnchen, Buchfink, Zilpzalp; Rotkehlchen und Mönchsgrasmücke an den feuchteren Stellen, selten einmal ein Kanarenpieper, gelegentlich Kolkraben. Auch Alpenkrähen sind paarweise oder in Trupps überall in der Caldera anzutreffen.

Der Buchfink (S. 80) gehört einer eigenen inseltypischen Unterart *Fringilla coelebs palmensis* an. Die Rufe und Gesänge unterscheiden sich von den Lautäußerungen der mitteleuropäischen Artgenossen. Auch die Färbung der Buchfinkenmännchen ist ganz anders. An offenem Wasser in Taleinschnitten ruft der Iberische Seefrosch (S. 95).

Der **Talgrund**, der Boden der Caldera, wird von einem rauschenden Bach durchflossen. Nach starken Regenfällen führt er soviel Wasser, daß man ihn nicht überqueren kann. Hier am Bach gibt es überall Bestände von Kanarischen Weiden. Im Frühjahr 1991 war ihr Laub fast durchweg durch Raupen der endemischen Gespinstmotte *Yponomeuta gigas* abgefressen, die überall im Baum gemeinschaftlich große Gespinste anlegen und die Blätter, ungestört von tierlichen Feinden, systematisch abernten. Einzelstehende Weiden abseits vom dichten Bestand bleiben ungeschädigt. Ebenso wie die Kanarischen Kiefern können die Weiden einen derartigen Massenbefall lebend überstehen.

Am Bach halten sich Gebirgsstelzen auf, deren spitze Rufe das allgegenwärtige Rauschen des Wassers durchdringen. Sie bilden eine für die Kanarischen Inseln typische Unterart (*canariensis*) und unterscheiden sich von den mitteleuropäischen Artgenossen durch kräftigere Farben.

Die **Felshänge** nordwestlich des Campingplatzes sind locker mit typischen felsbewohnenden Pflanzen bedeckt. Unter ihnen herrschen die für Felsstandorte charakteristischen Dickblattgewächse vor, hauptsächlich Angehörige der Gattung *Aeonium* (S. 19; die spektakuläre inselendemische Art *Ae. nobile* mit rötlichen Blüten und fast runden Blättern im Barranco de las Angustias), *Aichryson bollei* und *Greenovia aurea* (S. 83).

Die Pflanzenwelt am Fuß der Steilhänge ist besonders reich. Hier findet man oft einen dichten Pflanzenwall.

Die **Roques de los Muchachos** liegen oberhalb der Kiefernwaldgrenze in der subalpinen Zone, die eigene Lebensbedingungen bietet. Sie ist mit den Cañadas auf Teneriffa zu vergleichen. Die Vegetationsdecke aus dem Klebrigen »Codeso« reicht teilweise von außen her bis an den Kraterrand heran. Die bis zu 1 m hohen Sträucher sind dicht mit kleinen Blättchen besetzt. Es gibt nur wenige andere Pflanzen (teilweise in gleicher Form in den subalpinen Zonen der Cañadas auf Teneriffa), z. B. eine Thymianverwandte, auch der violett blühende Teidelack (S. 107). Die dem Teideveilchen entsprechende *Viola palmensis* ist schwer zu finden. Auch den Teideginster (S. 32) entdeckt man lediglich in den von Botanikern betreuten und gegen Weideschäden geschützten Einzäunungen.

In den Ginsterbeständen siedelt eine Population von Brillengrasmücken. In offenen steinigen Bereichen findet man den Kanarenpieper (S. 32). Der universelle Zilpzalp singt nur gelegentlich hier oben. Dagegen jagen Einfarbsegler überall um die Gipfel. Alpenkrähen fliegen allein oder zu zweit über die Sättel aus der Caldera heraus und wieder hinein. Unter den Greifvögeln sind Turmfalken häufig. Kein Wunder, denn Eidechsen sind ebenfalls nicht selten. Auch die eingebürgerten Wildkaninchen haben sich bis hier oben ausgebreitet.

Fährt man von El Paso zur **Cumbrecita** hinauf, so findet man nur am Grund des Tales reichlichen Unterwuchs aus der Scheidenblättrigen Zistrose und jungen Kiefern. Weiter oben bis zum Parkplatz an der Cumbrecita ist die Kraut- und Strauchschicht des Waldes durch frühere Brände geschädigt. Auch die Kiefern sind teilweise sehr licht, selbst wenn die Feuer nicht immer die Baumkronen erreicht haben.

»La Graja« - der Vogel von La Palma

Ein rauhes »kijarr« oder »tschiaff« tönt vom Himmel, wiederholt sich mehrfach. Zwei schwarze, krähengroße Vögel segeln in eleganten Kreisen in der Thermik. Es sind Alpenkrähen, zu erkennen am glänzend schwarzen Gefieder, dem leuchtend roten gebogenen Schnabel und den gelblich-rötlichen Beinen. Bei großer Hitze kühlen sich die Vögel im Flug, indem sie die Beine aus dem Bauchgefieder heraushängen lassen. Die breiten, abgerundeten Flügel gestatten ihnen elegante Flugspiele. Mit angelegten Flügeln können sie rasend schnell abwärtsstoßen. Sie sind Vögel des Westens der Insel und werden vorwiegend in den Barrancos und ihrer Nachbarschaft beobachtet. Die Nester sind in den Barrancos verteilt, in Spalten und Löchern angelegt. Im Osten und Süden der Insel tauchen sie mehr vereinzelt auf, über den Lorbeerwaldbeständen sieht man nur gelegentlich Paare kreisen. Sie sind Charaktervögel der Insel La Palma. Auf den anderen Kanaren fehlen sie. Die Einheimischen nennen die Vögel mit einem lautmalerischen Namen nach ihren Rufen »la graja« (Aussprache »la gracha«). In den Reiseführern werden sie zuweilen als Dohlen bezeichnet.

In halber Höhe gibt es eine Lichtung mit einer alten Anpflanzung von Feigenbäumen, die im April ausschlagen. Die Feige ist schon im Mittelalter aus dem Mittelmeergebiet hier eingeführt worden. Sie hat ihren Jahresrhythmus mit alljährlichem Laubabwurf beibehalten.

Auf dieser Lichtung blüht im April ein schöner Bestand des Natternkopfs *Echium webbii*. Die lichtblauen Blütenkerzen sind von Bienen und anderen Insekten umschwärmt. Auf der Lichtung lassen sich oft auch Kanarengirlitze (S. 25) beobachten. An den Hängen ostwärts von La Cumbrecita unterhalb der Steilwände gibt es Orchideenwiesen. Hier gedeiht als einziger Bestand auf den Kanaren das Kuckucksknabenkraut.

Im Gebiet unterwegs

Zu den **Roques de los Muchachos** ① führt von Santa Cruz aus eine gut ausgebaute kurvenreiche Straße aufwärts und an zahlreichen Aussichtspunkten des Calderarandes vorbei zum Gipfel. Von dort aus gibt es Fußwege entlang des Kraterrandes.

Um in die **Caldera** zu gelangen, kann man von Los Llanos aus zunächst auf einer Teerstraße, dann aber sehr bald auf steiniger schmaler Piste in etwa einer halben Stunde in den **Barranco de las Angustias** hinabfahren. Zu Fuß ist man entsprechend länger unterwegs. Im Talgrund kann man den Wagen abstellen ②. Von hier führt ein Fußweg in 4-5 Stunden immer dem meist trockenen Bachbett folgend in die Caldera hinein. Der Marsch sollte morgens begonnen werden. Er führt durch ein botanisch besonders interessantes Gebiet.

Ein zweiter Zugang in den Krater besteht über **Los Brecitos** ③, hoch an der Talflanke direkt unterhalb der Steilwände gelegen. Man kann mit dem Wagen über eine steinige Haarnadelpiste die jenseitige Talflanke hinauffahren, oder besser zu Fuß gehen. Mit dem Auto erreicht man über den

Die zerknitterten Blüten der Scheidenblättrigen Zistrose entfalten ihre zarte Schönheit nur einen Tag lang.

Weiler La Cura nach etwa 45 Minuten Fahrt im Schrittempo das Ende der Piste, einen Aussichtspunkt bei Los Brecitos mit Parkplatz für etwa 15 PKWs. Hier an der Grenze des Nationalparks beginnt ein bequemer Fußweg mit nur wenigen Steilstrecken. Bei zügigem Wandern führt er den Besucher in 2 Stunden in den Kratergrund ④ hinab. Er ist an Steilhängen durch Geländer gesichert und so gepflegt, daß man ihn auch mit festen Halbschuhen gehen kann. Man passiert mehrere in den Hang eingeschnittene Quelltäler, wo man frisches Wasser findet. Am Kratergrund gibt es kundige und aufmerksame Nationalparkwärter und einen romantischen Campingplatz.

Die Französische Zistrose bewohnt offenes Gelände.

Die fleischige *Greenovia diplocycla* ist ein Dickblattgewächs aus der Verwandtschaft der Aeonien.

Echium webbii, einer der zahlreichen Vertreter der Gattung Natternkopf, kommt nur auf La Palma vor.

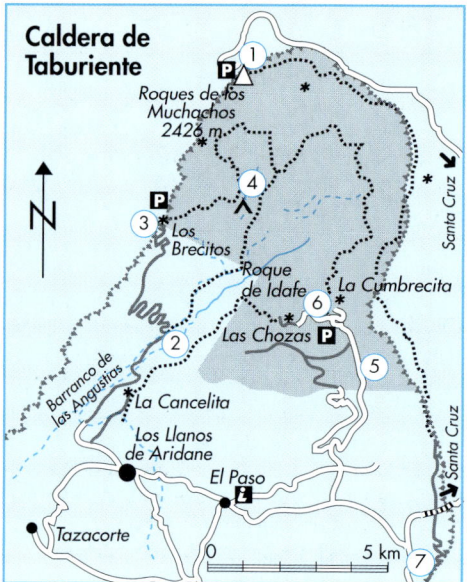

Caldera de Taburiente

Roques de los Muchachos 2426 m

Santa Cruz

Los Brecitos

Roque de Idafe

La Cumbrecita

Las Chozas

La Cancelita

Los Llanos de Aridane

El Paso

Tazacorte

Santa Cruz

0   5 km

N

Anreise

Ausgangspunkt für Exkursionen in die Caldera de Taburiente ist im allgemeinen Los Llanos. Eine Busverbindung besteht zwischen Sta. Cruz de la Palma und Los Llanos; zur Cumbrecita fahren nur private Reisebusse.

Unterkunft/Verpflegung

Hotels, Pensionen und Gaststätten gibt es in Los Llanos und Umgebung. Im ganzen Gebiet des Nationalparks dagegen existieren weder Hotels noch Restaurants. Ein terrassierter Campingplatz liegt am Grunde des Kraters. Er darf nur mit einer Genehmigung von ICONA für zwei Nächte benutzt werden (Genehmigung im ICONA-Zentrum von El Paso erhältlich).1991 gab es dort noch keine Toiletten, als Waschgelegenheit diente der Bach (Seifenbenutzung verboten).
ACHTUNG: Für alle Wanderungen im Bereich des Nationalparks sind feste Schuhe vonnöten. Sämtliche Verpflegung muß mitgebracht werden. Für Wege im Krater muß man schwindelfrei sein.

Blick in die Umgebung

Wenn man auf der Straße nach Los Llanos hinter dem Tunnel in der ersten Haarnadelkurve nach links abbiegt ⑦, ist man auf der Straße, die zur **Cumbre Nueva** führt. Hier kann man neben der seltenen Baumförmigen Wolfsmilch auch andere Arten des Lorbeerwaldes sehen. Weiter oben erkämpfen sich Kiefern als Pioniere die kahlen Lapillihügel.
Am Südende der Insel liegt das Städtchen **Fuencaliente**, das Zentrum des Weinanbaus auf La Palma, in der Nähe die Vulkane **San Antonio** und der zuletzt 1971 aktive **Teneguía**. An den Leuchttürmen drückt sich die Nymphendolde (S. 47) im Wind. In den windgeschützteren Taleinschnitten wächst flächendeckend die Balsamwolfsmilch.

Zur **Cumbrecita** ⑥ gelangt man über die Hauptstraße, die Sta. Cruz de la Palma mit Los Llanos verbindet. Oberhalb von El Paso beim Restaurant La Piedra zweigt die Zufahrt bergwärts ab. An dieser Abzweigung steht das neue Zentrum der Naturschutzorganisation ICONA. Die Straße führt zunächst fast eben durch ein Weidegebiet mit Schafen und einigen Rindern. Dann beginnt nach einer Kreuzung der Kiefernwald. Auf halber Höhe passiert man eine Lichtung ⑤ mit interessanten Pflanzen. Am Parkplatz beginnen verschiedene Wanderwege in die Caldera hinein. Ein kurzer, breit ausgebauter Weg von 10 Minuten führt zu einer mit Geländer gesicherten Aussichtsplattform über senkrechten Wänden, genannt **Mirador de Las Chozas** ⑥. Ein zweiter Aussichtspunkt, der **Mirador de los Roques**, liegt in der Nähe. Von hier aus führt auch ein schlechter Fußweg am steilen Kraterrand entlang in das Innere der Caldera ④. Die Wege durch den Nationalpark sind aus den am Parkplatz aufgestellten Tafeln ersichtlich.

7 Lorbeerwald Canal y los Tilos

Biosphärenreservat mit Besucherzentrum; großes zusammenhängendes Gebiet ursprünglichen Lorbeerwaldes mit typischer Vegetation im Talgrund und in Steilhanglagen, durch Forstwege erschlossen; reiche Bodenvegetation; Kanaren- und Lorbeertaube häufig.

Der Nordostteil der Insel La Palma ist ehemals von einem Lorbeerwaldgürtel ungeahnten Ausmaßes bedeckt gewesen, der an einigen Stellen noch heute in bewundernswerter Ursprünglichkeit erhalten ist. Das hat seine Ursache darin, daß die Barrancos mit ihren steil abstürzenden Wänden völlig unzugänglich sind und daß der Nordostpassat dem Wald die Möglichkeit schuf, diese Steilhänge von ihrer höchsten Höhe bis in die Tiefe zu besiedeln. Die Wälder sind nur an wenigen Stellen durch Straßen, Wanderpfade und Forstwege erschlossen. Dennoch sind sie durch Brand und Erschließung gefährdet. Es handelt sich um echte Urwälder, aus pflanzengeographischer Sicht um tertiäre Reliktwälder von größtem wissenschaftlichen und naturgeschichtlichen Interesse.
Das Gebiet Los Tilos hat internationalen Rang. Es ist zum Biosphärenreservat erklärt worden und geschützt. Es gilt als strenges Naturschutzgebiet und wird allein für Forschungszwecke auf speziellen Antrag zugänglich gemacht. Nur einige Wege dürfen auch von der Öffentlichkeit benutzt werden. Weitere Lorbeerwaldreste gibt es in südlich benachbarten Barrancos um La Galga, z. B. Cubo de la Galga und Galguitos. Durch landwirtschaftliche Nutzung ist dagegen das nordwestlich gelegene Gebiet um La Zarza stark verändert. Eigentlicher Lorbeerwald ist nicht mehr vorhanden, aber viele Begleitelemente. La Zarza und das benachbarte La Zarzita sind darüber hinaus Angelpunkte der Vorgeschichte mit gut erhaltenen Felszeichnungen.

Pflanzen und Tiere

Die hauptsächlichen Baumarten des Waldes von Los Tilos sind der Lorbeerverwandte »Til« und der Kanarische Lorbeer (S. 48). Sie bilden im feuchten Talgrund dichte und dunkle Bestände, den voll entwickelten, erwachsenen Zustand des Waldes, der sich mosaikartig erneuert. Alte Bäume werden bis 30 m hoch. Hinzu kommt der ebenfalls zu den Lorbeergewächsen gehörende »Viñatigo« mit großen, beim Altern gelb oder sogar leuchtend rot werdenden Blättern. Dazu gesellen sich weitere Baumarten wie die Kanarische Stechpalme und der mit der Traubenkirsche verwandte Portugiesische Kirschlorbeer. Im tief eingeschnittenen Barranco del Agua hängen die prachtvollen Wedel des Wurzelnden Grübchenfarns (S. 50) von den Wänden.
Der Unterwuchs ist in den lichteren Hanglagen meist reichhaltig entwickelt.

Der »Viñatigo«, eine Baumart des Lorbeerwaldes, trägt viel kleinere Früchte als der verwandte Avocado.

Das Kulturland um La Zarza war ehemals Lorbeerwald. Noch sind viele Elemente dieses Lebensraums zu finden.

Häufig ist das strauchartige Nesselgewächs *Gesnouinia arborea*. Der Schneeball streckt sich manchmal bis in die Baumschicht hinauf. An den Baumstämmen klettert die Mäusedornverwandte »Gilbalbera«, bei der Blüten und rote Beeren an zweireihig angeordneten blattartigen Flachsprossen sitzen. Auf dem Waldboden wächst die »Reina del Monte«, ein Enziangewächs mit gelbem Blütenflor (s. S. 48). Auf den Bäumen gedeihen viele Flechten und andere Epiphyten. Der

Reichtum an weiteren Endemiten ist groß. Leider haben sich auch schon hier, besonders im Tal und an den Wegen, eingeschleppte Elemente wie das Weiße Eupatorium breitgemacht.

Der Wald ist reich an Vogelarten. Wer Lorbeer- und Kanarentaube kennenlernen will, findet hier überraschend gute Bestände. Man kann auch ihre Stimmen ständig im Wald hören.

Charaktervögel des Lorbeerwaldes sind der Buchfink, die Amsel und die Blaumei-

Der kanarische Zitronenfalter, auf dem Strauch *Cedronella* sitzend, verbirgt seine orangefarbenen Vorderflügel.

Die »Gibalbera« ist eine typische Kletterpflanze des Lorbeerwalds aus der Familie der Liliengewächse.

se (S. 72). Der Zilpzalp und das Rotkehlchen sind überall häufig, und die geflöteten Überschläge der Mönchsgrasmücke hallen durch den Wald. Im Tal kann man an offenen Stellen dem Kanarengirlitz (S. 25) begegnen. In der Baumheide singt das Teneriffa-Goldhähnchen seinen feinen hohen Gesang. Die kanarischen Goldhähnchen stehen dem europäischen Wintergoldhähnchen nahe, dürfen aber als eigene Art gelten.

Im Gebiet unterwegs

Die Straße nach **Los Tilos** ① zweigt von der Verbindung Sta. Cruz – Los Sauces (C.830) etwa 3 km nördlich Los Lomelitos ab und begleitet den Grund des Barrancos etwa 2,5 km, bis sie nahe dem Besucherzentrum mit Parkplatz und Restaurant inmitten des Lorbeerwaldes endet. Außerdem findet sich hier ein ausgedehntes Picknickgelände mit Campingmöglichkeiten. Von diesem Platz und seiner Nachbarschaft starten mehrere Wanderwege oder Pfade durch den Wald. Ein interessanter und über einige 100 m begehbarer Weg führt im Talgrund des **Barranco del Agua** entlang. Es genügt aber auch für einen ersten Eindruck von der Tiefe und vom Reichtum des Waldes mit seinen typischen Baumarten, sich nur bei Los Tilos direkt aufzuhalten.

An Wegrändern im Lorbeerwald gedeiht häufig die von den Spaniern »Capitana« genannte Staude.

Einige 100 m vor Erreichen des Informationszentrums zweigt von der Straße links bergwärts ein Forstweg ab ②, der für den Autoverkehr gesperrt ist, den man aber zu Fuß bequem begehen kann. Er führt kilometerweit durch stille, hohe Waldbestände und quert schließlich zum Tal von La Galga hinüber. Diesen Weg zu gehen ist ein besonderes Erlebnis.

Die Kanarentaube ist ein Juwel des Lorbeerwalds.

Tauben, Tauben...

Zu den wertvollsten und besonders schützenswerten Erscheinungen auf den Kanaren rechnen zwei endemische Taubenarten, die Kanarentaube und die Lorbeertaube. Sie führen ein zurückgezogenes Leben in den gefährdeten Lorbeerwaldresten der Inseln Teneriffa, Gomera und La Palma. Über ihre Biologie ist bislang nur wenig bekannt. Der flüchtige Besucher des Lorbeerwaldes bekommt von den Vögeln nicht viel zu sehen. Auf einem Aussichtsplatz, von wo aus man einen bewaldeten Barranco möglichst frei überblickt, kann man jedoch abwarten, bis die Vögel von selbst über die Baumkronen dahinfliegen. Auch in der Nähe hoher fruchtender Bäume kommen nicht selten beide Arten zusammen, um die noch grünen Früchte zu ernten.

Die Kanarentaube (S. 65) ist die kleinere Art. Sie wirkt dunkel blaugrau, die Brust ist rötlich überhaucht. Die Lorbeertaube ist größer und plumper. Sie hat eine dunkelbraune bis dunkel kupferfarbene Grundfärbung. Während die Kanarentaube eine weiße Binde im letzten Viertel des Schwanzes hat, woran sich ein dunkler Saum anschließt, ist bei der Lorbeertaube das gesamte äußere Viertel des Schwanzes weiß. Die kleine Kanarentaube fliegt rasant, oft mit ruckartigen unrhythmischen Flügelschlägen, wobei hoch pfeifender Flugschall entsteht. Man sieht nicht selten kleine Trupps. Aus fruchtenden Bäumen fliegen manchmal 10 oder 20 Tiere gleichzeitig ab und im Verband davon. Die Lorbeertaube fliegt meist einzeln, bestenfalls zu zweit. Aus guten Nahrungsbäumen fliegen die Vögel nacheinander ab, seltener gleichzeitig. Ebenso wie die Kanarentauben klatschen sie dabei mit den Flügeln. Die Flügelschlagfolge ist langsam, gleichmäßig und erzeugt ein metallisch wischendes Geräusch. Im Frühjahr zeigen die Vögel kreisförmige horizontale Schauflüge mit ausholenden langsamen Flügelschlägen und gespreiztem Schwanz.

Auch die Lautäußerungen der beiden Taubenarten sind unterschiedlich. Die Kanarentaube singt verhalten klingende dumpf gurrende viersilbige Motive: »gurr-gúrr-gru-gú«. Der Gesang erinnert an den der Ringeltaube. Ganz anders bei der Lorbeertaube. Die Strophe beginnt mit einem stöhnenden gedehnten Element, daran schließen sich in Abständen einige tief flötende Elemente an: »uuurrr... glu... glu... glu...«.

Die Kanarentaube brütet von November bis Juli mit einem Höhepunkt zwischen März und Mai. Das Gelege besteht nur aus einem einzigen Ei. Für die Fortpflanzung spielt das Fruchten der Lorbeerwaldbäume eine wichtige Rolle. Während diese Art streng an den hochentwickelten reifen Lorbeerwald gebunden ist, kommt die Lorbeertaube auch in niedrigeren Randzonen des Waldes vor, solange fruchtende Bäume erreichbar sind.

Praktische Tips

Anfahrt

Die Nordverbindung (C.830) von Santa Cruz de la Palma nach Los Sauces (etwa 50 km) wurde zwar vor kurzem neu ausgebaut, wegen des Kurvenreichtums benötigt man für diese Strecke aber dennoch 1-2 Stunden.

Unterkunft

Hotels und Appartements findet man in Los Sauces oder in den kleineren Orten San Andrés y Sauces und Barlovento.

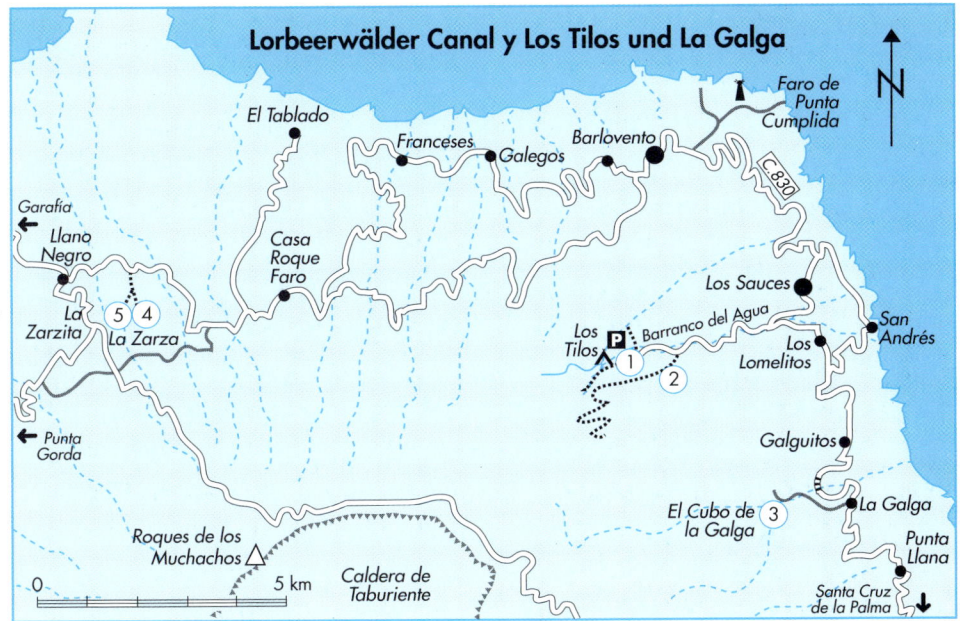

Lorbeerwälder Canal y Los Tilos und La Galga

Information

Ein Besucher- und Forschungszentrum in Los Tilos wurde im Mai 1991 eröffnet. Ein Faltblatt mit Informationen über Los Tilos ist erhältlich.

Blick in die Umgebung

In der Gegend von Galguitos, **El Cubo de la Galga** ③ und **Los Lomelitos** gibt es Barrancos mit ebenfalls gut erhaltenen Lorbeerwaldbeständen. Sie sind teilweise auf einspurigen Waldwegen begehbar oder befahrbar. Lohnend ist ein Besuch des Barrancos direkt nördlich des großen Straßentunnels im Westen von **La Galga**.
Um **La Zarza** ④ zu erreichen, hat man von Barlovento her die Auswahl zwischen zwei bergigen Strecken, die sich bei Casa Roque Faro vereinigen. Weiter westlich erreicht man die südwärts führende Abzweigung zur **Fuente de la Zarza**, der Brombeerquelle. Von hier aus führt ein idyllischer Fußweg im Tälchen entlang in gut 10 Mi-

nuten zur Quelle. Vom Westen her kann man das Gebiet über die Straße von Garafía in Richtung Barlovento über Llano Negro erreichen. Nach etwa 2 km weist in einem Taleinschnitt ein Schild auf La Zarza hin.
Am Ende des Fußwegs liegt im Talkessel die Quelle, ein von den Ureinwohnern verehrtes Heiligtum. Die etwa 10 m hohen Felswände ringsum sind über einen Fußweg erreichbar und durch ein Geländer abgegrenzt. Die Felsoberflächen sind mit konzentrischen oder wellenförmigen Gravurmustern bedeckt. Es handelt sich um eine der wichtigsten Fundstellen für vorgeschichtliche Felsritzungen auf den Kanaren.
Nur wenige Gehminuten in westlicher Richtung benachbart liegt **La Zarzita** ⑤ in einem Seitental. Nur mit Phantasie erkennt man die wenigen figürlichen Darstellungen neben den geometrischen Mustern. Die Fundstelle ist leider nicht gesichert und teilweise zerstört.

La Gomera

Die zweitkleinste Kanareninsel liegt nur etwa 35 km Luftlinie westwärts von Teneriffa entfernt. Die Inseloberfläche ist alt. Zeichen jüngeren Vulkanismus wie nackte Lavaströme fehlen fast vollständig. Vom ehemaligen Zentralvulkan, dem Garajonay (1486 m), senkt sich ein ebenmäßiger Schild allseits zum Meer, um in einer Steilküste abzubrechen. Dieser Schild ist durch knapp 40 radiäre Barrancos zerteilt.

Die Insel war der letzte Standort von Christoph Columbus, ehe er 1492 aufbrach, um Indien zu erreichen, und dabei Amerika entdeckte. Heute ist Gomera ein gern besuchtes Ziel von Individualisten.

Die Küstenregion ist Trockenzone. Landeinwärts geht sie über verschiedene Zwischenzonen allmählich in Wald über. Das hochgelegene Inselzentrum ist von ausgedehntem Lorbeerwald bedeckt, der oft von Wolken eingehüllt wird: ein ursprünglicher Lebensraum mit eigentümlicher Landschaft sowie reicher Pflanzen- und Tierwelt. Diese Region ist mit einer Fläche von knapp 3500 ha zum Nationalpark erklärt worden.

Kanarische Dattelpalmen und aufgelassene Terrassen: Die Kulturlandschaft bei Targa im trockenen Süden.

Praktische Tips

Anreise

Von Los Cristianos im Süden Teneriffas aus verkehren die Boote zweier Fährunternehmen nach Gomera. Das schnellere Tragflügelboot braucht je nach Seegang etwas mehr als eine halbe Stunde, während man mit der größeren Fähre der Trasmediteranea drei Stunden unterwegs ist. Ein kleiner Flughafen ist seit 1991 im Bau.

Verkehr

Von San Sebastián verkehren jeweils 2 Busse pro Tag nach Valle Gran Rey und über Hermigua, Agulo, Las Rosas nach Vallehermoso sowie einer nach Santiago. Leihwagen findet man am Hafen und in der Hauptstadt sowie in den Touristenzentren.

Unterkunft/Verpflegung

In San Sebastián gibt es einige Hotels, eines davon ist der staatlich geführte Parador Nacional in idyllischer Lage über der Stadt. Weitere Hotels, Pensionen oder Appartements findet man vor allem in Valle Gran Rey, aber auch in Hermigua, Vallehermoso und Santiago. Hermigua liegt den interessanten Teilen des Nationalparks am nächsten.

8 Nationalpark Garajonay

Im Inselzentrum ursprünglicher und artenreicher Lorbeerwald, meist in Steilhanglagen, teilweise durch Forstwege erschlossen, oft in Wolken; besonders im Winter niederschlagsreich; in den Randzonen Bereiche mit Gagelbaum und Baumheide; beide Taubenarten des Lorbeerwalds; reiche Insektenvorkommen.

Eine physische Landkarte von Gomera zeigt in der Mitte der annähernd runden Insel eine große waldbedeckte Fläche. Fast die ganze Waldfläche ist in den Nationalpark Garajonay einbezogen, die UNESCO hat das Gebiet zum Naturerbe der Menschheit (»World Heritage«), die EG zum Speziellen Schutzgebiet erklärt. Der Nationalpark beherbergt die wohl reichsten und größten Lorbeerwaldbestände der Kanarischen Inseln (s. S. 21). Am besten entwickelt und erhalten sind sie in den Steilhängen, besonders im Nordosten oberhalb von Hermigua. Die Erhaltung dieses einzigartigen Lebensraumes wurde auch dadurch ermöglicht, daß die Wasservorräte sparsam genutzt wurden. Die flache Zentralkuppe der Insel ist gegen die Sonneneinstrahlung durch Passatwolken geschützt und profitiert von deren Niederschlägen.

Größere Flächen des Parks sind allerdings nicht mit eigentlichem Lorbeerwald, sondern mit Fayal-Brezal mit den Charakterarten Baumheide und Gagelbaum bewachsen. Diese Pflanzengemeinschaft stellt eine Rand- und Degenerationsform des Lorbeerwalds dar. Die Umgebung von **Las Hayas** im Südwesten des Nationalparks (»haya« oder »faya« = Gagelbaum) wird von solchen Beständen beherrscht. Am Südrand des Nationalparks hat man

von zwei Miradores Ausblicke auf das eindrucksvolle Landschaftsbild der **Roques**, ehemalige Vulkanschlote, die am Schluß ihrer Tätigkeit bzw. nach Verminderung des Drucks durch flüssige Lava aufgefüllt wurden (s. S. 12). Die ringsum anstehenden weicheren Schichten wurden im Laufe der Erdgeschichte durch Erosion abgetragen, so daß steil aufragende Monolithe stehenblieben. Die vier größten heißen **Roque Agando** (1250 m), **Roque Zarcita** (1234 m), **Roque Ojila** (1170 m) und **Roque Carmona**.

Neck heißt ein solcher Felsendom, die ehemalige Füllung eines Vulkanschlots, von der Erosion freigelegt.

Ein häufiger Greifvogel ist der Mäusebussard.

Ein weiterer Aussichtspunkt, in Richtung El Rejo gelegen, heißt **Mirador Bailadero**. Von hier hat man bei klarem Wetter einen Blick über weite, mit Lorbeerwald bewachsene Hänge und bis hinab nach San Sebastián. Der höchste Gipfel der Insel, der **Garajonay**, hebt sich nur wenig aus seiner Umgebung heraus. Infolge früherer Beweidung, durch häufige Brände und durch fremde Kiefernarten, die hier angepflanzt worden sind, ist die heimische Vegetation nicht voll entwickelt. Die guten Lorbeerwaldbestände liegen abseits.

Aichryson laxum, ein trockenangepaßtes Dickblattgewächs.

Pflanzen und Tiere

Will man auf bequemen Wegen im Lorbeerwald wandern, um Pflanzen und Tiere zu sehen, lohnt es sich, die Region um **El Cedro** aufzusuchen. Hier gibt es auf feuchtem Untergrund, von kleinen Bachtälern durchzogen, typische hallenwaldartige Lorbeerwaldbestände mit dicht geschlossenem Kronendach. Man wird nebeneinander verschiedene Baumarten antreffen. An den Wegen, wo mehr Licht einfällt, gedeiht eine Vielzahl von Sträuchern und Kräutern. Sehr häufig ist der Lippenblütler *Cedronella canariensis* (S. 64) mit dreiteiligen, stark nach Zitrone duftenden Blättern und schmalen Blattfiedern. Die blaßvioletten Blüten werden von Hummeln und Schmetterlingen beflogen. Seltener ist die »Reina del Monte« mit ihren zahlreichen kleinen gelben Blüten. Beide Gattungen sind ausschließlich auf den Kanaren zu Hause. Nur an sehr feuchten Stellen gedeihen die riesigen Farnwedel des Wurzelnden Grübchenfarns (S. 50), der im Tertiär auch in Mitteleuropa vorkam; den mehr Trockenheit vertragenden Adlerfarn findet man teils in dichten Beständen. Diese Art ist weltweit verbreitet, sie kommt auch in Mitteleuropa vor. An Felshängen, manchmal auch auf Bäumen, gedeiht bis 40 cm hoch der filigrane, schwarzstielige Kanarische Krugfarn. Er wächst mit kriechenden Wurzelstöcken, die Trockenperioden überdauern können.

Am Weg gibt es Felshänge, die ganz andersartige Vegetation bieten. Hier gedeihen die fleischigen hellgrünen Rosetten von *Aeonium subplanum* (S. 19), oft in kleinen Kolonien. Jede Rosette bildet eine flache Schale. Daneben wächst eine zweite, diesmal strauchige Art namens *Aeonium gomerense*. Beide sind Endemiten dieser Insel. Als drittes Dickblattgewächs ist das stark behaarte *Aichryson laxum* häufig auch auf bemoosten Baumstämmen zu finden. An anderen Stellen wächst am Hangfuß *Aichryson punctatum* ohne alle Behaarung und mit kleinen Blattrosetten, besetzt mit zahllosen leuchtend gelben Blütensternen.

Erstaunlich ist, in welchem Ausmaß die unverwüstliche Baumheide als Pionierpflanze selbst mit kleinsten Keimpflänzchen die felsigen Hänge besiedelt. An offenen Stellen fällt eine kniehohe Staude mit großen, glänzenden, lanzettförmigen Blättern auf, deren Blütenstände unscheinbar wirken: ein Rötegewächs, von den Einheimischen »Capitana« genannt und gern als Viehfutter gesammelt (S. 65). Überall am Weg begegnet man dem eingeschleppten Weißen Eupatorium. In einem Baumheidebestand kann man die bis 1 m hohe Zinerarie *Senecio steetzii* mit bis zu 25 weißlichen Körbchenblüten pro Blütenstand entdecken. Die Art ist ein Gomera-Endemit.

Der Wald ist reich an Vögeln. Wie in der Laurisilva auf Teneriffa und auf La Palma gibt es hier die scheuen endemischen Kanaren- und Lorbeertauben (s. S. 66). Auf dem beschriebenen Weg nach **Los Aceviños** stehen zuweilen Pfützen, wo an heißen Tagen Kanarentauben zum Trinken kommen, was man auch an den herumliegenden Mauserfedern erkennt. Die hohen Waldbestände werden vorzugsweise von dieser Art bewohnt. Die größere Lorbeertaube dagegen sieht man häufiger in den Randzonen, z. B. vom Mirador Bailadero aus.

Neben den Tauben kommen im Wald einige andere Vogelarten vor. Die Amsel baut ihr Nest manchmal in Ästen direkt über dem Weg. Rotkehlchen (S. 49) singen hier wie die europäischen Artgenossen. Teneriffa-Goldhähnchen und Blaumeisen sind nicht selten, in den Randzonen trillert der Kanarengirlitz. Auch Buchfinken – in der Unterart *Fringilla coelebs tintillon*, die auch auf Teneriffa und Gran Canaria lebt – gibt es häufig. Zuweilen kreist der Mäusebussard über den Baumwipfeln.

In den Waldschneisen fliegen bei sonnigem Wetter zahlreiche Insekten. Unter den

Schmetterlingen fallen der Zitronenfalterverwandte *Gonepteryx cleobule* (S. 64) und der Kanarische Admiral auf. Beim Zitronenfalter sind die Weibchen blaßgelb, die Vorderflügel der Männchen leuchten hell orangefarben. Auch ein Distelfalter segelt gelegentlich vorbei.

Die bodendeckende Strauchvegetation unterhalb der kahlen Felswände des Roque Agando und Zarzita erinnert etwas an die südfranzösische Garrigue. Dazu trägt vor allem die knie- bis hüfthohe, teils flächendeckende Französische Zistrose (S. 61) bei. Sie hat weiße Blüten und längliche kleine Blätter. Die Bestände verbreiten im Hangaufwind bei Sonnenschein einen süßlich-harzigen Duft aus den Fruchtkapseln. Daneben stehen bis 1 m hohe Ginster: der »Escobón« (»Escabón«) mit seinen

Vielerorts besteht der Lorbeerwald Gomeras nur aus »brezo« (Baumheide) und »faya« (Gagelbaum).

blaugrauen Blättern, und der grüne, mit sehr kleinen dreiteiligen Blättchen dicht bewachsene »Codeso«, der im Sommer leuchtend gelbe Blütenstände erzeugt. An etwas feuchteren Stellen gedeihen auch niedrige Baumheide und der Gagelbaum. Talwärts schließen sich auf den trockeneren Hängen ausgedehnte Bestände der Kanarischen Kiefer an, die auf der Insel ursprünglich nicht vorgekommen sein soll.

Blaumeise der dunklen Unterart *Parus caeruleus teneriffae.*

Auf benachbarten Höhen finden sich dunkelnadelige kalifornische Monterey-kiefern. Lokal sind auch die duftenden mediterranen Aleppokiefern mit hellem Nadelkleid und grauen Stämmen angesiedelt worden. An der Straße in der Nähe von **El Bailadero** sind einzelne Zedern-wacholder gepflanzt, die man an ihren hängenden Zweigen erkennt. Die Art kommt in dieser Region auch wild vor. Überall an Straßen und Wegen steht der schmächtige Asphaltklee.
Die Felsen sind oft von Einfarbseglern umschwärmt. Im Gesträuch halten sich Samt-kopfgrasmücken und kanarische Zilpzalpe auf. Mäusebussard und Turmfalke sind nicht selten.

Im Gebiet unterwegs

Von San Sebastián aus erreicht man den Nationalpark entweder über die neu ausgebaute Carretera del Norte oder über die weiter südlich verlaufende Carretera del Sur. Von der Verbindung dieser beiden Hauptstraßen biegt auf einer Paßhöhe nordöstlich der Kreuzung **Cruz de la Zarzita** in der Nähe von El Reventón eine im Sommer staubige Piste nach **El Cedro** ① ab, die nach etwa 1 km zu einer bachdurchflossenen Senke führt. Das Gebiet liegt formal noch außerhalb der Nationalparkgrenzen. Von hier aus kann man mit dem Wagen weiter Richtung **Aceviños** ② fahren oder diesen Weg zu Fuß gehen. Ebenso beginnt hier ein Fußweg durch den Lorbeerwald in Richtung der Kapelle **Eremita N. S. de Lourdes** ③.
Fährt man weiter in Richtung Cruz de la Zarzita, passiert man den Aussichtspunkt **El Bailadero** ④ und die Felsendome ⑤. In der Region des Nationalparks und seiner Umgebung gibt es eine Reihe von Wanderrouten, deren Verlauf man den Wanderführern und -karten entnehmen kann. Zwischen dem Cruz de la Zarzita und der Kreuzung Las Paredes liegt der **Garajonay** ⑥.

Der Nationalpark ist auch von Valle Gran Rey im Südwesten aus über Las Hayas sowie von Santiago im Süden über Alajero und von Vallehermoso im Norden erreichbar.

Praktische Tips

Information

Das Informationszentrum an der Nordeinfahrt des Nationalparks bei **Juego de Bolas** ⑦ enthält eine Ausstellung mit wichtigen Nationalparkinformationen. In einem spanischen Lehrfilm wird die Ökologie des Lorbeerwaldes vorgestellt. Man kann Literatur und Informationsmaterial kaufen und sich für geführte Wandertouren anmelden. Das Wertvollste für den naturkundlich interessierten Besucher dürften die hier gezeigten Pflanzen sein. Eine Sammlung von Farnen und Euphorbien im Innenhof wird durch einen ringsum liegenden Botanischen Garten mit vielen endemischen Arten aus den verschiedensten Lebensräumen der Insel ergänzt.

Blick in die Umgebung

Vallehermoso

Von Hermigua her kommend erreicht man Vallehermoso auf einer gewundenen Bergstraße. An den Nordhängen wächst hier noch Fayal-Brezal, an den Südhängen ein sehr lichter Bestand des Phönizischen

Bei Vallehermosa gewinnt man den Saft der Kanarischen Dattelpalmen, um daraus Palmenhonig herzustellen.

Wacholders (S. 83). In der Nachbarschaft des wunderschön gelegenen Ortes sieht man hier und da eine Leiter an einer Palme lehnen. Hier wird »miel de palma«, der Palmenhonig, gewonnen. Der Vegetationskegel der Palme wird vorsichtig angeschnitten und der austretende zuckersüße Saft täglich abgeschöpft. Die Kanarischen Dattelpalmen ertragen diese Behandlung viele Jahre lang.

Der »Tejo« ist nahe verwandt mit der Baumheide.

Der »Codeso«, ein Ginster der Westinseln.

9 La Fortaleza bei Chipude

Tafelberg mit prächtiger Aussicht im trocken-heißen Südwesten der Insel; reichhaltige Trockenvegetation und Spuren der vorspanischen Bevölkerung.

An den feuchten und grünen Norden und das waldbestandene Zentrum der Insel schließt sich südwärts eine trockene Zone an. An die ehemals intensive landwirtschaftliche Nutzung erinnern Terrassen, die ganze Hänge vom Tal bis zum Gipfel

Ein Esel bewacht die Fortaleza bei Chipude.

bedecken. Die Fortaleza (=Festung) und ihre Umgebung werden zu den abgelegensten Regionen der Kanaren gerechnet. Vom großflächigen Gipfelplateau aus schweift der Blick frei über die weiten rundum liegenden Täler mit ihren Terrassen bis zum Meer. An ihrem Rande brechen die Felsen lotrecht ab. Das anstehende Ergußgestein ist sehr hart, weshalb der Berg aus der Umgebung herausragt. In den wegbegleitenden Lesesteinmauern und auch sonst im Bereich der Fortaleza findet man häufig schalenförmig verwitternde vulkanische Bomben (S. 12). Die Fläche und der gebüschbestandene Abhang sind feuergefährdet, und Teile der Vegetation sind im Juni 1991 abgebrannt. Auf der Hochfläche findet man quadratische oder rund-ovale Steinsetzungen aus Zeiten der vorspanischen Ureinwohner, außerdem Tierknochen und Abschläge als Reste der Herstellung von Steinwerkzeugen aus Basalt. Es ist unklar, ob es sich um eine Wohn- oder ausschließlich um eine Kultstätte gehandelt hat.

Pflanzen und Tiere

Im Abhang unterhalb der Steilstufe herrschen Kulturpflanzen vor: Agaven, Opuntien, Mandel- und Feigenbäume, sogar einige hohe Eukalyptusbäume. Von den wildwachsenden Arten setzt sich die kniehohe Französische Zistrose überall durch. Ihre weißen Blüten sind mit einem Durchmesser von etwa 1,2 cm kleiner, als man es von anderen Inseln oder aus Südfrankreich kennt. Sie blühen jeweils nur einen Tag lang. Außer der strauchförmigen König-Juba-Wolfsmilch (S. 105) gedeihen hier die häufigen Ginsterarten »Escobón« und »Codeso«. An offenen felsigen Stellen treten das schalenförmige *Aeonium subplanum* und das verzweigte große *Ae. urbicum* (S. 19) auf. Die Oberfläche der Felsen bedecken bunte Flechten. Eine endemische Pimpinelle lugt aus den Felsspalten hervor: *Pimpinella junoniae*. Ihre Blätter sind in rautenförmige Fiedern aufgeteilt.

Die Hochfläche ist mit Gebüsch bedeckt. Überall zwischen den Büschen gedeiht der Kleinfrüchtige Affodill (S. 99), der im Sommer nur am vertrockneten Stengel und Blattrosetten kenntlich ist. Ein kleiner »Poleo« (*Bystropogon plumosus*) mit wolligdichten Blütenständen zeichnet sich durch außerordentlich starken Duft aus. Eine Wegerichart (*Plantago webbi*) bildet niedrige Kugelbüsche. In den Felsen gedeihen *Sideritis lotsyi* und der Gomera-Endemit *Paronychia gomerensis*.

Sowohl auf dem Weg aufwärts als auch auf der Hochfläche leben Eidechsen, die allerdings die volle Sonnenhitze meiden. Beim Sitzen auf den heißen Steinen heben sie die Zehen an. Man kann die Tiere leicht durch ein Stück saftige Frucht herauslocken. Sie gehören zu der auf Gomera heimischen Unterart *gomerae* der Westkanareneidechse. Die Tiere sind relativ klein und schlank. Die Kopf-Rumpf-Länge der dunklen Männchen übersteigt 11 cm nicht. Weibchen und Jungtiere sind längsgestreift. Die Eidechsen kommen auf ganz Gomera vor, meiden aber den Lorbeerwald.

An Vogelarten kann man bei und auf La Fortaleza Turmfalke, Felsentaube, Kanarenpieper und Kolkrabe sehen. Der Berg

»El Silbo«

Hin und wieder hat man auch heute noch Gelegenheit, auf Gomera über einen menschenfernen, tief eingeschnittenen Barranco hinweg eine Serie von Pfeifsignalen zu hören - für uns ohne Sinn und Zweck. Doch die Gomeros können sie verstehen. Heute findet die urtümliche Pfeifsprache auch bei jungen Leuten auf der Insel wieder Interesse. Als es noch kein Telefon gab, war es sinnvoll, ein Kommunikationssystem zu entwickeln, um Nachrichten schnell über die Barrancos hinweg zu übermitteln. Das Pfeifen auf einem oder zwei Fingern haben die Hirten immer schon verwendet, um damit ihr Weidevieh oder die Hirtenhunde zu steuern. Mit Tonlage, Tonmelodie, Lautstärke und Dauer der Pfeisignale wird die Sprachmelodie wiedergegeben. Der gepfiffene Ruf nach dem Hirten Elias (»Elía!«) ist ein Pfiff, der leise und tief beginnt, ansteigt und lauter wird und dann wieder absinkt.

wird häufig von Einfarbseglern umflogen, von denen man dünne, heisere Schreie hört. In der Gebüschzone unterhalb des Berges kommen Kanarengirlitze vor.

Im Gebiet unterwegs

Die **Fortaleza** ① bei Chipude erreicht man von Valle Gran Rey aus über **Las Hayas** und **El Cercado**. In diesem Dorf wird in einer kleinen Familienwerkstätte traditionelle Keramik ohne Töpferscheibe hergestellt – möglicherweise eine ununterbrochene Tradition seit vorgeschichtlicher Zeit. Von San Sebastián oder Santiago her kommend zweigt man an der Kreuzung **Las Paredes** ② am Südende des Nationalparks westwärts

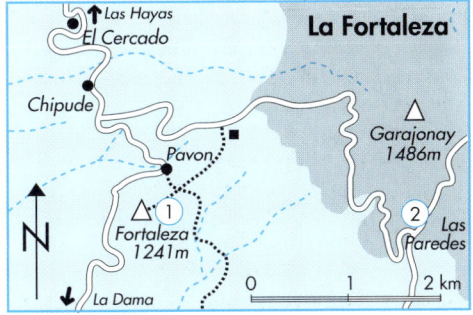

Der Dornlattich ist ein anspruchsloser Bewohner trockener Lebensräume überall auf den Kanaren.

Der Wilde Tabak ist ein Neubürger auf den Kanaren.

Die kleine *Monanthes laxiflora* klettert auf Felsen.

Die Wilde Artischocke ist typisch im Inselsüden.

ab. Von dem Bergdorf Chipude aus fährt man etwa 2 km Richtung La Dama und hält in dem Weiler **Pavon**. Man kann diese Region auch auf einem Wanderweg von La Dama aus oder nördlich von einem Forsthaus an der Straße Richtung Las Paredes erreichen.

Am Rand der Häusergruppe von Pavon folgt man einem streckenweise mit groben Steinen nach Art eines Königswegs der Guanchen gepflasterten Fußweg durch Weingärten aufwärts. Mehrere Pfade führen über einen gebüschbestandenen Hang zum Fuß der Steilwand. Der halbstündige Aufstieg zur Hochfläche bietet keine Probleme, weil der Kletterpfad gut kenntlich und teils mit Treppenstufen ausgebaut ist. Festes Schuhwerk, Sonnenschutz und an heißen Tagen Obst oder Getränk sind zu empfehlen.

El Hierro

Die kleinste und am weitesten südwestlich gelegene der Kanarischen Inseln gilt oft als die vergessene Insel. Im ptolemäischen Weltsystem hat sie seit dem 2. Jh. n. Chr. und dann erneut ab 1634 bis 1883 den westlichsten Längenkreis der Welt getragen, den Nullmeridian.

Heute entwickelt sich hier der Tourimus langsamer und maßvoller als anderswo. Der kleine Flughafen nimmt keine Großflugzeuge auf. Größere Sandstrände fehlen. Die Insel gilt als geruhsamer Geheimtip für Naturfreunde. Trotz ihrer geringen Größe weist sie verschiedenartige reizvolle Landschaften auf. Von besonderer Schönheit ist der nur zur Hälfte stehengebliebene riesige Einsturzkrater **El Golfo** im Nordwesten. Daran schließt sich nach Süden und Osten eine Hochebene an, die teilweise von Wald bedeckt ist, meist aber landwirtschaftlich genutzt wird. Der trockene Süden und der Westen sind weitgehend unbesiedelt. Die Höhenlagen des Golfo und der Norden der Insel sind unter dem Einfluß des Passats und seiner Wolken oft feucht, kühl und windig. Hier liegt auf einer Meereshöhe von etwa 700 m die Hauptstadt Valverde.

Die Umgebung der Hauptstadt ist bergig. Die Vegetation des Kulturlands weist eine Reihe von Fremdelementen auf. So gibt es Eukalyptusbestände, viele Zypressen und in den höheren Lagen Montereykiefern. Andere Landschaften wie Kiefern-, Wacholder- und Lorbeerwald sind dem ursprünglichen Naturzustand nahe.

Vom Mirador de le Peña aus schweift der Blick weit über den halb im Meer versunkenen Krater El Golfo.

10 El Golfo, El Sabinar, La Restinga

Abhang des Einsturzkraters von **El Golfo**, zum größten Teil waldbedeckt; in der oberen Zone vorwiegend mit Baumheide und Gagelbaum; regional Reste von echtem Lorbeerwald; reiche Vogelwelt. **El Sabinar** im menschenarmen Westen, landschaftlich reizvoll gelegen; lichter Bestand von Phönizischem Wacholder, mit teilweise uralten Bäumen, durch Windschur geprägt. Bei **La Restinga** jüngere Lavaflächen mit Stricklava, Tunneln und vielen anderen pitoresken Lavaformen; *Aeonium valverdense* und Schizogine als Pionierbewuchs.

Die 1000 m aufragenden steilen Wände von **El Golfo** sind im oberen Teil waldbedeckt. Der Hangwald ist weitgehend unzugänglich und fast nur von der Asphalt-straße aus erschlossen, doch gibt es im oberen Teil auch einige Forstwege und Pfade. Dort kann man vielen Pflanzen und Tieren des eigentlichen Lorbeerwaldes begegnen. Der untere Teil des Abhangs im Inneren des ehemaligen Kraters wird landwirtschaftlich genutzt. In der Ebene entlang der Küstenlinie liegen mehrere kleine Ortschaften.

Vom **Mirador de Jinama** ② aus bietet sich eine großartige Aussicht über den Golfo. Oft verhindern dies allerdings treibende Wolken. Die Wanderung vom Mirador über den Felsabbruch bis hinunter nach Frontera führt durch Lorbeerwald. Während des steilen Abstiegs erreicht man bald die Untergrenze der Passatwolkenschicht. Der Nebel schlägt sich an Bäumen und Sträuchern nieder. Darunter fallen dicke Tropfen.

Der **Sabinar** an der Westspitze der Insel ist ein auf den Kanarischen Inseln einzigartiger Bestand des Phönizischen Wacholders

Kissen- und Stricklava bedecken die Hänge bei La Restinga.

Kolkraben sind vorsichtige, aber auch neugierige Kulturfolger, die gern Abfälle fressen.

in menschenferner Umgebung. Der Einfluß von starkem Wind und anderen Witterungsfaktoren hat die teils Hunderte von Jahren alten Bäume zu beeindruckenden Gestalten geformt. Die Stämme liegen vielfach gewunden am Boden. Der dichte Flechtenbewuchs an Mauern, Sträuchern und Bäumen untermalt das Bild der ehrwürdigen Baumgestalten. In der Umgebung dehnt sich viele Quadratkilometer groß ein ehemals intensiver als Gemeindeweide (»Dehesa«) genutztes Ödland. Der Weg dorthin führt über die Cumbre und den Gipfel des Kraterrandes mit ihrer kargen Vegetation.

La Restinga liegt an der Südspitze der Insel Hierro im meist trocken-sonnigen Wetterbereich, ist allerdings kräftigen Winden ausgesetzt. Es hat einen kleinen Fischerhafen mit etwa 20 m langem Sandstrand. Der Ort liegt in einem Gebiet junger vulkanischer Aktivität. Einige Vulkankegel in der Umgebung bestehen fast nur aus Lapilli. Die übrige Region ist mit Pahoehoe-Lava (s. S. 11) bedeckt. Hier finden sich die erstaunlichsten Oberflächenformen. Man versucht, der entstandenen Formenvielfalt durch eine Reihe vergleichender Bezeichnungen Herr zu werden: Fladenlava, Kissenlava, Stricklava, Gekröselava. Die ersten beiden Formen haben eine relativ glatte Oberfläche. Bei den folgenden sind durch Stau und Verwindung kompliziertere Formen entstanden. An manchen Stellen hat sich flüssiges Material von der oberflächlichen Kruste befreit und einen kanal- oder tunnelartigen Weg gebahnt. Das Tunneldach kann noch bestehen oder eingefallen sein. Zwischen den einzelnen Erscheinungsformen gibt es viele Übergänge.

In die Küstenlavaflächen wird von Osten her durch den Passat weißer Kalksand aus Schalenstücken von Meerestieren eingetragen, der sich in den Ritzen und Frei-

flächen zwischen den Lavasystemen einlagert. Der Wind weht besonders die Ostküste entlang sehr heftig. Dabei scheint er in Inselnähe größere Geschwindigkeit zu entwickeln als auf dem freien Wasser.

Pflanzen und Tiere

El Golfo
Der Wald der Hochebene besteht fast ausschließlich aus Gagelbaum (»Faya«), und der unverwüstlichen Baumheide, dem »Brezo«. Nur an wenigen Stellen kommen kleinräumig andere Elemente des Lorbeerwaldes hinzu. An lichten Orten im trockenen Fayal-Brezal (S. 72) tritt als häufiger Zwergstrauch die Thymianverwandte *Micromeria varia* auf. Sie besiedelt auch in der weiteren Umgebung trockene Lapillihänge. Am Waldrand findet man die duftende *Cedronella canariensis* (S. 64), auch den Adlerfarn. Häufig ist der kleine, stachlige, immergrüne, kletternde Krapp oder »Tasaigo«. Daß auf den Kanaren selbst Nesselgewächse es schaffen, Sträucher zu bilden, zeigt die Maulbeerblättrige Brennnessel, deren Haare ein heftiges und anhaltendes Brennen erzeugen.

An den offenen Felsabstürzen und Mauern gleich an der Straße wachsen die »Capitana« (S. 65) und manches andere. Vor allem fällt die sukkulente »Hierro-Rose« auf, die glatte rosafarbene Blätter hat und tassen-

Die Form der Früchte gab der Hörnerranke den Namen.

Raubfliegen (*Promachus* spec.) sind träge Lauerjäger.

Die Buchfinken sind hier anders als die europäischen Verwandten. Auf Hierro lebt die Unterart *ombriosa*.

förmig geschlossene Rosetten bildet, die von kleineren Röschen umgeben sind. In der Nähe von Valverde findet man an entsprechenden Stellen ein anderes Dickblattgewächs, dessen Blattränder mit kräftigen Zilien besetzt sind. Dieses *Aeonium valverdense* bildet bodenständige rosa Rosetten oder wächst auch als verzweigter Strauch.

Auf einer Waldlichtung kann man die Königslibelle Insekten fangen sehen. Ebenso ist eine große Raubfliege (*Promachus* spec.) tätig, die brummend umherfliegt und manchmal unbegreiflich träge sitzenbleibt, so daß man sie mit den Fingern berühren oder aus nächster Nähe fotografieren kann.

Auch im oberen Teil des Wanderwegs von **Jinama** nach **Frontera** passiert man zunächst einen Bereich von Baumheide und offenen Felstriften. Hier wachsen wieder viele grünliche Rosetten der »Hierro-Rose«, aber auch der Thymian *Micromeria varia* und der häufige weißblütige »Escobón«. Etwas tiefer unten kommen die Französische Zistrose (S. 61) als Unterwuchs und auch der Gagelbaum hinzu. Die Baumheide ist teilweise stark mit Bart- und anderen Flechten bewachsen. Am Boden gedeihen Moose und Farne. An einer Felsnase wendet sich der Weg in ein Hangtal hinein. Hier steht echter, hochgewachsener, aber nicht sehr dichter Lorbeerwald. Er setzt sich vorwiegend aus der Kanarischen Stechpalme mit ihren harten abgerundeten Blättern, aber auch aus Kanarischem Lorbeer und dem »Palo blanco« mit heller Borke und dunklem Laub zusammen. Der Unterwuchs ist reich entwickelt. Beinahe baumförmig gibt sich der Schneeball mit seiner hellbraunen Borke.

Eine reiche und typische Vogelwelt besiedelt den Lorbeerwald. Häufig ist der kanarische Zilpzalp mit seinen kurzen Strophen. Buchfinken sind ebenfalls nicht selten, daneben Amseln und Rotkehlchen (S. 49). Über dem Wald fliegen Einfarbsegler und Kolkraben, die besonders oben im Bereich des Mirador auftreten. An sandigen, trockenen Stellen auf dem Weg kann man gelegentlich Federn einer Waldohreule finden. Die Vögel nehmen hier gern ein Sandbad. Bei den häufigen Sperbern fällt der helle Endsaum des Schwanzes auf. Auf dem Weg liegen zuweilen Rupfungen von Amseln, Buchfinken, ja sogar von Einfarbseglern, die der Sperber gegriffen hat.

Kanaren- und Lorbeertaube sind sehr seltene Gäste. Dagegen sieht man häufig Felsen- und Haustauben fliegen.

Typisch für die Südabhänge der **Cumbre** sind großflächig freiliegende Lapillihänge, die nur spärlich mit einer *Micromeria*-Art bewachsen sind. Die kleinen eingerollten Blätter duften stark, wenn man sie zwischen den Fingern zerreibt. In tieferen Lagen schließen sich lichte, mit Wacholder gemischte Kiefernbestände an, die ostwärts, abgesehen von den durch die Rau-

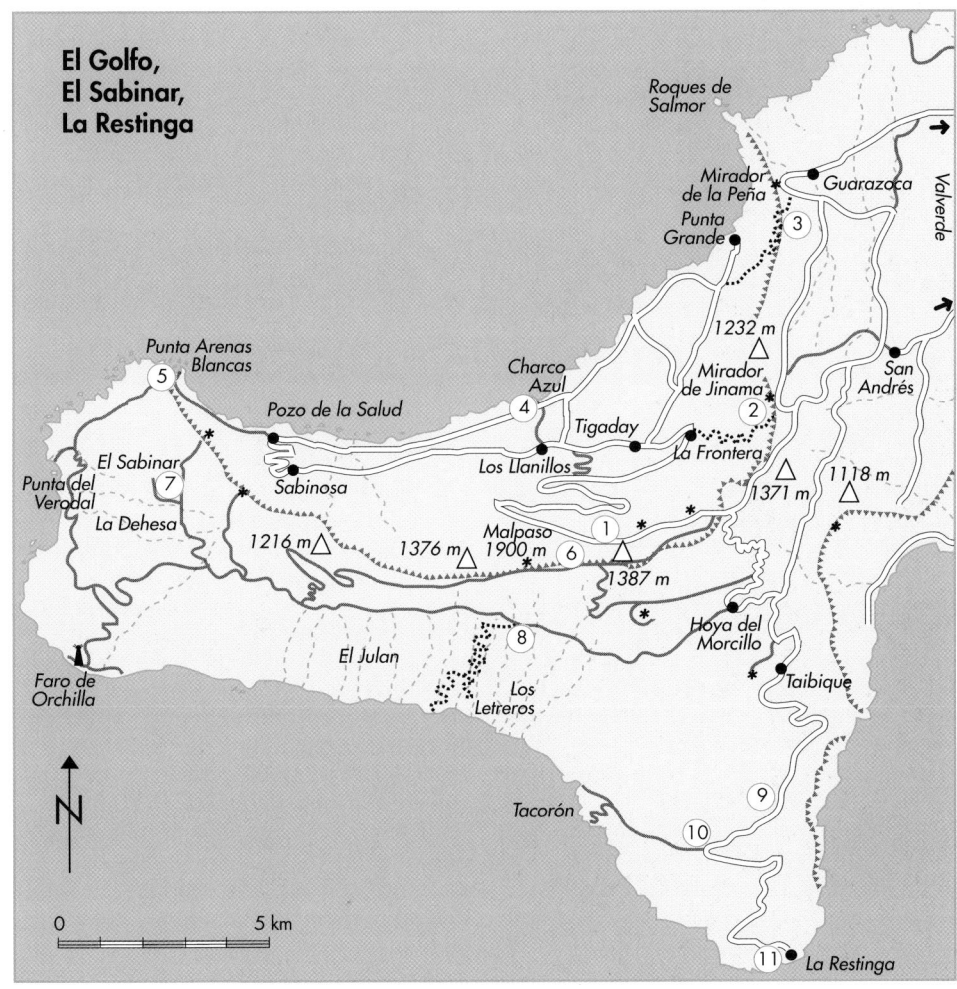

El Golfo,
El Sabinar,
La Restinga

pen des parasitischen Kanaren-Kiefern-Spinners und durch Brand verursachten Schäden, dichter und höher werden. Die heimische Kanarenkiefer und die kalifornische Montereykiefer wechseln sich ab. Daneben gedeiht hier und da als hellgrüner Strauch bis zu einem halben Meter hoch der Stachlige Natternkopf. Die Zypressen, ebenfalls häufig in der Kulturlandschaft und leicht mit dem Phönizischen Wacholder zu verwechseln, begleiten den Weg beinahe bis zum Ende.

Die wenig bewachsene Cumbre ergibt nur geringe Lebensmöglichkeiten für Vogelarten. Hin und wieder treten Kanarenpieper auf, Kolkraben und Einfarbsegler fliegen vorbei. Einen ungewöhnlichen Vogel des Ödlands wird man am ehesten des Abends an seinen weit klingenden hohen Rufen erkennen. Er ruft seinen Namen: Triel. Man

hat ein Nest des Bodenbrüters sogar im Kiefernwald gefunden. Im Bereich der Ermita gibt es im Kulturland reicheres Vogelleben. Turtel- und Felsentauben sowie Turmfalken sind häufig, Samtkopfgrasmücken huschen von Busch zu Busch. Kanarengirlitze (s. S. 25) beleben auch die Akazienbestände um die kleine Kirche.

El Sabinar

Die windgepeitschten und nur im Frühjahr für Weidezwecke genutzten leicht abschüssigen Flächen der Dehesa sind von niedrigen Zwergsträuchern, die fast ausschließlich aus einer Thymian-ähnlichen *Micromeria*-Art bestehen, fast flächendeckend besiedelt. Die windzerzausten Wacholderbäume des Sabinars stehen randlich einzeln, im Zentrum dichter. Der Bestand ist streckenweise von einem un-

durchdringlichen Dickicht aus dem stach-ligen Krapp, der Französischen Zistrose, dem »Verode« (S. 40) und der König-Juba-Wolfsmilch (S. 105) umgeben. Relativ sel-ten findet man an geschützten Stellen an-dere Florenelemente, wie z. B. einen violett blühenden Kreuzblütler, den die Einheimischen »Alheli montuño« nennen. Er ist mit dem Teidelack verwandt.

Unten links: Alter Phönizischer Wacholder im Sabinar.

Unten: *Aeonium valverdense gedeiht* selbst in der Pahoehoe-Lava bei La Restinga.

Ganz unten: Die Hierro-Rose ist bei Trockenheit rosa.

Die Hierro-Rieseneidechse

»Lagarto gigante del Hierro« – so nennen die Einheimischen diese schon beinahe ausgestorbene Rieseneidechse. Große Eidechsen hat es in erdgeschichtlich früherer Zeit auch auf Teneriffa und Gomera gegeben – heute sind sie nur noch durch Fossilien belegt. Lediglich auf Gran Canaria und Hierro gibt es noch lebende Vertreter.

Die Hierro-Rieseneidechse ist seit dem 15. Jahrhundert in alten Chroniken erwähnt worden. Seit 1779 ist sie für den kleineren Felsen der Roques de Salmor bekannt, auf dem sie später ausgerottet wurde. Seit 1975 weiß man, daß in den fast unbegehbaren Felswänden oberhalb der Punta Grande in Felsspalten und unter Steinen eine Population überlebt hat. Sie wurde zunächst auf 100-200 Individuen geschätzt, scheint aber noch etwas größer zu sein. Inzwischen wird diese Population einer anderen Unterart zugeordnet als diejenige, die auf dem Roque de Salmor gelebt hat.

Die Männchen sind wie üblich länger und kräftiger als die Weibchen und dunkel gefärbt. Sie erreichen nicht die märchenhafte Größe von über 1 m, die manchmal angegeben wird, sondern etwa 60 cm. Nach einer Winterruhe ernähren sie sich im Frühjahr hauptsächlich von Knospen und Blüten, sind aber auch sonst überwiegend Pflanzenfresser und leiden unter der Konkurrenz der Ziegen. Die Weibchen legen nur maximal 13 Eier, aus denen die Jungen nach 2 Monaten schlüpfen. Heute bemüht man sich darum, eine Population in Gefangenschaft zur Fortpflanzung zu bringen, was 1986 zum ersten Mal gelang. Die freilebende Population steht unter strengem Schutz.

Die für die Cumbre genannten Vogelarten beobachtet man auch im Sabinar. Das scheue Felsenhuhn ist bisher von Hierro kaum bekannt. Einige Individuen sind vor Jahren zu Jagdzwecken hier angesiedelt worden.

La Restinga

Die Lavaflächen sind nicht sehr jung. Davon zeugt die ausgeprägte Vegetation, die sich hier angesiedelt hat. Überall stehen die meterhohen Büsche des Ampferstrauchs (S. 42). Sie scheinen sich durch ihre kleinen Samen zuerst anzusiedeln und geben oft anderen Pflanzen Schutz. In ihnen oder an sie angelehnt findet man manchmal die im Sommer blattlosen Skelette des sukkulenten »Verode«. Als kletternder Strauch hat sich ebenfalls die Hörnerranke (S. 80) angesiedelt, ein giftiges Schwalbenwurzgewächs, aus dessen beiden hornförmigen Fruchtkapseln im Sommer Flugsamen entlassen werden. Als besonders ansehnliches Florenelement tritt in den Lavaflüssen *Aeonium valverdense* auf, dessen sukkulente Blattrosetten sich in der Sommerdürre orange färben – ein Hierro-Endemit.

Im Gebiet unterwegs

Das Waldgebiet von **El Golfo** ① erreicht man auf der Straße, die von Valverde her kommend über San Andrés südwestwärts führt. Auf ihr fährt man nach Erreichen des Kraterrands in langen, geraden Gefällstrecken mit wenigen Haarnadelkurven durch die Waldzonen bis hinunter nach La Frontera. Den **Mirador de Jinama** ② (1260 m) im Osten des Kraters erreicht man von Norden her auf der Straße von Valverde über Guarazoca. Vom Viehzüchterdorf San Andrés führt eine kleine Seitenstraße zum Aussichtspunkt. Der Abstieg führt vom Ende des Parkplatzes auf einem gut ausgebauten aber steilen Wanderweg zum Ort **La Frontera** hinab. Man benötigt je nach Gangart und Aufenthalten dafür 1-2 Stunden, für den Aufstieg etwas mehr. Es lohnt sich, auch beim **Mirador de la Peña** Halt zu machen, um einen Überblick über den gesamten Krater des Golfo zu gewinnen. Von hier gibt es ebenfalls einen Fußweg ③ in den Golfo hinein.

Der **Charco Azul** ④ ist ein unterhalb des Dorfes Los Llanillos im Golfo gelegener Badeplatz mit kleinen Naturschwimmbecken und reicher Meerestierwelt. Darüber im Steilhang Stricklava und Trockenvegetation. Westlich des Weilers Pozo de la Salud liegt zwischen Felsen **Arenas Blancas** ⑤, ein Strandabschnitt mit weißem Kalksand und reichhaltigem Spülsaum sowie Unterwassertierwelt.

Zum **Sabinar** ⑦ gelangt man von Valverde oder Frontera her auf recht guter Piste entlang der Cumbre ⑥. Etwa am höchsten Punkt der Straße zwischen Frontera und Valverde beginnt mitten im Wald eine westwärts gerichtete Piste, die mit »El Sabinar« und »La Dehesa« sowie mit »Eremita de los Reyes« ausgeschildert ist. Sie ist gut zu befahren und führt in schwachem Gefälle und mit wenigen Kurven durch eine Bergregion mit geringem Bewuchs. Man passiert den Malpaso, den mit 1501 m höchsten Berg der Insel. Von einem kleinen Parkplatz am Ende der Piste aus überblickt man Teile der Dehesa und des Sabinars ⑦.

Alternative Strecke: Parallel unterhalb im südexponierten Steilhang ab **Hoya del Morcillo** eine kurvenreichere, steinigere und schmalere Piste ⑧. Sie führt oberhalb von **El Julán** vorbei, einer einsamen Finca, in deren Nähe sich berühmte Felszeichnungen und Siedlungsreste der Ureinwohner befinden (Los Letreros; Genehmigung erforderlich). Die Region ist schwer aufzufinden und nur zu Fuß über einen jeweils mehrstündigen Ab- und Aufstieg etwa 4 km westlich von Hoya del Morcillo zu erreichen.

La Restinga ⑪ ist vom Flughafen aus in einer Stunde (etwa 45 km) mit dem Wagen erreichbar. Donnerstags fährt auch ein Bus. Etwa 1 km vor Restinga liegen an der Straße unübersehbar ausgedehnte Felder mit auffälligen Lavaformationen ⑨. Etwas ältere Lava mit glatterer Oberfläche findet man in einer Haarnadelkurve an der Abzweigung der westwärts führenden Piste nach Tacorón ⑩. Sehr lohnend ist auch ein Gang westlich Restinga in der Küstenlava ⑪. Nach einigen 100 m sieht man rechter Hand einen Steilabfall mit Höhlen und sich herabwindenden wurzelartigen Stricklavaformationen. Eine zweite solche Steilstufe liegt etwa 500 m weiter dicht an der Felsküste. Hier findet man eine fast ganz von einem »Conchero« ausgefüllte Höhle: ein prähistorischer Abfallhaufen voller Schalen von Napfschnecken.

Praktische Tips

Anreise

Schiffsverbindung nach Hierro von Sta. Cruz de Tenerife über La Palma. Der Flughafen und der Fähr- und Fischerhafen Puerto Estaca sind jeweils etwa 10 km von der Hauptstadt Valverde entfernt. Beide sind manchmal wegen starker Winde nicht erreichbar. Der Flughafen wird vor allem von kleinen Maschinen der Iberia-Fluggesellschaft angeflogen.

Die Tidentümpel des Felswatts von Arenas Blancas bieten Lebensraum für viele Algen und Wassertiere.

Verkehr

Der Busverkehr auf Hierro ist äußerst spärlich. Autostop funktioniert dagegen recht gut. Leihwagen bekommt man am Hafen und in Valverde. Die Verkehrsdichte ist gering.

Unterkunft/Verpflegung

In ein bis zwei Stunden kann man mit dem Wagen fast alle Orte der Insel erreichen, ganz gleich wo man wohnt. In Valverde, Frontera, Tigaday und dem schönen küstennahen Punta Grande gibt es kleinere Hotels, Pensionen und Appartements,

auch in dem ehemals winzigen, sich durch Bautätigkeit vergrößernden Fischerdorf La Restinga; beschränkte Unterkunftsmöglichkeit in Pozo de La Salud und Sabinosa. Bei Las Playas staatlich geführter Parador Nacional. Ein schönes von dem Künstler und Architekten César Manrique gestaltetes Restaurant mit Ausblick über El Golfo liegt am Mirador de la Peña.

Auf Hierro sind sonntags so gut wie alle Restaurants, Geschäfte und Tankstellen geschlossen. Die Preise in Restaurants, für Lebensmittel, Appartements und Leihwagen sind z. T. höher als auf den anderen Westinseln.

Information

Das **Touristen-Informationsbüro** von Valverde befindet sich in der Calle Dr Quintero Magdaleno 11. Dort bekommt man die Genehmigung zum Besuch von El Julán (die ausgegebene Wegeskizze ist irreführend). Sie muß anschließend beim Cabildo Insular beglaubigt werden. Hier gibt es auch ein Büro von Medio Ambiente, der Umweltschutzbehörde.

Die Wachsrose gehört zu den nesselnden Hohltieren, ist aber für den Menschen völlig ungefährlich.

Gran Canaria

Gran Canaria ist eine große und vielfältige Insel. Man könnte sie deshalb wie Teneriffa einen eigenen Kontinent im Kleinformat nennen. Ihr Umriß ist unregelmäßig gerundet, die höchste Erhebung liegt mit dem **Pozo de las Nieves** (1950 m) im Zentrum. Vom zentralen Bergland aus fällt die Insel in alle Richtungen mäßig ab bis zum Meer. Dieser abfallende Schild ist durch viele Barrancos radiär zerteilt, besonders in Richtung Süden und Osten. Hier gibt es zudem Küstenebenen unterschiedlicher Ausdehnung. Nord- und Westküste stürzen steil ins Meer.

Besonders im feuchtkühlen Norden ist die Insel fruchtbar und grün und wird intensiv landwirtschaftlich genutzt. Auch ist hier noch Oberflächenwasser vorhanden. In den Hochlagen der bewaldeten Bergzonen können die Niederschläge mehr als

Bei klarem Wetter sieht man abends vom zentralen Bergland Gran Canarias hinüber zum Teide auf Teneriffa.

2000 mm im Jahr erreichen. Sie kommen aber nur zum kleinen Teil dem Grundwasser zugute, weil das meiste Wasser abgeleitet und verbraucht wird. Die Landwirtschaft ist allerdings vielerorts im Rückgang. Ehemaliges Kulturland verwildert auf großer Fläche.

Das Inselzentrum ist hochgelegen und wird von wildromantischen Bergspitzen überragt. Regional sind ausgedehnte Kiefernwälder erhalten. In den Hochlagen beherrschen Ginsterbestände das Bild. Im trocken-heißen Süden wechseln steile Felsküsten mit tief eingeschnittenen Barrancos. Die Küste ist stark durch teils großstädtische Feriensiedlungen geprägt. Das Dünengebiet von Maspalomas wird allseits von modernen Hotels und großflächigen Bungalowsiedlungen belagert, die zugehörige Lagune ist bis auf einen kleinen Rest verschwunden.

Die Insel ist dicht besiedelt, der ganze Norden regelrecht zersiedelt. Überall setzen sich in der Pflanzenwelt Fremdelemente durch. Dennoch lugen hier und dort die heimischen Endemiten hervor. Die Arten haben sich erhalten, wenn auch teilweise in kleinen Populationen. Verheerend ist der Eindruck der östlichen Küstenebene. Hier wechseln auf etwa 40 km Industrieansiedlungen, Intensivkulturen, Müll und zerstörte Landschaft.

Dennoch kann man auf Gran Canaria die Natur suchen und finden. Um die wertvollen Reste zu schützen, hat eine interdisziplinäre Arbeitsgruppe des Botanischen Gartens Viera y Clavijo im Auftrag der Regionalregierung 64 Naturschutzgebiete vorgeschlagen. Das zugehörige Gesetz ist in Arbeit.

Neben dem erhaltenen Reichtum an Lebenserscheinungen und Landschaften bietet die Insel auch viele vorgeschichtlich bedeutsame Stätten. Gran Canaria ist von den vorspanischen Ureinwohnern »Támaran« genannt worden. Noch heute tragen die Früchte der Kanarischen Dattelpalme diesen Namen. Den besten Überblick über den hohen Stand der Steinzeitkultur mit Vergleichen zwischen den Inseln bietet das Museo Canario in Las Palmas.

Praktische Tips

Anreise
Der Aeropuerto de Las Palmas (im Ausbau) in der östlichen Küstenebene wird von internationalen und nationalen Fluglinien stark frequentiert. Mit Taxi oder Autobus erreicht man in einer halben Stunde die Hauptstadt Las Palmas de Gran Canaria, wo man günstiger Autos mieten kann als auf dem Flughafen.

Verkehr
Das **Straßensystem** ist recht gut ausgebaut, der Verkehr rege. Besonders verkehrsreich sind die Schnellstraße im Norden der Insel, die Südautobahn nach Maspalomas und die Innenstadt von Las Palmas. In den Bergen gibt es einspurige Pisten (mit Ausweichplätzen), deren Benutzung nur mit Geländewagen oder PKWs mit guter Bodenfreiheit anzuraten ist.

Die **Busverbindungen** sind gut entwickelt und starten vom Busbahnhof (Estación de Guaguas) an der Avenida Maritima del Norte nahe dem San-Telmo-Park in Las Palmas. Die gelben Busse sind Stadtbusse. Die grünen Busse der Firma SALCAI sind für den Überlandverkehr in den Süden der Insel zuständig. Kärtchen mit Abfahrtszeiten und Routen sind im Busbahnhof erhältlich. Linie 60 verkehrt jede halbe Stunde zwischen Flughafen und Las Palmas. Die orange-blauen Busse der Gesellschaft UTINSA verkehren tagsüber halbstündlich oder stündlich im Norden der Insel. Die Abfahrtszeiten sind im Busbahnhof angeschlagen.

Unterkunft
Auf Gran Canaria ist es schwer, Unterkunft zu finden. Man bucht besser von zu Hause aus. Die besten Chancen hat man noch in Las Palmas.

11 Cuesta de Silva und Andén Verde

Cuesta de Silva: Zone an der Nordküste entlang einer alten Straßenführung, mit reichhaltiger Trockenvegetation; in den unteren Regionen noch unter Einfluß des Meeres; im Frühjahr wie ein blühender Steingarten; reiche Insektenwelt; Spuren prähistorischer Besiedlung. **Andén Verde:** hochaufragende steile Küstenfelsen; an feuchten und sonnengeschützten Stellen reiche Vegetation eigener Prägung mit Lokalendemiten, die seltensten unerreichbar in den höchsten Klippen; großartige Aussicht auf Meer und Küste.

Die neue Küstenstraße im Norden der Insel durchschneidet mit Tunnels die Felsmassive und überspannt mit Brücken die Barrancos, wo die alte Straße sich in vielen Kurven mühsam an den Felsen entlangwand. An der **Cuesta de Silva** ist die alte Straßenführung erhalten geblieben. Bergwärts erstreckt sich oberhalb eines mit Kameraschild bezeichneten Fotostops ein nicht sehr steiler Hang, der oben durch Felsformationen mit kleinen Höhlen begrenzt wird. Die Erde ist geschichtsträchtig. Man kann am Berggipfel u.a. schwarz glänzende Stücke des vulkanischen Glases Obsidian (s. S. 33) finden.
Eine der spektakulärsten Straßen der Insel ist die westliche Küstenstraße zwischen Agaete und San Nicolás. Sie bietet atemberaubende Ausblicke in die Barrancos, zu den kiefernbestandenen Gipfeln hinauf und auf die Küste hinab, bei guter Sicht auch hinüber nach Teneriffa. Wegen der Beschattung, Feuchtigkeit und der fehlenden Beweidung ist bei **Andén Verde** eine besonders formenreiche Vegetation entwickelt und erhalten, die man teilweise von der Straße aus, in der Nähe der Aussichtspunkte auch im Gelände erkunden

kann. Nach Charakter und Lage erinnert das Gebiet an die nördlichen Steilhänge des Teno-Gebirges auf Teneriffa.

Pflanzen und Tiere

Cuesta de Silva
Der Abhang oberhalb des Aussichtspunktes ist ein wahrer botanischer Garten. Er ist mit einer knie- bis hüfthohen Strauchvegetation so licht bestanden, daß man beinahe überall bequem gehen kann. Im unteren Teil überwiegen trotz einer Entfernung von Hunderten von Metern zur Küste (s. S. 47) noch Salzpflanzen. Zur Pflanzenwelt der Küste gehören: Die Nymphendolde mit leuchtend grünen, gelappten und sukkulenten Blättern, der zarte Zwergstrandflieder, dazu die bodendeckende Eisblume, das damit verwandte Kanarische Flachkraut und *Beta*-Arten aus der Familie der Gänsefußgewächse. Dieser Einfluß vermindert sich aber bald. Feuchtere und trockenere Bedingungen wechseln nach oben hin in engräumigem Mosaik. Als Pflanzen, die durch die Hand des Menschen hierher gelangt sind, trifft man Aga-

Das hübsche Federborstengras macht sich von den Straßen aus in trockenen Lebensräumen breit.

Die Braune Fensterpflanze wirkt wie ein in den Boden gestecktes Stockbündel (links); daneben *Aeonium virgineum*.

ven, zwei Arten Opuntien, Mimosen, Begonien, den Klebrigen Alant, die Milchdistel und den eingeführten Gelben Sauerklee (S. 22) an.

Einige Sträucher bestimmen den Landschaftseindruck am stärksten: der Dornlattich (S. 76), der stachlige Bocksdorn, die Balsam-, die König-Juba- und die Blattlose Wolfsmilch, der sukkulente »Verode« und

der Ampferstrauch, daneben der kletternde Krapp und der Natternkopf *Echium decaisnei* (S. 102). Mit weißen Blütenstrahlen prangt *Argyranthemum canariense*, der großblättrige Kanarische Salbei trägt violette Blütenstände. Das Kanarische Sonnenröschen ist ein am Boden kriechender Zwergstrauch mit kleinen grauen Blättern.

Zwischen den Sträuchern ist genügend Raum für krautige Pflanzen. Die charakteristischen Blätter einer Aronstabart bedecken teilweise den Boden, sind aber im Frühjahr bald vertrocknet. Dominierend in den oberen schattigeren Zonen ist die großblättrige Kanarische Zinerarie. Unter den Einkeimblättrigen ist die auffälligste Art der hüfthohe, mit großen weißen Blütensternen gespickte Kleinfrüchtige Affodill (S. 99). Nicht selten sieht man den kleinen, violett blühenden oder eine Reihe schwärzlicher Früchte tragenden Kanarischen Blaustern. Daneben finden sich fruchtende Individuen von *Dipcadi serotinum* (s. S. 127). Unter den Grä-

Die Blattlose Wolfsmilch ist kleiner als die Kandelaberwolfsmilch (»Cardón«; S. 43).

Die Steilhänge des Andén Verde stürzen ins Meer hinab. Sie bergen eine reiche Flora.

sern dominiert die grobe *Hyparrhenia hirta.* Auf den Felsen gedeihen Nester einer unscheinbaren, sehr früh blühenden Orchideenart: *Habenaria tridactylites.* Die Felsen sind sonst mit einem Teppich bunter Flechten bedeckt, darunter die hängende dunkelbraune Strauchflechte »Orchilla«. Auf den Felsen oder steinigen Partien wächst das große, verzweigte *Aeonium percarneum* häufig, weiter oben im Hang dominiert *Aeonium virgineum* mit seinen weichfilzigen, bodenständigen Rosetten und prächtigen gelben Blütenständen. Als weiteres Fettblattgewächs kommt der auch aus Europa bekannte Venusnabel vor, an dessen runden Blättern der Stiel in der Mitte ansetzt. Neben den Aeonien siedelt an wenigen Stellen eine Pflanze, die nur aus ein paar grauen, in den Boden gesteckten Stöcken zu bestehen scheint: die Braune Fensterpflanze, die Gleitfallenblumen ausbildet.

Wenn man sich von der Vielfalt nicht verwirren läßt, dürfte die Cuesta de Silva eine

Von *Senecio webbii* wächst hier die hellblütige Form.

Der Weidensperling - hier ein Männchen - ist ein Kulturfolger, er kommt also nur nahe Siedlungen vor.

Cuesta de Silva, Andén Verde

0 1 2 3 4 5 km

N

Pico del
Gáldar
△434 m

Gáldar

San Felipe Costa

Bañaderos →

C.810

Las Palmas

Guía

Cuesta de Silva

②

①

Gallego △
398 m

Barranco
de Moya

Barranco Hondo

Agaete

△

③

Barranco de Agaete

C.410

Barranco de Palo

Barranco Guayedra

△

△

Andén
Verde

El Risco

Barranco del Risco

△

Tamadaba
1444 m

△

Mirador
del
Balcón

④

Blanca
693 m

⑤

△

hervorragende, vielseitige und noch Überraschungen bietende Einführung in die Pflanzenwelt von Gran Canaria garantieren.

Brillengrasmücke, Zilpzalp und Kanarenpieper (S. 32) siedeln in der Vegetation. Der Weidensperling repräsentiert den Einfluß des Menschen aus der Nachbarschaft. Kolkrabe (S. 79) und Mäusebussard beherrschen den Luftraum. Zahlreiche Kaninchen hinterlassen überall Spuren. Weidebetrieb mit Ziegen scheint in jüngerer Zeit keine besondere Rolle zu spielen. Rieseneidechsen (s. S. 116) huschen davon, wenn man sich nähert.

An Insekten gibt es Libellen, Schmetterlinge, Bienen, Ameisen und verschiedene Käferarten, darunter einen Siebenpunkt (*Coccinella* spec.). Ein großer, schwarzer, flugunfähiger Ölkäfer mit kurzen Flügeldecken und dick aufgeblähtem Hinterleib, *Meloë tuccius* genannt, gehört der eigenartigen Käferfamilie der Meloiden an. Die

großen Weibchen fressen unersättlich an Blättern, um später 2000 – 10000 Eier in die Erde abzulegen. Die daraus schlüpfenden Larven, Dreiklauer genannt, sind sehr lebhaft und klettern auf Blumen hinauf, wo sie sich mit ihren Klauen an Blüten besuchenden einzellebenden Bienen festhalten und in ihre Nester mitschleppen lassen. Sie fressen dort als Brutparasiten Eier, Nektar und den Pollenvorrat. Die fertigen Käfer sind auffällig träge und durch giftige Sekrete gegen den Zugriff von Feinden geschützt.

Andén Verde

Eine der schönsten und auffälligsten Pflanzen zur Blütezeit im Februar und März ist die feuchtigkeits- und schattenliebende Kanarische Zinerarie, deren Strahlenblüten hier fast durchweg weiß, im Lorbeerwaldbereich aber violett sind. Ebenso auffällig ist im Frühjahr die große Wollgänsedistel mit grundständiger Rosette aus langen Blättern mit stark gesägtem Rand

Die Flechte Orchilla liefert den Farbstoff Orseille.

und einem meterhoch gestielten Blütenstand aus leuchtend gelben Korbblüten.
Die meerseitigen Abhänge sind von prächtigen Individuen der Kandelaberwolfsmilch (S. 43) besiedelt, die teilweise auch
andere Pflanzen beherbergen, z. B. die
sehr seltene Kanarische Gänsedistel oder
die häufige Hörnerranke (S. 80). Oben in
den Felsen wächst unerreichbar einer der
seltensten Endemiten der Kanarischen Inseln, der Korbblütler »Hija de Don Enrique«, den man besser im Botanischen
Garten in Tafira aufsucht.
In der Nähe der Aussichtsplätze auf teilweise schon wieder trockenerem und son-
nigerem Untergrund ändert sich das Bild
schlagartig. Hier tritt die kniehohe Blattlose Wolfsmilch in den Vordergrund. Mit
leuchtend gelben strahlenden Korbblüten
sind die kriechenden Zwergsträucher des
Goldsterns *Nauplius stenophyllus* besetzt.
Zwei *Aeonium*-Arten treten häufig auf:
Ae. percarneum und *Ae. virgineum*. Ein
sehr charakteristischer und verbreiteter
knöchel- bis kniehoher Strauch mit dunklem Laub und gelben Schmetterlingsblüten ist die Gelbe Hauhechel. Ihre dreiteilig
gefiederten Blätter mit gezähnten Blatträn-
dern duften und sind klebrig. Die Steilhänge sind mit Flechten bedeckt.
An Wirbeltieren gibt es nicht viel zu sehen.
Die Brillengrasmücke brütet im Gebüsch,
auch die Samtkopfgrasmücke siedelt hier.
Der Kolkrabe segelt die Felswände entlang, am Himmel zeigt sich zuweilen ein
Mäusebussard.

Im Gebiet unterwegs

Bei **Costa** ① zweigt von der Hauptstraße
(C.810) die alte, aber gepflegte Straße entlang der <u>Cuesta de Silva</u> in die Berge ab. Sie
erreicht nach wenigen Kilometern östlich
von Guía wieder die Schnellstraße. Bei Regen ist diese Nebenstrecke wegen Steinschlaggefahr gesperrt. Direkt an der Straße
liegt ein Heiligtum der Ureinwohner, der

Der träge Ölkäfer (*Meloë tuccius*) ist flugunfähig.

Coenobio de Valerón (S. 27). Kurz danach
erreicht man einen als Fotostop gekenn-
zeichneten Aussichtspunkt ② mit schma-
lem Parkstreifen und prächtiger Sicht auf
die Küste.
Von Guía führt die Hauptstraße über Gáldar nach Agaete. Die 37 km lange küsten-
parallele Straßenverbindung zwischen
Agaete und San Nicolás (C.410) ist bei Regen wegen akuter Steinschlaggefahr gesperrt. Die kurvenreiche, belebte Straße ist
gut ausgebaut und mit Leitplanken gesichert, deren Ausbeulungen durch Steinschlag verursacht sind. Die Busse nehmen
in den Kurven die ganze Straßenbreite ein,
melden sich aber durch kilometerweit hör-
bares Hupen an.
Von Agaete kommend passiert man bei
km 41/42 den botanisch berühmten
Barranco de Guayedra ③ mit seinem Seiten-
zweig Barranco de Palo, die beide in die
Bergwelt des **Tamadaba-Gebirges** hinauf-
ziehen. Bei km 53/54 geht es wieder steil
hinauf, man ereicht nun die lotrechten
Hänge des Andén Verde ④, die vom Gipfel
Blanca (693 m) aus fast senkrecht ins Meer
stürzen. Bei dem Aussichtspunkt **Mirador
del Balcón** ⑤ kann man parken.
TIP: Der **Coenobio de Valerón** ist gegen
Spende zu besichtigen: 10–13 Uhr und
15–17 Uhr, nicht sonntags.
Im <u>Andén Verde</u> kann man am besten nach-
mittags fotografieren, da nur dann das Son-
nenlicht den Steilhang erreicht.

12 Los Tilos de Moya

Trotz geringer Größe bedeutendster erhaltener Loorbeerwaldrest der Insel, in einem feuchten Barranco gelegen; in der Nachbarschaft lichtere Bestände mit Baumheide und anderen Arten des Loorbeerwaldrandes; hier infolge Durchmischung mit Kulturpflanzen große Vielfalt an Vegetation und Reichtum an Vogelarten.

Die ehemals großen Bestände an Lorbeerwäldern im Norden Gran Canarias sind in historischer Zeit so rücksichtslos genutzt worden, daß heute nur noch winzige Reste verblieben sind. Ursprünglich dürfte der Lorbeerwald eine Fläche von etwa 250 km² eingenommen haben. Davon sind heute nur 0,2 % erhalten geblieben. Sie stehen unter dem Schutz der Regionalregierung. Man versucht, das »ecosistema original« wieder zu entwickeln. Von den drei Teilgebieten (Los Tilos de Moya, Barranco de la Virgen und La Finca de Osorio) ist das erste am wichtigsten und am leichtesten zugänglich. Das Gesamtgebiet ist nicht nur weitgehend abgeholzt und wird durch Terrassenkultur genutzt, sondern infolge der Ableitung des ursprünglich reichlichen Wasservorrats ist der Grundwasserspiegel erheblich abgesunken. In einem Probebrunnen wurden jährliche Absenkungen um 10 m ermittelt!

An die Stelle des Lorbeerwaldes sind häufig die schnellwüchsigen Eukalyptusbäume getreten, die im Stangenholzstadium geschlagen und als Stützholz für Kulturen verwendet werden. Nur der eigentliche Kern des Lorbeerwaldes ist im Talgrund auf eine Strecke von etwa 200 m entlang der Straße erhalten. Er ist als Schutzgebiet gekennzeichnet. In diesem kleinen Bereich kann man einen Eindruck davon gewinnen, wie einst der Lorbeerwald ausgesehen hat.

In der Randzone des Lorbeerwaldes von Moya ist *Senecio webbii* in der violett blühenden Form häufig.

Die Blüten der Kanarischen Glockenblume sind von Vogel-
krallen durchlöchert. Die Vögel ernten den süßen Nektar
und bestäuben dabei die Blüten.

Pflanzen und Tiere

Der zentrale Lorbeerwaldbestand ist fin-
ster. Die Bäume haben dunkelgrüne, ledri-
ge Blätter und lassen wenig Licht auf den
Boden fallen. Die häufigste Baumart ist der
»Til« aus der Familie der Lorbeergewächse. Man kann ihn leicht an den Blättern erkennen, die an der Basis der Blattspreite
beidseitig eine auffallende drüsenartige
Aufwölbung von etwa 2 mm Durchmesser
tragen. Daneben steht auch der Kanarische Lorbeer. Bei ihm zeichnen sich die
Blätter dadurch aus, daß in jeder Achsel
der Seitennerven an der Mittelrippe eine
kleine Drüse liegt (S. 48). Man erkennt
sie am besten im Durchlicht. Eine dritte
Baumart hat weder das eine noch das
andere Merkmal. Bei ihr stehen die Blätter
paarweise kreuzförmig angeordnet an den
Zweigen. Es handelt sich um den »Palo
blanco« aus der Familie der Ölbaumge-
wächse. Ein weiterer strauchartiger Baum
mit bogenartig hängenden, grünen Ästen
heißt *Bosea yervamora* und gehört zur Familie der Amaranthaceen. Ökologisch gesehen besiedelt er mehr den Randbereich
der Lorbeerwälder in Hanglagen, hier aber
ist er in großer Dichte und in kräftig entwickelten Bäumen bis 4 m Höhe anzutreffen. Von den Einheimischen wird er geschätzt, weil er Inhaltsstoffe hat, die die
Geburt beim Vieh erleichtern. Seine nächsten Verwandten wachsen auf Zypern und
in Südasien.
Der Unterwuchs im Lorbeerwald ist wenig
ausgeprägt. Doch ist die herrliche Kanarische Glockenblume mit ihren rankenden
Sprossen, den lang ausgezogenen gepfeil-
ten Blättern und den im Frühjahr blühenden orangeroten Glocken häufig. Auch
das kletternde Liliengewächs »Gibalbera«

Der Monarch ist der größte kanarische Schmetterling.

Iberische Seefrösche haben eine laut keckernde Stimme.

Vogelblumen und Blumenvögel

Der Mensch hat auf den Kanarischen Inseln viele fremdartige Pflanzen eingeführt, die sich oft ausgebreitet haben, teils aber auch nur in Gärten und Parks erhalten blieben. Unter den fremden Pflanzen sind auch einige vogelblütige, das heißt solche, deren Blüten in ihrer tropischen Heimat von Kolibris oder Nektarvögeln bestäubt werden. Diese sind allerdings nicht mitimportiert worden. Einige kanarische Vögel sind darauf verfallen, die freien ökologischen Nischen zu nutzen. Beobachtungen hierzu kann man in Botanischen Gärten, aber auch im Freiland machen. Da gibt es Mönchsgrasmücken und Zilpzalpe, ja sogar Kanarengirlitze, die Nektar aus den Blüten von Strelitzien und anderen Pflanzen entnehmen und sie dabei bestäuben. Sie färben sich zuweilen die Gesichter mit Pollen gelb. Doch gibt es darüber hinaus auch einheimische vogelblütige Blütenpflanzen auf den Kanaren. Zu ihnen gehören der Kanarische Fingerhut, die Kanarische Glockenblume und zwei

Ein Kanarengirlitz trinkt Nektar einer Agave.

Hornkleearten. Die Blüten dieser Pflanzen sind typische Vogelblumen, die kein UV-Licht reflektieren, rot oder orange gefärbt sind, viel Nektar und wenig oder gar keinen Duft produzieren. Taucht der Zilpzalp seinen Schnabel in die Blüte, so berührt er die herausstehenden Staubgefäße, so daß sich ein heller Pollenfleck an seinem Kopfgefieder oder an der Kehle bildet. Öffnet man vorsichtig eine solche Blüte, so findet man an ihrem Grund um den grünlichen Fruchtknoten herum einen wasserhellen Tropfen sehr süß schmeckenden Nektars. Der Zilpzalp bestäubt die Blüten und wird dafür durch Zucker und Flüssigkeit belohnt.

(S. 65) in der Variation *gayae* aus der Verwandtschaft des Mäusedorns mit seinen paarig angeordneten Flachsprossen ist zu sehen. An lichteren Stellen blühen violett die meterhohe Kanarische Zinerarie und gelb die riesige Wollgänsedistel. Am Rand des Bestands kommen auch der Gagelbaum mit seinen schmalen, gesägten Blättern sowie große Individuen des Ampferstrauchs (S. 42) vor.

Im benachbarten Kulturland herrscht eine Vielfalt an Strukturen und eine noch größere Vielfalt von Arten. Wäre hier geschlossener Lorbeerwald, würden nur einige Baumarten das Bild beherrschen. An Baumarten findet man vereinzelte Kanarische Lorbeerbäume, den »Palo blanco«, Gagelbäume, Baumheide und Kanarische Stechpalmen. Kulturpflanzen wie Walnuß und viele andere sind eingemischt. Die Strauchschicht bilden der Schneeball und zwei Arten von Johanniskraut (*Hypericum canariense, reflexum*).

Feuchter Felsuntergrund wird von einigen kanarentypischen Farnarten besiedelt: Der Krugfarn mit seinen Wurzelstöcken findet sich außer auf Gomera auf allen Kanarischen Inseln, ebenso der hübsche Gold-Schriftfarn (nicht auf Fuerteventura). Sehr schön ist auch der Kanarische Engelsfarn, dessen Blattfiedern zugespitzt sind. Dazu gesellt sich wieder ein typisches Fettblattgewächs, das stachelhaarige *Aichryson laxum* (S. 70). Nur am fließenden Wasser kommt als weiterer Farn das Venushaar vor. Eine grünblühende, unscheinbare Orchidee namens *Gennaria diphylla* kann man an feuchten, schattigen Standorten gleich kolonieweise neben dem Pfad finden.

Im Lorbeerwald gibt es viele Vögel, aber wenige Arten. Hier besteht eine dichte Population von Rotkehlchen, die des Abends laut singen. Amseln, Buchfinken und Blaumeisen (S. 72) sind häufig. Nicht selten lassen sich auch tagsüber Laubfrösche (S. 50) hören. Am kleinen Teich ruft der Iberische Seefrosch. Im weiteren Gebiet fliegen Mäusebussarde, Turmfalken und Einfarbsegler über dem Tal, Amsel, Zilpzalp, Blaumeise, Rotkehlchen, Mönchs- und Samtkopfgrasmücke, der Kanarengirlitz,

der Girlitz, der Stieglitz und der Weidensperling (S. 91) sind häufig. Der Buchfink kommt hier auf Gran Canaria in der gleichen Unterart (*Fringilla coelebs tintillon*) vor wie auf Teneriffa und La Gomera. An offenem Wasser stellt sich die Gebirgsstelze ein. Die sehr häufige Kanarische Glockenblume wird vom Zilpzalp, der Samtkopfgrasmücke und versuchsweise sogar von der Blaumeise angeflogen und bestäubt. Die das Tal überfliegenden Tauben sind Felsen- und Mischtauben (»Straßentauben«). Sie ersetzen auch im Lorbeerwaldrest die hier vor 100 Jahren ausgestorbene endemische Kanarentaube. Die Gegend summt von reichem Insektenleben, besonders von Honigbienen und anderen Hautflüglern. An Schmetterlingen kommen Weißlinge und der Admiral vor.

Im Gebiet unterwegs

Man erreicht den Ort **Moya** über mehrere Straßenverbindungen von der nördlichen Küstenstraße (C.810) aus. Am besten ist es, die Verbindung von **Guía** aus zu nehmen (am östlichen Ortsende von Guía, Beginn des Ortes Albercón de la Virgen). Sie führt durch Kulturland und bei **El Palmital** ① an einem Bestand von Fayal-Brezal vorbei. Etwa 1 km oberhalb des Ortes Moya zweigt nach rechts eine kleine Nebenstraße in einer Kurve in den **Barranco de Moya** ② ab. Nach ein paar hundert Metern steht rechts ein kleines Haus mit Parkmöglichkeit. Von hier aus geht man zu Fuß auf der Straße weiter (je nach Tageszeit wechselnder Durchgangsverkehr), bis man nach etwa 200 m den Kern des Lorbeerwaldbestandes erreicht.

Etwas weiter oben steht links ein kleines Gebäude mit dem Schild »Camino de los Tilos«. Dort gibt es Fußwege über den Hang in einen abzweigenden Barranco nach links. Fährt man von oben her in das Tal von Moya hinein, sucht man nach dem »Camino el Laurel«.

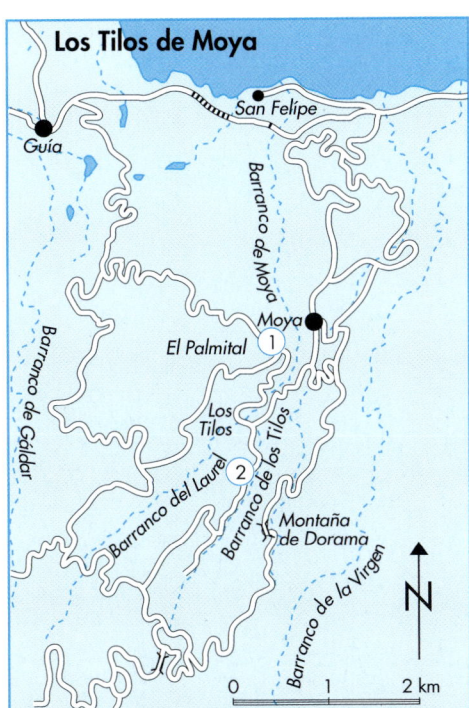

Los Tilos de Moya

13 Barranco von Tenteniguada und Botanischer Garten

Steiler Barranco mit ehemaligen, heute verwildernden Obstbaumkulturen und reichhaltiger Kraut- und Strauchvegetation; viele Elemente des Lorbeerwaldes; Übergänge zu Trokkenvegetation auf Felsen; bei Tafira einmaliger und höchst sehenswerter botanischer Garten; vielfältige Vogelwelt; in der Nähe der Krater Bandama.

Der Barranco von **Tenteniguada** ist oberhalb des Ortes im Talgrund mit aufgelassenen Mandel- und anderen Obstbaumkulturen ausgefüllt. Die Hänge dagegen tragen Trockenvegetation und werden von steilen Felsformationen, vor allem dem zweigipfligen **Roque Grande** überragt. In den wohl 20 Jahre nicht mehr gepflegten Obstbaumkulturen hat sich ein Labyrinth

von Sukzessionszuständen entwickelt. Unpassierbares Brombeergestrüpp wechselt mit lichteren Zonen, überwachsenen Mauern und eingestreuten Felspartien. Das Gebiet war ursprünglich Lorbeerwald. Viele, vor allem krautige und strauchige Pflanzen des Lorbeerwaldrandes sind erhalten und mischen sich mit anderen Formen. Die wichtigen Baumarten haben in abgelegenen Felsregionen überdauert.

Jardín Botánico Viera y Clavijo

Der Botanische Garten in Tafira Baja ist einen Ausflug wert, für wahrhaft an der Pflanzenwelt Interessierte ist er ein Mekka. Hier sind nämlich nicht möglichst viele exotische Formen zusammengetragen, sondern die auf den Kanaren heimischen. Die Aufgaben des Gartens liegen in erster Linie in der Zucht, der Erhaltung und der

Der Barranco von Tenteniguada wirkt im Frühling und Sommer wie ein blühender Garten.

Die Bremsenragwurz ist eine sehr seltene Orchidee.

Scrophularia calliantha – vermutlich eine Vogelblume.

Erforschung der Arten der Kanarischen Pflanzenwelt.

Der Garten ist eine Einrichtung der öffentlichen Hand (Cabildo Insular de Gran Canaria). Sein Begründer und erster Direktor, der verstorbene Dr. Eric R. Sventenius, hat von 1952 ab 20 Jahre seines Lebens geopfert, um ihn zu erkämpfen und in allen Einzelheiten zu gestalten. Er hat Pflanzen von allen Kanarischen Inseln zusammengetragen. Der Garten wurde 1959 der Öffentlichkeit zugänglich gemacht. Er trägt den Namen »Viera y Clavijo« zu Ehren eines der Pioniere der naturkundlichen Erforschung der Kanarischen Inseln im 18. Jh. Jetzt wird er von dem Botaniker Dr. David Bramwell geleitet. Neben einem Faltblatt mit Lageplan steht dem Besucher ein bebilderter Gartenführer zur Verfügung.

Pflanzen und Tiere

Tenteniguada

Am leichtesten sind die offenen Felswände am Weg und die zuwachsenden Mauern zugänglich. Hier stehen Fettblattgewächse in größerer Zahl als anderswo. Aus der Gattung *Aeonium* (S. 19) mit ihren großen Blattrosetten ist am häufigsten *Ae. percarneum* mit blaugrauen, rötlich gesäumten Blättern und verzweigtem Stamm. Ihm steht *Ae. manriqueorum* mit noch größe-

ren, grünglänzenden Blattrosetten – bis 30 cm im Durchmesser – nicht nach. Einzelne große Rosetten auf unverzweigtem mächtigem Stamm bis 1 m Höhe gehören zum Mönchsohr. Diese Art besiedelt auch häufig die Hausdächer. Seltener ist *Ae. spathulatum*, das am Wegrand auf den Mauern steht: ein kugeliger Strauch von 30 – 50 cm Höhe, reichlich verzweigt und außen mit grünen Rosetten von nur wenigen Zentimetern Durchmesser besetzt.

Der Kleinfrüchtige Affodill wird von Ziegen gemieden.

Der Venusnabel mit seinen runden, in der Mitte gestielten Blättern gedeiht an jeder Felswand. Zwischen die Aeonien mischt sich eine weitere, ungestielte Blattrosette mit ringsum sprossenden Tochterrosetten: *Greenovia aurea* (S. 83). Wenn die gelben Blütenstände aufblühen, sieht man an jeder Blüte 18–32 Kronblätter (*Aeonium* und *Aichryson* haben nur 6–12).

Neben den Sukkulenten stehen Farne, darunter der schöne Kanarische Engelsfarn. Auch der zweifarbig blühende Teidelack (S. 107) ist hier zu finden. Mit reichem Blütenflor prangen auf den feuchteren Böden im Frühjahr die schöne Kanarische Zinerarie und der glänzend gelb blühende Waldhahnenfuß (S. 58). Im Gebüsch rankt die Kanarische Glockenblume. Vor den verholzten Maulbeerblättrigen Brennesseln, ebenfalls typisch für den Unterwuchs des Lorbeerwaldes, muß man sich hüten, weil sie heftig brennen, vor den Brombeeren, weil sie stacheln.

Ohne den Weg zu verlassen, kann man noch drei prächtige Pflanzen finden, von denen die ersten beiden bis 1 m hohe Sträucher bilden. Mit blauen, manchmal auch weißlichen oder rötlichen, schlanken Blütenkerzen fällt ein Natternkopf auf: *Echium callithyrsum*, frei übersetzt »der Schönkerzige«. Daneben wächst ein Strauch mit gegenständigen, zusammengesetzten Blättern und dunkelvioletten, vierkantigen Stengeln. Daran stehen in großen Abständen Wirtel von Blüten und Blütenknospen. Der Strauch gehört zu den Rachenblütlern und trägt den Namen *Scrophularia calliantha*, »die Schönblütige«. Seine Blüten sind für die Familie ungewöhnlich groß und lebhaft braungelb gefärbt. Sie produzieren an ihrem Grund viel Nektar. Es gibt kräftige Stiele zum Anklammern und viel Platz. Alles ist bereit, damit ein Vogel gegen Nektargabe die Bestäubung durchführt.

Noch einen Bestäubungsspezialisten kann man hier an feuchten Stellen und auf offenem Grund finden: die seltene Bremsenragwurz. Sie lockt bestimmte Insekten durch Sexuallockstoffe und Nachahmung der Gestalt des Insekts zum Bestäuben auf ihre Blüten.

Wie an vielen Stellen auf den Kanaren gibt es hier wildfarbene scheue Hauskatzen. Wahrscheinlich ernähren sie sich von den reichlich vorhandenen Eidechsen. Die Rotkehlchen (S. 49) der Unterart *superbus* (die auch auf Teneriffa vorkommt) mit ihrer prächtig roten Kehle und dem fremdartigen Gesang füllen das Tal mit ihren Strophen. Sie imitieren die Rufe der Kanarengirlitze und anderer Vogelarten. Die Körnerfresser sind durch den Kanarengirlitz (s. S. 25), den Stieglitz und den Grünfink vertreten. An Grasmückenartigen singen fast überall der Zilpzalp und die Mönchsgrasmücke, die Samtkopfgrasmücke läßt sich seltener hören. Amsel und Blaumeise (S. 72) sind häufig. Die kontrastreich gefärbten und scheuen Gebirgsstelzen sind an die Wasserspeicher gebunden. Turteltauben erfüllen die Luft mit ihrem Gurren, während Felsen- und Haustauben und deren Mischlinge zwischen den hochragenden Felswänden wechseln. Der Mäusebussard (S. 70) schwebt über allem.

Jardín Botánico

Der Jardín Botánico umfaßt einerseits den mit vielen Treppen und Wegen durchzogenen Steilhang des Barrancos, andererseits im Talgrund u.a. einen parkartigen Palmenhain, einen Bestand von Lorbeerwaldbäumen, Gruppen von Drachenbäumen (s. S. 16) und Kanarischen Kiefern, Teiche und andere Partien mit unterschiedlichem Bewuchs. Er ist nordwärts von einem alten Aquaedukt begrenzt. Im »Jardín de las Islas« sind die einzelnen Inseln getrennt präsentiert.

Bei den Pflanzen sind besonders Vergleiche bei Gruppen lohnend, die mit vielen verschiedenen Arten vertreten sind, wie die Aeonien, Euphorbien, Margeriten, Ginsterarten, Bäume des Lorbeerwalds und Farne. Man benötigt viele Stunden,

um den Bestand einigermaßen zu überschauen, und ist dann keineswegs sicher, daß man nicht Wichtiges verpaßt hat. Wer sich scheut oder nicht das Glück hat, seltene Pflanzen in der freien Natur der Inseln aufzufinden, kann sie hier in aller Ruhe betrachten, z.B. den 30 cm hohen Korbblütler *Sventenia bupleuroides*, von den Spaniern liebevoll »Hija de Don Enrique«, Tochter des Herrn Sventenius, genannt. Diese Art kann man sonst nur in den höchsten Steilabstürzen und Klüften im Nordwesten der Insel finden. Auch der rotblühende Hornklee *Lotus berthelotii* von Teneriffa, der im Freiland schon fast ausgestorben ist, kann hier besichtigt werden. Die Art ist selbststeril und pflanzt sich nur noch ungeschlechtlich fort. Ganz nahe verwandt damit ist der orangegelbe Hornklee *Lotus maculatus*. Er wird unter diesem Namen und als Sorte »Golden Dream« von holländischen Blumenversandfirmen zum Verkauf angeboten und massenweise auf vegetativem Wege vermehrt.
Wegen der konzentrierten Vielfalt der Lebensräume und des Angebots an Wasser gibt es auch eine reiche Vogelwelt im Garten. Der Kanarengirlitz singt von den Baumspitzen aus. Sein nächster Verwandter, der europäische Girlitz, hat sich hier im Norden von Gran Canaria vor einiger

Zeit angesiedelt – vielleicht dadurch, daß Käfigvögel entflogen sind – und ist in Ausbreitung begriffen. Auch der Stieglitz läßt sich hören. Die Mönchsgrasmücke singt unten im Lorbeerwald, während die Samtkopfgrasmücke ihren ratternden Alarmruf im Gesträuch am Hang erklingen läßt. Das kanarische Rotkehlchen singt getragene Motive an verschiedenen Stellen, sowohl im Hang als auch im Tal. Amsel und Zilpzalp sind allgegenwärtig. Am zentralen Bauwerk im Tal gibt es an der nordwärts weisenden Seite eine große Hecke von Kanarischen Glockenblumen (S. 95), die im Februar und März blühen. Hier kann man beobachten, wie Zilpzalpe herbeikommen und sich aus den hängenden roten

Im Gebiet unterwegs

Man erreicht den **Barranco de Tenteniguada** ① mit dem PKW, indem man im Ort Vega de San Mateo an der Straße Las Palmas – Cruz de Tejeda Richtung Telde – Valsequillo abbiegt. Am Beginn des Dorfes Tenteniguada zweigt eine kleine, steil aufwärtsführende Straße Richtung El Rincón de Tenteniguada ab. Die Zufahrt ist ebenso von Telde aus Richtung Valsequillo möglich. Am besten parkt man den Wagen im Dorf und geht zu Fuß weiter Richtung Carretera los Barrancos, die weiter oben im Dorf nach rechts abzweigt. Oberhalb der Siedlung ist der Weg durch Hochwasser des Baches zerstört und nur noch zu Fuß passierbar. Man kann weit aufsteigen, doch genügen, um einen Eindruck des Gebiets zu gewinnen, schon einige hundert Meter.

Der **Jardín Botánico** ② liegt südwestlich von Las Palmas im Barranco de Guiniguada zwischen der Hauptverbindungsstraße C.811 Las Palmas – Tejeda und ihrer nordwärts führenden Parallele nach Tamaraceite, etwa 7 km von Las Palmas entfernt im Ort **Tafira Baja**. Der Garten kann von zwei Seiten aus betreten werden. Mit dem Bus (UTINSA) kann man ihn alle Viertelstunden vom Busbahnhof in Las Palmas aus erreichen.

In der Umgebung des Botanischen Gartens lohnt sich im **Guiniguada-Barranco** ③ selbst ein kleiner Spaziergang am gegenüberliegenden Hang, um die heimische Pflanzenwelt am Originalstandort kennenzulernen. Nicht weit von Tafira Alta, nach Straßenschildern leicht zu finden, liegt einer der wenigen noch gut erkennbaren Vulkane der Insel mit einem 200 m tief eingesenkten, etwa 1000 m breiten Krater, der **Bandama** ④ (569 m).

Glocken Nektar holen, wobei sie die Blüten bestäuben (s. S. 96). Die Blaumeise ist häufig. Die Turteltaube gurrt in den Waldbäumen. Einfarbsegler und Turmfalke beherrschen den freien Luftraum. Kaninchen gibt es ebenfalls im Garten. In den Teichen lärmen Iberische Seefrösche. Auch der Mittelmeerlaubfrosch ruft.

Neben anderen Kostbarkeiten pflegt man im Botanischen Garten von Tafira den seltenen *Lotus maculatus*.

Der Bandama ist einer der wenigen vollständigen Vulkankrater Gran Canarias. Hier lebten früher Ureinwohner.

Praktische Tips

Botanischer Garten

Der Eintritt ist frei, weil es sich um eine öffentliche Institution handelt. Der Garten ist täglich (mit Ausnahme von Weihnachten, Neujahr und Karfreitag) zwischen 9 und 18 Uhr geöffnet. Gartenwärter wachen auch an Feiertagen darüber, daß die wertvollen und seltenen Pflanzen nicht beschädigt werden.

Unterkunft/Verpflegung

Nahe dem oberen Eingang des Jardín Botánico findet man ein gutes Restaurant mit Aussicht über den Garten und das ganze Tal. Appartements gibt es nur in La Residencia bei Santa Brígida einige Kilometer entfernt. Ansonsten sollte man das größere Angebot in Las Palmas nutzen.

Genehmigung

Das Kratergebiet des **Bandama** darf aus Schutzgründen nur mit einer Spezialgenehmigung betreten werden, die beim Cabildo Insular in Las Palmas, Abt. Medio Ambiente, Caille Bravo Murillo, zu beantragen ist (Genehmigung dauert einige Tage).

Der Turmfalke ist in einer Unterart der häufigste Greifvogel nahezu aller Lebensräume der Kanaren.

14 Kiefernwälder im Inselinneren

Zentraler Gebirgsstock der Insel mit interessanter Geologie; ausgedehnte Kiefernwälder mit lichtem Unterwuchs; der Buntspecht ist ein häufiger Vogel, der Teidefink ausgesprochen selten.

Vom einstigen Bestand der Kiefernwälder auf der Insel sind heute nicht mehr als 20% verblieben. Alles übrige wurde abgeholzt und genutzt. Die Kiefernwälder des Zentrums von Gran Canaria sind recht einheitlich ausgebildet. Hier werden deshalb die Wälder von Pajonales, Ojeda und Inagua sowie von Tamadaba gemeinsam behandelt.

Mit einer Meereshöhe von über 1400 m liegt der Kiefernwald von Tamadaba in der montanen Zone, zugleich ökologisch gesehen der höchsten Zone von Gran Canaria. Oberhalb 1400 m fällt im Winter gelegentlich Schnee. Im Sommer herrschen in dieser Höhe große Trockenheit und starke Sonneneinstrahlung. Die Temperaturen schwanken mit größerer Amplitude als an der Küste.

Vom Tamadaba fallen nach Nordwesten hin die Felswände steil ins Meer, nach Süden und Osten schweift der Blick über die zentralen Bergmassive der Insel mit ihren charaktervollen Profilen und über die von Menschen besiedelten Täler: hochgelegene Terrassen mit Kartoffelanbau, an die Felsen geklebte Häuser, teils heute noch genutzte Felshöhlen. Im Wald herrscht Stille, unterbrochen nur durch den einfallsreichen Gesang des Rotkehlchens, durch den sonoren Ruf des Kolkraben und das Summen der Insekten.

Die Wälder von Ojeda, Pajonales und Inagua ziehen sich als breiter Gürtel vom westlich gelegenen Gipfel Inagua

(1426 m) bis in die Region des Roque Nublo. Sie sind durch Forststraßen erschlossen und über Pisten erreichbar. Sie entsprechen in ihrem Charakter dem Tamadaba-Wald.

Pflanzen und Tiere

Die Kiefernwälder sind naturverjüngt mit allen Altersstadien und lichtem Unterwuchs. Spuren alter Brände lassen sich kaum finden. Nur lokal sind fremde Montereykiefern und Zypressen eingeschleust. Der eigentliche Kanarische Kiefernwald ist ein lichter Bestand mit viel freiem Raum. Regional unterschiedlich beherrschen am Waldboden verschiedene Sträucher und Kräuter das Bild. Hier ist es die Französische (S. 61), dort die häufige Scheidenblättrige Zistrose (S. 61) mit ihren rosafarbenen Blüten. Auf trockenem felsigen Untergrund gedeihen graue Polster der Thymianverwandten *Micromeria lanata* und *benthamii*. Demgegenüber steht *Micromeria pineolens* mehr im Wald – bis zu einem halben Meter hoch, mit vierzeilig beblätterten Sprossen. Ihre filzig behaarten Blätter duften nicht so stark, wie man es erwarten würde. Jedenfalls hält sie den Vergleich mit verwandten Arten kaum aus: Einige wenige Blätter des »Poleo« genügen, um eine ganze Kanne Tee zu aromatisieren. Auch der »Escobón« ist im Unterholz vertreten. Der Hornklee *Lotus spartioides* wächst am Straßenrand als dichter grauer Zwergstrauch, im Frühjahr über und über mit gelben Schmetterlingsblüten besetzt. Der Kleinfrüchtige Affodill (S. 99) bedeckt als trockenresistentes Liliengewächs ganze Waldlichtungen.

Als Vogelarten sind im Waldgebiet der Kolkrabe, die Blaumeise, das Rotkehlchen und der universelle Kanarenpieper verbreitet. Hinzu kommt der erstaunlich häufige Buntspecht in der Unterart *thanneri*. Die Vögel gewinnen ihre Nahrung – Insekten und deren Larven – aus der Borke der Kiefern, beschäftigen sich aber auch mit Kiefernzapfen, aus denen sie die Samen entnehmen. Sie sind auch für den Bau ihrer Höhlen auf Kiefern angewiesen. Der Teidefink (S. 34) wurde selbst von kundigen Beobachtern vergeblich gesucht. Der Kanarengirlitz (s. S. 25) singt überall im Kulturland, findet sich aber auch im Kiefernwald ein. Weißkopfmöwen (S. 148), manchmal in großer Zahl, sind Gäste auf den Stauseen der Region.

Bereits in den Lapillikegeln oberhalb **Juncalillo** findet man im Frühjahr den violett blühenden zierlichen Teidelack. Die kreuzförmigen Blütensterne blühen nacheinander von unten nach oben auf. Sie sind zuerst weißlich, später violett. An der Spitze sitzt ein dunkles Knospenbündel. Die alten vertrockneten Stengel der vorjährigen Blütengeneration stehen zwischen den frischen Blütenständen.

Auf dem vielbesuchten Gipfel des **Pozo de las Nieves**, dem höchsten Berg der Insel, und an anderen Stellen wächst der auffällige Lippenblütler *Sideritis dasygnaphala*. Die Art gehört einer formenreichen Gattung an, die wegen ihrer stark weißfilzigen Blätter auch pauschal kanarisches Edelweiß genannt wird.

An den Felsen entlang der Straße von **Artenara** sind zwei Arten von Aeonien häufig, ein kleines, spitzblättriges, mit langen durchscheinenden Zilien besetztes (*Ae. simsii*) und das große, strauchartig verzweigte *Ae. percarneum* mit rotgeränderten Blättern. Daneben wächst in Rosettenverbänden die graugrüne glattblättrige *Greenovia aurea* (S. 83). Offenes Gelände ist auf großen Flächen mit Sträuchern bedeckt. Dominierend ist der Ginster *Teline microphylla* (S. 111) mit seinen kleinen weißlich-grauen Blättern und leuchtend gelben Blütenständen. Dazwischen steht häufig der weißblütige »Escobón« und in den höheren Lagen der »Codeso« (S. 73) mit endständigen, gelben Blütenkerzen.

Die strauchförmige König-Juba-Wolfsmilch hat Blüten mit leuchtend grüngelben Hochblättern.

◀ Der Kiefernwald bedeckt das Bergland Gran Canarias, hier bei Ayacata. Vorn der Hornklee *Lotus spartioides*.

An der Straße zwischen San Nicolás und Mogán fallen bunte Felsformationen auf, gefärbt durch Eisenhydrat und andere Eisenverbindungen.

Den Teidelack gibt es auch hier auf Gran Canaria.

Romulea columnae wächst selbst im trockenen Wald.

Der Buntspecht ist im Kiefernwald Gran Canarias häufig.

Beide Arten sind auch auf Teneriffa weitverbreitet. Auch der Kanarische Salbei mit violetten Blüten ist nicht selten. An der Straße fällt zuweilen ein Natternkopf auf, der deutlich kleiner ist und schmächtigere weiße Blütenkerzen aufweist als das häufige *Echium decaisnei* (S. 102) der tieferen Stufen. Er heißt *Echium onosmifolium* und ist ein Inselendemit Gran Canarias in den zentralen und den Südzonen. Manchmal stehen beide Arten nebeneinander.

Auf den Mauern an der Straße sitzen an manchen Stellen wenig scheue Rieseneidechsen (s. S. 116), die offensichtlich den Autoverkehr gewöhnt sind.

Im Gebiet unterwegs

Das zentrale Bergland ist von drei Seiten her über gute Straßen erreichbar: von Las Palmas oder dem Nordwesten aus über Teror oder Vega de San Mateo und vom Süden her über San Bartolomé de Tirajana. Daneben gibt es mehrere Zufahrtsmöglichkeiten vom Norden her, vom Westen die landschaftlich schöne Strecke von San Nicolás nach Artenara. Die vier Routen treffen beim **Cruz de Tejeda** ① aufeinander. Welche Strecke man wählt, hängt vom Ausgangspunkt ab. Allen diesen Verbindungen gemeinsam ist, daß man auf den

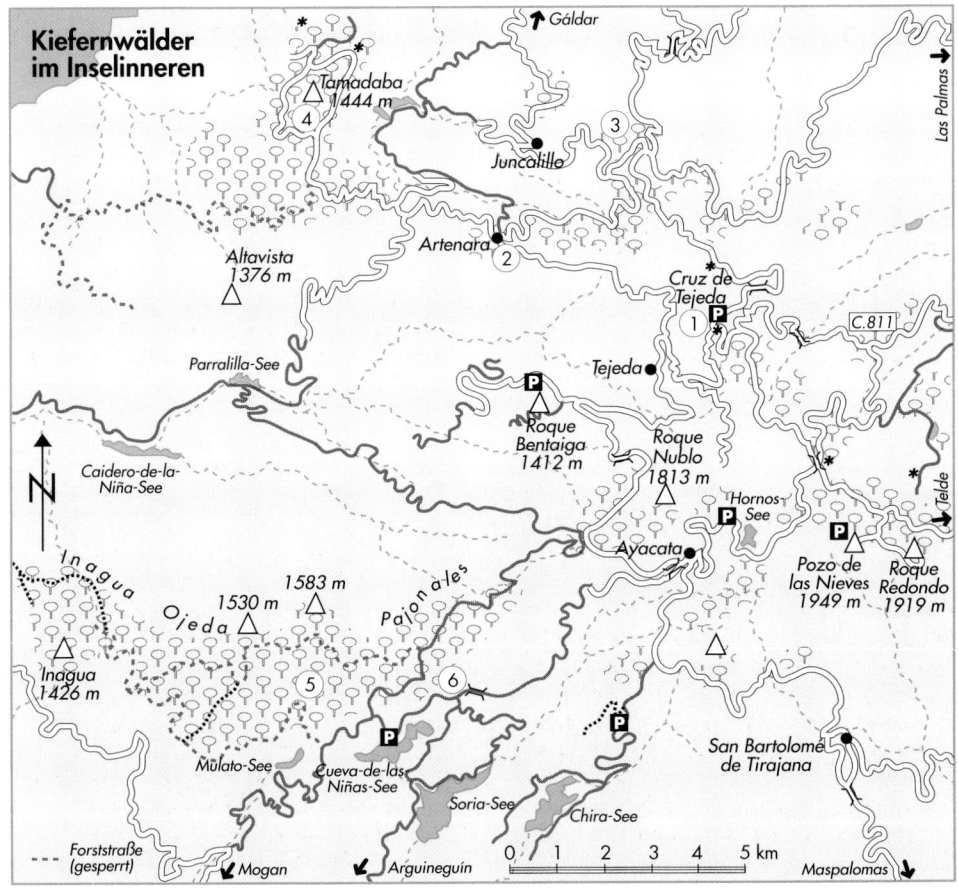

Wilde Kanarische Dattelpalmen im Barranco de la Palma, die einzige natürlich vorkommende Palmenart.

kurvigen Bergstraßen nicht mehr als 30–40 km/h Reisegeschwindigkeit erreicht. Weiter Richtung **Artena** ② kann man sowohl die nördliche Route vom Parador Nacional her vorbei an einem kleinen Krater und den **Pinos de Gáldar**③ nehmen oder auch die Südstrecke vorbei an Tejeda, dem höchsten Dorf Gran Canarias, und am Panorama der großen Bergketten mit **Roque Nublo** und **Roque Bentaiga**. Von dem Höhlendorf Artenara aus führt eine Straße schleifenförmig durch den Tamadaba-Wald ④. Am westlichsten Punkt zweigt eine Piste zu einem Picknickplatz ab, von wo aus weitere Pisten tiefer in den Wald führen.

Den westlichen Kiefernwaldkomplex von **Ojeda**, **Inagua** und **Pajonales** ⑤ erreicht man vom Cruz de Tejeda aus auf zwei südwärts führenden Strecken. Von der östlichen aus kann man einen Abstecher auf den **Pozo de las Nieves** machen. Neben einer bei gutem Wetter weiten Sicht über die Insel gibt es in der Nähe des östlichen Parkplatzes Bereiche mit niedriger Strauchvegetation, die im Frühjahr in üppiger Blüte steht. Lohnend ist auch die Wanderung zum **Roque Nublo**,

dessen Gipfel ein etwa 80 m hoher Monolith bildet – eines der Wahrzeichen der Insel. Der Weg beginnt in einer Rechtskurve mit Parkplatz an der Straße von Ayacata zum Pozo de las Nieves. Die Verbindung zum Süden besteht über zwei Pisten, die von Ayacata nach Arguineguín (s. S. 113) und Mogán führen. Am Waldrand, wo sie sich vereinigen ⑥, ist der Buntspecht häufig.

Praktische Tips

Unterkunft und Verpflegung
Der Parador Nacional an der Höhe des Cruz de Tejeda bietet keine Betten mehr an. Vor seinen Toren gibt es kleine Restaurants und Stände mit Stickereien, Obst, Gebäck und Landkarten.
ACHTUNG: Wegen starken Besuchs des Gebietes durch Einheimische sollte man Sonntagsausflüge vermeiden. Die Orientierung nach den Straßenkarten ist nicht immer einfach, zumal manche Straßen und Wege auf den Karten nicht verzeichnet sind. Ein Wanderführer ist dabei nützlich. Die Kiefernwälder sind bei heißem und trockenem Wetter brandgefährdet.

15 Barranco von Arguineguín

Von Steilwänden eingefaßtes Trockental, das sich von der Südküste her in das zentrale Bergmassiv hineinzieht; unten reiche trockenangepaßte Vegetation mit baumgroßen Wolfsmilchpflanzen; weiter oben allmählicher Übergang in die Montanzone mit Kiefernwald.

Die von Südosten, Süden und Südwesten her in den Lavaschild hineinschneidenden Barrancos bieten halbwüstenhafte Lebensbedingungen und eine in den Hanglagen gut erhaltene Trockenvegetation. Der Barranco von Arguineguín ist reichhaltig und weitgehend ungestört. Er ist mit dem Zentrum der Insel über gut begehbare (aber schlecht befahrbare) Pisten verbunden. Wie Siedlungsreste und andere Überbleibsel zeigen, ist er für die vorspanische Urbevölkerung ein wichtiger Ort gewesen. Dieser Barranco ermöglicht geologisch einen beeindruckenden Einblick in den Bau der Insel. Die unteren Schichten nahe dem Talgrund sind die ältesten. Sie bestehen aus Ignimbriten und Phonolithen (Klingstein) und gehen auf die Entstehungsphase der Insel im frühen Miozän zurück. Darüber baut sich in zahlreichen gut sichtbaren Schichtungen die jüngere Decke der Insel auf. Die Gesteine sind meist dunkelrot und verwittern klumpig. Man nennt sie nach einem der Berge im Zentrum der Insel Roque-Nublo-Formationen. Ihr Verwitterungsprodukt bildet die Schuttkegel unterhalb der senkrecht abfallenden Felswände. In dem breiten Bachbett, in dem manchmal nach heftigen Regenfällen viel Wasser fließt, mischen sich Flußsande mit Schottern aller beliebigen Korngrößen bis hin zu großen Felstrümmern. Beim Aufstieg durch das Tal durchmißt man die ver-

Im Barranco von Arguineguín wachsen riesige Wolfsmilchexemplare, aber auch der zarte »Valo« (rechts).

schiedenen Schichten von unten nach oben in ihrer natürlichen Reihenfolge. Das Tal ist in seinem unteren, halbwüstenhaft trockenen Teil nicht besiedelt. Doch ab Cerca de Espino reihen sich in den Hang- und Schulterlagen Streusiedlungen und die Dörfer Las Filipinas, El Caidero, Barrancillo Andrés und Soria aneinander. Hier wird intensiv Landwirtschaft betrieben. Man sieht u.a. Papayas, Zitrusfrüchte und sogar Weinbau. Auch Käse wird hier erzeugt.

Pflanzen und Tiere

Wie werden die Pflanzen mit der Trockenheit und der Hitze fertig, die ihnen das mühsam aus dem Boden gewonnene Wasser zu entziehen droht? Eine erste Strategie heißt: Oberfläche verkleinern. Die häufigste Wolfsmilch an den Hängen ist hier die

Der Ginster *Teline microphylla* bedeckt ganze Hänge.

Der Lavendel *Lavandula minutolii* bewohnt die Hochlagen.

Balsamwolfsmilch. Sie wächst zu geradezu riesigen, mehrere Meter hohen Individuen mit Stämmen bis zu 40 cm Durchmesser heran. Ihre äußere Gestalt bietet ein abgerundetes, geschlossenes Profil. Das verkleinert die verdunstende Gesamtoberfläche. Wird es im Sommer kritisch, so werfen die Pflanzen die Blätter ab; nur das kahle Skelett der leicht sukkulenten Stämme und Äste bleibt stehen. Im Vergleich zu den Geschwistern oben in den Bergen haben die Sträucher der König-Juba-Wolfsmilch (S. 105) hier unten viel schmalere Blätter. Das gilt um so mehr für den mannshohen mattgrünen »Valo«-Strauch mit seinem hängenden, fadenförmigen Laub. Ein weiterer, nur kniehoher Strauch ist die Grüne Schizogine mit winzigen gelben Korbblüten und fadenförmig reduzierten Blättern. Ihr tut es die Kanarische Steinbeere nach. Nur sind ihre verlängerten schmalen Blätter grau, durch einen filzigen Belag gegen die Sonneneinstrahlung geschützt.

Ein Vertreter der formenreichen Margeritengattung macht einen ausgesprochen mageren, verhungerten Eindruck. Seine Blätter sind zu gefiederten Fäden reduziert. Die Art heißt *Argyranthemum filifolium*, die Fadenblättrige. Ein Spargel ragt auf langem dünnem Stämmchen aus einer Kandelaberwolfsmilch heraus, geschützt gegen Ziegenfraß. Er sieht aus wie der »Valo« (*Plocama*), und er heißt auch so: *Asparagus plocamoides*, der *Plocama*-ähnliche. Er hat längst in seiner Stammesgeschichte alle Blätter reduziert und assimiliert mit grünen, fädigen Sprossen. Der stämmige »Verode« (S. 40) wirft seine Büschel aus lanzettlichen Blättern bei Dürre ab und bleibt im Sommer als kahles sukkulentes Stammskelett zurück. Der Wermut oder Beifuß *Artemisia ramosa*, der nur im Süden von Gran Canaria und Teneriffa vorkommt, ein Strauch bis 50 cm Höhe, hat seine gefiederten grauen und stark duftenden Blätter ebenfalls zu Fäden reduziert. Die Grasarten haben sozusagen von Beruf

aus langgezogene spitze Blätter: das mediterrane Fingergras *Cynodon dactylon* und die grobe *Hyparrhenia hirta*. Im Talgrund stehen Bestände des weit über mannshohen bambusartigen Spanischen Rohrs, das die Restfeuchtigkeit im Boden nutzt. In seiner Nachbarschaft wachsen auch einige Tamarisken, Bäume mit schuppenförmig reduzierten Blättern. Perfekt hat die Kandelaberwolfsmilch (S. 43) die Blattreduktion betrieben. Sie bestimmt in den Hängen mit ihren dominanten Säulenverbänden das Bild der Landschaft. Auch der Dornlattich (S. 76) hat nur im Frühjahr ein paar Blätter und ist später kahl.

Landeinwärts nimmt die Kandelaberwolfsmilch allmählich an Dichte ab. Das gilt auch für einige andere Arten. Man durchmißt beim Aufsteigen im Hang eine pflanzliche Höhenzonierung. Zugleich tritt der mächtige Natternkopf *Echium decaisnei* (S. 102) mit seinen pyramidenförmigen weißlichen Blütenständen allmählich in den Vordergrund. Noch weiter oben kommt die verwandte Art *Echium onosmifolium* hinzu. Mit fadenförmigen Blättern fallen *Campylanthus salsoloides* und der weißfilzige kreuzblütige Strauch *Parolinia ornata* auf. Ebenfalls hinfällige Blätter hat ein Busch, der an den »Retama«-Ginster von Teneriffa erinnert. Nur ist er anstelle von Schmetterlingsblüten mit kleinen weißen Trichterblütchen besetzt. Es handelt sich um die Ginsterwinde, die sich in ihrem Vorkommen auf den Süden Gran Canarias beschränkt. Sie hat auf das Winden ganz verzichtet und ihre Lebensform in Anpassung an die trockenen Bedingungen völlig geändert. Ein wenig weiter hinauf begegnet man den ersten Kanarischen Kiefern.

Die Lebensräume erscheinen bis auf wenige Fremdformen ursprünglich zu sein. Aber dennoch: Wenigstens in den mehr landeinwärts liegenden Hängen muß früher der Phönizische Wacholder landschaftsbestimmend gewesen sein. Er fehlt heute weitgehend. Mit seinem zähen Holz ist er dem Holzraubbau der Vergangenheit zum Opfer gefallen, verheizt und verbraucht für viele Zwecke.

Die Tierwelt des Südens ist artenärmer als im feuchten Norden. Die Königslibelle fliegt selbst im trockensten Lebensraum. Einige Schmetterlinge, wie z.B. der orangefarbene Postillion *Colias croceus* sind nicht selten. Die Baldachinspinne baut ihre Netze in der Vegetation (S. 117). An Vogelarten fallen der Kolkrabe und der Turmfalke auf, an Kleinvögeln Zilpzalp, Samtkopfgrasmücke und Amsel. Auch der Wüstengimpel (S. 147) ist hier zu erwarten. In reicherer Vegetation weiter bergwärts melden sich Mönchsgrasmücken, die nicht selten ein monotones Leiermotiv in ihren Gesang einflechten.

Erst in den höheren, mehr vom Menschen genutzten Regionen bei **Soria** kommen der Weidensperling (S. 91), der Stieglitz, der Grünfink und der Kanarengirlitz hinzu. Der Raubwürger und der Steinsperling sind vereinzelt anzutreffen. In der Montanzone in der Höhe der Kiefernwälder singt im weiträumigen, almartigen Kulturland die Grauammer.

Im Talgrund bei Filippina gibt es im Bach noch fließendes Wasser. Hier rufen Iberische Seefrösche (S. 95).

Im Gebiet unterwegs

Man fährt mit dem Wagen östlich des Ortes **Arguineguín** in einer Talsenke bei einer Bananenplantage in den Barranco hinein. Die gut ausgebaute Straße führt lange Zeit auf dem Talboden nordwärts. Nach etwa 6 km erreicht man eine Region, in der die Vegetation optimal entwickelt ist ①. Hier lohnt sich ein Halt. Bei km 8 findet man die im afrikanischen Stil erbaute Raststätte El Sao. Ab hier wirken die Hänge allmählich kahler. Nach der Ortsumgehung von Cerca de Espino gabelt sich die Straße. Es geht im Tal auf jetzt schmalerer Teerstraße weiter. Ab km 15 verläßt diese Straße das Tal und

steigt links in Serpentinen den Hang hinauf. Ab **Soria** ② in Höhe des idyllisch gelegenen Stausees von Soria wird sie zur einspurigen Piste, nach deren Zustand man sich in Soria erkundigen sollte. Wenn möglich, sollte man hier aber wandern. Man kann bis zur Höhe beim Kiefernwald von **Pajonales** ③ (s. S. 109) gehen und den westlichen Weg zurück nach Soria nehmen.

16 Dünen und Lagune von Maspalomas

Riesige Wanderdünen mit Sandvegetation, Tamarisken und Palmen; an ehemaliger Lagune viele Wasservögel und Rieseneidechsen.

Nirgends auf den Kanarischen Inseln gibt es Wanderdünen in diesem Ausmaß und auf so großer Fläche wie hinter dem berühmten Strand von Maspalomas. Sie sind teilweise schon sehr alt. Während der Würm-Eiszeit vor einigen hunderttausend Jahren war viel Meerwasser in den Eiskappen der Pole gebunden. Der Meeresspiegel lag bis zu 90 m niedriger als heute. Die Sandküste im Süden der Insel Gran Canaria war 3,5 km weit im Meer gelegen. Damals entstand der Grundstock der auch jetzt

noch bewundernswerten Dünenlandschaft. Heute ist sie nicht nur durch den gestiegenen Meeresspiegel eingeengt. Mehrere Barrancos enden in einer gegen das Meer hin durch einen Strandwall begrenzten Lagune, von der im jetzigen Zustand nur noch ein kleines, durch Mauern und Straßen eingesperrtes Stück verblieben ist. Westlich davon stehen Hotels und Bungalows, etwas abgesetzt davon der Leuchtturm Faro de Maspalomas. Östlich der Lagune und einer vielbenutzten Straße schließt sich das Dünengebiet mit einer Längsausdehnung von etwa 2,5 km an. Die höchsten Dünen liegen unmittelbar an der Küste. Weiter binnenlands schließen sich Dünentäler mit Bewuchs an.
Das Gebiet gilt nur randlich zur Straße hin als Reservat und darf nicht betreten wer-

Der Dünengürtel von Maspalomas und seine Dünentäler mit Tamarisken wirken entschieden afrikanisch.

An den spitzen Stachelblättern der mediterranen Stechbinse kann man sich kleine blutende Verletzungen zuziehen.

den. Sowohl die offenen Dünen als auch das dahinter liegende Vegetationsgebiet werden aber von zahllosen Sonnenanbetern genutzt. Die Dünen sind mit Fußspuren bedeckt. Ihre frühere Unberührtheit ist längst dahin. Seltene Tierarten wie den Rennvogel und das Sandflughuhn, die früher hier vorgekommen sein mögen, wird man nicht mehr erwarten. Gleichwohl bieten Dünen und Dünentäler ungewöhnliche Landschaftseindrücke und Lebensbedingungen.

Pflanzen und Tiere

El Oasis – so heißt das Gebiet der Lagune und ihrer Umgebung auf der Karte. An die ehemals idyllische Palmenoase erinnern heute eingezäunte und teilweise in Wiederaufforstung befindliche Bestände der Kanarischen Dattelpalme. Ansonsten dominieren Tamarisken. Die stachligen Sträucher des Dornlattichs (S. 76) begleiten die Wegränder. Auch der Wilde Tabak (S. 76) ist überall vorhanden. Im Flußbett bzw. am Rand der Lagune stehen größere Bestände des schilfartigen Spanischen Rohrs, daneben Stechbinsen.
Die sich hinter dem Strand auftürmenden **Dünen** sind vegetationsfrei. In den sich landeinwärts anschließenden Niederungen dagegen gibt es eine gut entwickelte strauchige Vegetation mit Beständen von Kanarischen und Afrikanischen Tamarisken und einigen prachtvollen Kanarischen Dattelpalmen. In der Strauchschicht dominiert wieder der Dornlattich, daneben gibt es ein strauchiges Gänsefußgewächs und vereinzelte »Valo«-Sträucher mit hängendem zartgliedrigem Laub sowie die Grüne

Schizogine mit hellgrünen fädigen Blättern. Am auffälligsten sind jedoch die großen Stechbinsen, die zuweilen eine Höhe von 2 m und einen beträchtlichen Umfang erreichen. Streift man durch solche Binsenbestände, kann man sich leicht Verletzungen zuziehen. Die halmartigen runden Blätter sind am Ende zugespitzt und verstärkt, so daß sie unangenehm stechen. An feuchten Stellen finden sich Bestände eines sich mit Ausläufern fortpflanzenden Zypergrases, im Trockenen kleine Flächen von Zwergheliotrop mit weißen Blütenwickeln und grauem Laub.

Im Süden Gran Canarias haben die Skinke (*Chalcides sexlineatus*) auffallend türkisfarbene Schwänze.

Eidechsenprobleme

Wer schon einmal Eidechsen auf anderen Kanarischen Inseln beobachtet hat, wird mit Staunen hier auf Gran Canaria besonders große Individuen finden. Tatsächlich wird die Art Kanarische Rieseneidechse genannt. Sie bevölkert die ganze Insel. Die längsgebänderten Jungtiere ernähren sich von gemischter Kost, von Insekten und zarten Pflanzenteilen. Die alten sind vorzugsweise Vegetarier, verschmähen auch keineswegs Essensabfälle wie Brot, Käsestücke und Obst.

Trotzdem sind sie ständig vorsichtig. Eidechsen haben eine Menge natürliche Feinde. Die schlagkräftigsten unter ihnen sind die Turmfalken. Daneben erbeuten aber auch Kolkrabe, Mäusebussard, Raubwürger, Triel, ja sogar Wiedehopfe und Spitzmäuse Individuen passender Größe. Auch Hunde, verwilderte Katzen und Wanderigel können ihnen gefährlich werden. Der Mensch fördert lokal durch Tomatenkulturen und anderen Anbau die Vermehrung der Tiere und wird zugleich zu ihrem größten Feind. In der Vergangenheit wurde Tabak benutzt, um die lästigen Konkurrenten in den Feldern zu vernichten, später Strychnin. Dann verwendete man »Pflanzenschutzmittel«, Biozide wie Parathion. Diese Stoffe wurden mit einem Brei aus reifen Tomaten oder Bananen vermischt und zogen die Tiere massenweise an. Sie wirkten fast augenblicklich tödlich, wenn nur wenige Milligramm der Substanz aufgenommen wurden. Natürlich gilt das auch für anderes Getier wie Vögel, Igel oder Hunde. Während einer Tomatensaison im Süden Gran Canarias wurden auf einer Fläche von 5-6 ha etwa 2000 Eidechsen getötet. Trotzdem wird eine Population unter diesen Bedingungen nicht gefährdet. Wie man die wendigen und findigen Reptilien aus Tomaten-, Gemüse-, Blumensaatkulturen und Weingärten letzten Endes mit biologischen oder naturverträglichen Mitteln fernhalten kann, ist ein bis heute ungelöstes Problem.

Die dominante Art in den Dünen ist der Mensch mit seinen Fußspuren und seinen Hinterlassenschaften. Gleich danach kommt das Kaninchen. Eidechsen lassen sich auch sehen. Weißkopfmöwen (S. 148) segeln von der Küste herüber, an Singvögeln begegnet einem der auf Warten sitzende langschwänzige graue Raubwürger (s. Umschlag), der von dort aus auf Insekten und kleine Eidechsen stößt. Der Kanarenpieper führt seinen anspruchslosen Gesang nicht selten im Singflug vor. Die Brillengrasmücke bewohnt die Gebüsche. Am Fuß der Sträucher finden sich die Trichter der Ameisenlöwen, der Larven von Ameisenjungfern, im Sand. Sie fangen darin neben Ameisen auch andere kleine Insekten. Zwischen den Binsenblättern haben schwarze Baldachinspinnen mit weißem paarigem Fleckenmuster ihre komplizierten, aus mehreren Etagen bestehenden Netze gebaut. Sie leben in

Kolonien. Die kleineren Männchen sitzen am Rand der Netzsysteme. Die Art ist auf allen Kanareninseln verbreitet.

Obwohl die unmittelbare Umgebung der **Lagune** von Touristen überlaufen ist, bietet sie trotzdem noch heute einen erstaunlichen Reichtum an Tierleben. Man kann hier Watvögel zahlreicher Arten sehen, die rasten und der Nahrungssuche nachgehen. Häufig sind Sanderling, Flußuferläufer, Sandregenpfeifer (S. 143), Regenbrachvogel, auch der sonst eher seltene Kampfläufer kommt vor. Der Flußregenpfeifer dürfte auf den Schotterflächen sogar brüten.

An weiteren Vogelarten lassen sich Weidensperling, Kolkrabe, Amsel und der europäische Star feststellen, der hier eingebürgert ist. Viele Einfarbsegler jagen über den Baumbeständen. Hin und wieder lassen sich, selbst wenn bei uns in Europa tiefer Winter herrscht, einzelne Rauch- oder sogar Mehlschwalben hier oder anderswo auf den Kanaren sehen. Möglicherweise überwintern sie hier. Es gilt also: Eine Schwalbe macht den Sommer. Zur Zugzeit sind dann mehr von ihnen da.

Die die Lagune begrenzende Mauer mit schräg abfallendem Deich zum Wasser hin wird von zahlreichen Kanarischen Rieseneidechsen bewohnt, die ziemlich futterzahm sind. Die Tiere aalen sich in der Sonne, flüchten bei Störungen in Höhlungen und Mauerritzen und kommen an Besucher, die ihnen Futter anbieten, teilweise ganz nahe heran. Die größten unter ihnen dürften wohl hier eine Gesamtlänge von 60 cm erreichen. Wenn zwei gleichgroße Männchen einander begegnen, demonstrieren sie ihre gelblich-orangefarbene Kehle, indem sie den Mundboden senken und so von der Seite her größer wirken. Wenn sie sich auf heißem Sand niederlassen, heben sie alle Zehen an.

In der Mauer siedeln auch Skinke. Sie sind kleine, mit Blindschleichen verwandte Eidechsen mit schwächlichen Beinen, die sich gern im Boden vergraben. Die auf

Die Baldachinspinne, auch Opuntienspinne genannt.

Gran Canaria vor allem im Süden vorkommende Art heißt *Chalcides sexlineatus*. Die Tiere zeichnen sich durch eine verblüffende türkis-violett schillernde Schwanzfärbung aus.

Wie die bezeichnenden meckernden Quakrufe zeigen, gibt es in der Lagune auch Iberische Seefrösche (S. 95). Viele Libellen fliegen umher, z.B. die Königslibelle. Auch Schmetterlinge wie der Distelfalter und Weißlinge sind häufig.

Im Gebiet unterwegs

Man fährt von Las Palmas aus die Südautobahn und biegt nach Maspalomas ab. Dann orientiert man sich zum Leuchtturm, dem Faro. An der Straße östlich der Lagune kann man parken und von hier seewärts gehend das Dünengebiet erreichen. Auch vom Touristenzentrum **Playa del Ingles** hat man Zugang zum Dünengebiet; man kann von dort den Strand entlang bis Maspalomas wandern und mit dem Bus zurückfahren (oder umgekehrt).

TIP: Günstigste Beobachtungszeit für Vögel an der Lagune ist der frühe Morgen, wenn noch keine Besucher stören. Eidechsen und Skinke sieht man tagsüber bei voller Sonne. Zum Fotografieren sind die Morgen- und Abendstunden am lohnendsten.

Fuerteventura

Fuerteventura liegt dem etwa 100 km entfernten afrikanischen Festland nicht nur räumlich am nächsten. Mit Jahresniederschlägen von weniger als 200 mm ist die Insel in großen Teilen Halbwüste oder Wüste. Entsprechend dünn und sehr ungleichmäßig ist sie vom Menschen besiedelt. Sie ist berüchtigt für ihren stetigen und starken Wind, auf den auch eine Interpretation ihres Namens Bezug nimmt: »fuerte« = stark, »viento« = Wind. Er weht hauptsächlich von Nordost und transportiert viel Sand von den Küsten aus ins Land.

Fuerteventura ist geologisch die älteste der Kanarischen Inseln. Ihre Oberfläche ist verwittert. Zeichen von jungem Vulkanismus fehlen. Die Insel wirkt auf den ersten Blick fahl, unwirtlich und wüstenhaft. Rot und Ocker überwiegen im Inselinneren, gelbliche Töne in den Dünen und an den Stränden.

Die Landschaft ist weiträumiger, aber weniger vielfältig als auf den westlichen Kanaren. Wüstenartige Sandflächen und Strände wechseln mit steilen oder flache-

Das Innere Fuerteventuras wirkt wüstenhaft und karg.

ren Barrancos, talartigen Ebenen und verwitternden, mit Flechten und anderer Vegetation bewachsenen Lavafeldern. Sie bietet gleichwohl für den naturkundlich Interessierten nicht nur überraschend starke Landschaftseindrücke, sondern Begegnungen mit einigen besonders seltenen und interessanten Pflanzen und Tieren. Trotz der geringen Niederschläge findet man zuweilen in Speicherbecken und auch frei fließend im Talgrund Wasser. Es gibt – abgesehen von großen überdachten Tomatenkulturen – nur wenig landwirtschaftliche Nutzung. Die ausgedehnten ungenutzten Flächen stehen allerdings durch die fast allgegenwärtigen Ziegen (s. S. 124) unter starkem Weidedruck. In neuerer Zeit stellen sich die Bauern mehr auf Schafzucht um, weil sich Schafe günstiger verkaufen lassen.

Der Botaniker Kunkel hat auf Fuerteventura etwa 600 Arten höherer Pflanzen nachgewiesen. 18 Arten und Unterarten sind Lokalendemiten allein für diese Insel, weitere 26 kommen hier und auf Lanzarote vor. In Anpassung an die Besonderheiten dieser »afrikanischen« Inseln haben auch einige Vogelarten eigene Unterarten ausgebildet, z.B. Bluthänfling, Wiedehopf, Triel, Turmfalke und Schleiereule. In **Wüste** und **Halbwüste** kommen die verborgen lebenden, teils sehr selten gewordenen Spezialisten wie Kragentrappe (s. S. 128), Triel, Rennvogel und Sandflughuhn vor. Die größte Besonderheit stellt der Kanarenschmätzer (s. S. 120) dar. Der Scirocco bringt nicht selten afrikanische Insekten von der Sahara mit herüber. Doch können sie sich meist nicht lange hier halten. Ähnliches gilt auch für die Wanderheuschrecken, die manchmal in riesigen Schwärmen einfliegen. Sie ernähren sich auf Fuerteventura von dem überall in Mengen vorhandenen Dornlattich.

17 Jandía, Corralejo, Lajares und La Oliva

Afrikanisch wüstenhafte Gebiete; bei Corralejo ausgedehnter Gürtel von Sanddünen; im Bergland kleinräumig reichhaltige Vegetation mit vielen Endemiten, vor allem der Jandía-Wolfsmilch; in Barrancos Populationen des inselendemischen Kanarenschmätzers; sandig-steinige Halbwüste mit Trockenvegetation und Wüstenvögeln wie Kragentrappe, Rennvogel und Sandflughuhn; alte Lavaströme mit reichhaltiger Vegetation, darunter die endemische Kanarische Fliegenblume; eingeschleppt das Nordafrikanische Erdhörnchen.

Die sichelförmige, nach Südwesten weisende **Halbinsel Jandía** macht etwa ein Drittel der Insellänge aus. Sie wird von einem besonders nach Nordwesten steil abfallenden, weitgehend unzugänglichen Bergkamm beherrscht. Der **Pico de la Zarza** stellt mit 807 m seine höchste Erhebung dar. An diesem Bergmassiv bildet sich regelmäßig eine dichte Passatwolke. Die geringere Sonneneinstrahlung und die Feuchtigkeit haben in den nach Nordwesten abfallenden gipfelnahen Klüften eine reichhaltige endemische Pflanzenwelt entstehen lassen. Sie hat sich erhalten, da hier oben keine Ziegen weiden. Hier treten sogar Elemente des Lorbeerwaldes auf, die sonst nur noch an wenigen höhergelegenen Stellen der Insel überdauert haben. Als ausgestorben gelten der Kanarische Lorbeer und der Gagelbaum.

Der **Istmo de La Pared** ist die schmale und niedrige Engstelle, an der die Halbinsel Jandía in die Hauptinsel übergeht. An seiner Südküste sind breite und endlos lange

Die Jandía-Wolfsmilch sieht aus wie ein Kaktus. Sie ist ein seltener, schützenswerter Endemit der Insel.

Der Kanarenschmätzer

Der Kanarenschmätzer ist ein kleiner Singvogel, den es nirgendwo anders auf der Welt als auf Fuerteventura gibt. Er bewohnt Barrancos von Meereshöhe bis in die Gipfelregionen, besonders im Nordteil der Insel und auf der Halbinsel Jandía. Man rechnet mit einem Bestand von nur einigen hundert Paaren. Das ist wenig für eine so kleine Vogelart.

Der Kanarenschmätzer ist nahe verwandt mit dem europäischen Schwarz- und auch dem Braunkehlchen. Ihm fehlt die weiße Schwanzzeichnung des Braunkehlchens, aber auch die durchgehend schwarze Kehle des Schwarzkehlchens. Er hat einen hellen Überaugenstreif, der beim Schwarzkehlchen dagegen fehlt oder extrem selten auftritt. Nach Verhalten und Gestalt wirkt das Männchen wie ein Schwarzkehlchen. Es gibt relativ kontrastreich ausgefärbte Individuen mit prächtigem weißem Schulterband und einem warmbraunen Brustfleck. Andere sind eher schlicht. Die Weibchen wirken von oben gesehen fast grau.

Die Vögel sitzen gern auf dürren Ästen des Wilden Tabaks, auf Sträuchern oder Steinen. Das Männchen läßt von solchen Warten aus seinen Schmätzergesang ertönen. In Nestnähe gestört, äußern die Vögel wiederholt einen Alarmruf, der sich zweisilbig und sonor wie »tratt« oder »trett« anhört, dazu ein hohes »fid«. Sie sind oft recht scheu und flüchtig. Einmal aufgestört, fliegen sie in schnurrendem, leicht welligem Flug einige 100 m weit davon und entziehen sich der Beobachtung.

Strände aus gelblichem Sand mit vorgelagerten Sandinseln und Strandlagunen entstanden, die von den Urlaubern intensiv genutzt werden. Der windabhängige Sandtransport im Isthmus-Gebiet ist allerdings durch die Hotel- und Bungalowsiedlungen und die umgebenden Baumbestände aus Kasuarinen, Mimosen, Oleander und anderen fremden Gehölzen nachhaltig gestört worden.

An der Nordostküste von Fuerteventura gibt es hinter den Stränden eine weitere Attraktion: die ausgedehnten Sanddünen. Der Nordwind bläst den Sand vom Meer her landeinwärts und häuft ihn zu Dünen auf. Das Gebiet **Jable de Corralejo** ist zusammen mit der kleinen **Insel Lobos** mit einer Fläche von 2482 ha zum Naturpark erklärt worden. Es hat von der Europäischen Gemeinschaft den Status eines Besonderen Schutzgebietes erhalten und ist vom Internationalen Rat für Vogelschutz und anderen Institutionen zu einem für die Vogelwelt besonders wichtigen Gebiet erklärt worden.

Südwestlich von Lajares, einem kleinen Dorf zwischen La Oliva und El Cotillo, erstreckt sich über endlose Quadratkilometer ein hügeliges sandig-steiniges Halb-wüstengebiet von eigenartigem Reiz, ge-nannt Jable de Lajares. Es umfaßt ein etwa 2700 ha großes, für die Vogelwelt beson-ders wichtiges Gelände, in dem die Jagd untersagt ist.

Unmittelbar nördlich des Ortes La Oliva im Zentrum des Nordteils von Fuerteven-tura liegt der Berg **Arena** (oder **Montaña de los Santos**, 420 m). Ringsum erstreckt sich auf großer Fläche ein altes Malpaísfeld. Das Gebiet ist von der Regionalregierung zum Naturpark erklärt worden.

Pflanzen und Tiere

Halbinsel Jandía

An der Piste zwischen **Morro del Jable** und dem Leuchtturm **Faro de Jandía** gibt es auf große Strecken steinige, mehr oder weni-ger flach auslaufende Hänge aus dem Ver-witterungsschutt der darüber aufragenden flechtenbewachsenen Felswände. In der weitläufigen Geröllwüste kommen an ei-nigen Stellen auf Meereshöhen von nicht mehr als 150 m Bestände der seltenen **Jan-día-Wolfsmilch** vor. Die Pflanze erinnert an die größere Verwandte, die Kandelaber-wolfsmilch, die aber die höheren felsigen Lagen bevorzugt. Erstere ist ungleich stachliger. Das Dramatische an ihr ist, daß sie natürlicherweise nur noch in dieser Zone auf der Halbinsel Jandía auf Fuerte-

ventura angetroffen werden kann. Es ver-steht sich von selbst, daß der Besucher Distanz zu diesen ungewöhnlichen und stattlichen Pflanzen hält: Anschauen und Fotografieren immer – Mitnehmen nie! Im Botanischen Garten auf Gran Canaria kann man sie inzwischen aus Gewebepro-ben auf Nährlösung im Reagenzglas züch-ten, was aber nicht eine genetisch vielfälti-ge freilebende Population ersetzt.

Es darf als besonderer Glücksfall betrach-tet werden, daß die Jandía-Wolfsmilch ge-genüber den Ziegen durch Stacheln und giftigen Milchsaft gut geschützt ist. Die übrigen in diesem Lebensraum vorkom-menden Pflanzen stehen dafür unter Wei-dedruck. Der Bocksdorn ist trotz seiner Dornen meist stark verbissen, obwohl er zur Familie der Nachtschattengewächse gehört, die im allgemeinen über giftige Al-kaloide verfügen. Ebenso sind Gräser und einige krautige Pflanzen stark abgeweidet. Als mäßig verbissen erweist sich der Dorn-lattich (S. 76), der offenbar selbst den Zie-gen manchmal zu dornig ist. Ohne Verbiß

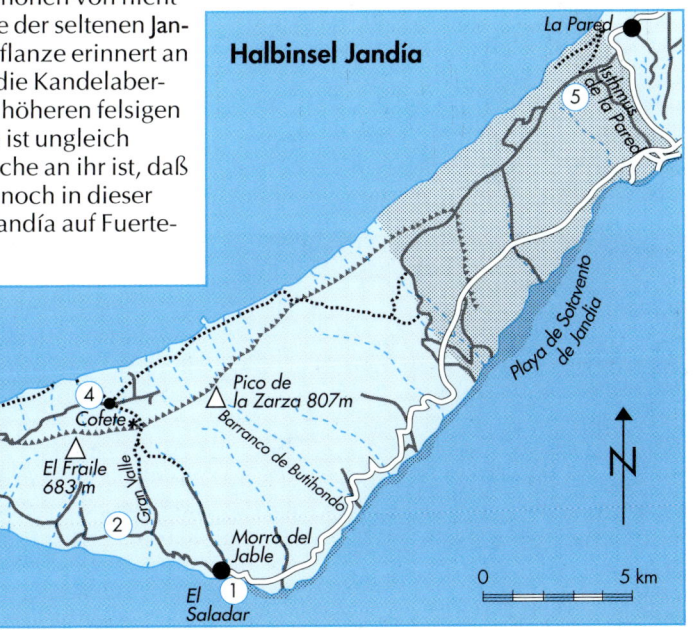

Halbinsel Jandía

La Pared

5

Istmus de la Pared

Playa de Sotavento de Jandía

Pico de
la Zarza 807m

4
Cofete

Barranco de Butihondo

El Fraile
683 m

Gran Valle

3
Faro de
Jandía

2

Morro del
Jable

1

El
Saladar

N

0   5 km

Der Istmo de la Pared ist Lebensraum für seltene und interessante Vogelarten, z.B. das Sandflughuhn (kleines Foto).

bleiben außer der Wolfsmilch nur der kleine Affodill *Asphodelus tenuifolius* (giftig!) und der Wilde Tabakbaum (S. 76; Nikotin, giftig!) .

Besonders in der Nähe des Müllplatzes von Morro Jable beobachtet man neben den zahlreichen Weißkopfmöwen viele Kolkraben (S. 79), die sich auch von Aas in der Nähe bewohnter Siedlungen ernähren. Sie sind vorsichtig, weil sie von den Einheimischen bejagt werden. Ab und zu taucht ein Schmutzgeier (S. 133) auf. Hier findet man den Kanarenpieper (s. S. 32) und auch den Wiedehopf. Dieser hübsche und populäre Vogel hält sich oft in der Nähe menschlicher Behausungen auf, ist aber sorgsam darauf bedacht, sein Nest in einer Höhlung nicht zu verraten. In den wüstenhaften Gebieten nahe dem Leuchtturm sind gelegentlich Sandflughühner zu sehen. An der Küste treten zuweilen Fischadler auf, die allerdings hier nicht mehr brüten.

In den tieferen Zonen, vor allem im Kulturland, lebt der im vorigen Jahrhundert eingeführte Wanderigel. Er kommt auch in Nordafrika und im westlichen Mittelmeergebiet einschließlich der Balearen vor. Nicht selten findet man totgefahrene Igel auf den Straßen.

Bei dem Ort **Morro del Jable** gibt es eine großflächige, hinter dem Strand gelegene Salzwiese, wo in dichtem, etwa knieho-

Die Medusenhauptwinde - ein Kugelbusch der Halbwüste. Sie kommt nur hier und im Südosten Gran Canarias vor.

Senecio leucanthemifolius var. *falcifolius*, eine der schönsten Greiskrautarten der Kanaren, eine Salzpflanze.

hem Bestand sattgrüne Salzpflanzen stehen. Darunter dominieren Gänsefußgewächse, vor allem eine verholzte Art mit Sproßsukkulenz (*Arthrocnemum fruticosum*), die mit dem Queller unserer Nordsee-Salzwiesen verwandt ist. Die Region bis hin zu einem 1992 im Bau befindlichen Leuchtturm nahe der Ortschaft ist zum Parque Natural »El Saladar« ernannt worden und steht unter Schutz.

Jable Istmo de La Pared
Die Küste südlich des Istmo de La Pared war ursprünglich eines der bevorzugten Rastgebiete überwinternder oder durchziehender Watvögel auf Fuerteventura. Es handelt sich vorwiegend um Sand-(S. 143), See- und Kiebitzregenpfeifer, Sanderling, Alpenstrandläufer, Pfuhlschnepfe und Regenbrachvogel. Leider finden die Vögel heute wenigstens tagsüber kaum ein ungestörtes Plätzchen an der Küste.

An der Landenge durchquert man eine beeindruckende, leicht hügelige **Halbwüste**, in der auf riesigen, mit gelbem Sand und Steinen bedeckten Flächen ein schütterer Bewuchs von Zwergsträuchern gedeiht. Das Gebiet wird durch weidende Ziegen und durch viele Touristen, teils auch mit Geländewagen gestört, ist aber von der Jagd ausgenommen. Es ist eines der sechs Speziellen Schutzgebiete der EG auf den Kanaren. Wind, Sand und Weidedruck sind die Faktoren, die die Lebensgemeinschaft prägen. Der häufigste Strauch ist wieder der afrikanische **Dornlattich**. Er ist nicht nur durch Dornen, sondern auch durch unangenehmen Geruch gegen Tierfraß geschützt. Er bildet unter günstigen Bedingungen ein paar Blätter, wirft diese aber bei Trockenheit bald wieder ab. Er ist auch in vieler anderer Hinsicht ein wahrer Lebenskünstler.

Der Korbblütler *Reichardia tingitana* erinnert mit seinem Namen an die nordafrikanische Verbreitung (Tanger).

Das Nordafrikanische Erdhörnchen hat, seit 1965 ein Paar ausgesetzt wurde, fast die ganze Insel erobert.

Ziegen

Schon seit den Zeiten der Ureinwohner, die sich in Fell oder Leder kleideten, gibt es zahllose Ziegen auf den Inseln. Diese Pflanzenfresser stellen jedoch eine Geißel der natürlichen Vegetation dar, weil sie Generalisten sind: Sie fressen zwar auch »Ungenießbares« wie Baumheide, Disteln und Abfälle aus der Bananenkultur, jedoch bevorzugen sie frisches junges Grün. Sie lassen vor allem keinen Wald aufkommen. Dazu sind sie ausgesprochen geländegängig. Sie stellen eine drastische Konkurrenz für heimische Pflanzenfresser dar. Heute werden Ziegen in freilaufenden Herden gehalten, aber auch in Ställen. Überall auf den Kanaren sieht man gegen Abend Menschen große Pakete frisch geschnittenen Ziegenfutters nach Hause tragen. Eine gute Milchziege gibt pro Tag 3 – 3,5 l Milch. Aus 5 – 6 l Milch kann man 1 kg wohlschmeckenden Ziegenkäse herstellen. Auch das Fleisch junger Ziegen ist zart und lecker. Kein Wunder, daß diese Tiere sich so großer Beliebtheit auf den Inseln erfreuen.

Die Kombination von Überlebensstrategien, über die er verfügt, hat er in der afrikanischen Halbwüste entwickelt. Und obwohl er das gemeinste stachlige Unkraut zu sein scheint, kann das Geflecht seiner dreidimensional im Raum angeordneten Sprosse und Dornen mit den gelben Blütchen kunstvoll wirken (S. 76). Etwa jedes hundertste Exemplar ist von einem pflanzlichen Parasiten befallen, der mit dem Wirt recht rabiat umgeht. Ganze Büsche sind von dem hellbräunlichen, fädigen Geflecht aus Sprossen der Seide *Cuscuta approximata* überwuchert, einem blatt- und pigmentlosen Vollparasiten aus der Familie der Windengewächse.

Ein seltener Endemit, der ebenfalls der Familie der Windengewächse angehört, fällt als dichter kissenartiger Zwergstrauch bis 30 cm Höhe auf. Die Enden der Sprosse sind zu Dornen ausgezogen. Zwischen den graufilzigen Blättchen stehen im Frühjahr kleine Windenblüten. Die Art heißt Medusenhauptwinde und ist nur in diesem Gebiet auf Fuerteventura und lokal im Südosten Gran Canarias gefunden worden.

Ein weiterer dorniger Strauch mit dunklem Laub und gelben Schmetterlingsblüten ist die Gelbe Hauhechel.

Zwischen den Sträuchern wachsen eine Menge krautiger Pflanzen, so der Zwergheliotrop mit weißen Blütenwickeln, das häufige Schneeweiße Nagelkraut, der kleine Rachenblütler *Kickxia*, gelb blühender Hornklee mit flach ausgebreiteten Sprossen und *Frankenia ericifolia* mit kleinen roten Blütensternen. Als eine einkeimblättrige Pflanze fällt das Liliengewächs *Dipcadi serotinum* auf, hier allerdings mit sehr kurzen Blütenstielen, an denen nach der Blüte kräftige Fruchtkapseln stehen.

Wenn im Frühjahr alle Pflanzen blühen, summt es auch von Insekten: Wildbienen, Grab- und Faltenwespen, Dolchwespen, Wollschweber, viele Fliegenarten. Honigbienen und Hummeln wird man allerdings hier ebenso wie auf Lanzarote vergeblich suchen. Mehrere Ameisenarten beleben den Boden. Die häufigen Ostkanareneidechsen (S. 146) sind hier hell sandbraun gefärbt und fast ohne Zeichnung. Sie huschen allerdings so schnell von Strauch zu Strauch, daß man sie kaum zu Gesicht bekommt. Unter einem Stein verborgen oder auch am Strand kann man manchmal den Fuerteventuragecko, eine für Lanzarote und Fuerteventura endemische Art, antreffen. Kaninchen sind auch hier häufig. Manche scheinen sich nicht einmal eine Höhle zu graben, sondern ruhen ähnlich wie Feldhasen in einer Sasse unter einem dichten Strauch.

Das Gebiet ist berühmt wegen seiner Vogelwelt. An Kleinvögeln kommt hier in Mengen die Stummellerche vor, daneben der Kanarenpieper und der Wüstengimpel (S. 147). Im Barranco fliegt die Brillengrasmücke von Strauch zu Strauch. Die größeren Vögel wie Kragentrappe, Rennvogel und Triel sind heimlich und halten sich am Boden verborgen. Nur Sandflughühner kann man paar- oder truppweise fliegen sehen. Sie haben hohe Fluchtdistanzen und fliegen, einmal aufgescheucht, kilometerweit davon. Das Sandflughuhn hat geradezu unglaubliche Anpassungen entwickelt. Die Männchen tragen ihren noch nicht flüggen Jungen im speziell ausgebildeten Bauchgefieder Trinkwassser zu, das sie jeden Morgen an einer entfernten Wasserstelle holen. Wahrscheinlich steht die Population im Austausch mit den Artgenossen in der Sahara.

Dünen von Corralejo

Während die hohen Dünen kahl sind, wächst in den Dünentälern eine lockere Strauchvegetation, umgeben von einer Kampfzone am Dünenfuß, wo nur Spezialisten überleben. Die Frontstellung nimmt die kleine Strandwolfsmilch (S. 144) ein. Ein etwa 10 cm hohes Zypergras (*Cyperus kalli*) ist gleichfalls Pionierpflanze. Die kniehohe Vegetation in den Dünentälern wird vorwiegend von der Gelben Hauhechel mit ihren sparsam verteilten Schmet-

Die Urnennester der Pelzbienen bedecken den Sandboden.

terlingsblüten gebildet, die auch in Mitteleuropa auf Trockenrasen vorkommt. Außerdem wachsen hier das keulenblättrige Jochblatt und die üblichen Gänsefußgewächse. Dazwischen findet sich das unverwüstliche Schneeweiße Nagelkraut. Der besondere Wert des Gebietes liegt im Vorkommen seltener und gefährdeter Brutvogelarten: Kragentrappe, Triel, Rennvogel, Sandflughuhn, Stummellerche und Wüstengimpel. Der Rennvogel ist allerdings in jüngerer Zeit nicht mehr gesehen worden. An Singvögeln kommen Brillengrasmücke und Kanarenpieper vor. Außerdem gibt es reiches Insektenleben, vor allem Fliegen und Hautflügler. Wo fester Sandboden freigeweht ist, liegen massenweise die subfossilen Urnen der Pelzbienen, teils noch vollständig, teils zertrümmert. Dazwischen gibt es zahllose leere Gehäuse der Landschnecke *Theba pisana*. Die lebenden Schnecken halten gruppenweise an Pflanzenstengeln Trockenschlaf.

Halbwüste bei Lajares

In diesem Gebiet ist die Vegetation dürftig oder fehlt fast ganz. Nur in den wenigen Barrancos stehen alte stämmige Afrikanische Tamarisken. Im Frühjahr suchen die Einheimischen im Gelände nach einem

Pilz, den sie »truffa« (Trüffel) nennen. Es handelt sich um kugelige Fruchtkörper eines Schlauchpilzes, der auf Sonnenröschenwurzeln parasitiert und als Delikatesse hochgeschätzt wird.

In der lockeren Strauchschicht ist wie üblich der Dornlattich die häufigste Form, gefolgt von der Gelben Hauhechel. Auch kleine Polster rosa blühender *Frankenia* sind verbreitet. Auffallend sind einige einkeimblättrige Pflanzen aus der Familie der Liliengewächse. Das kleine *Androcymbium psammophilum* steht in Mengen auf Sandflächen: Eine Rosette spitz ausgezogener Blätter liegt dem Boden auf. Die

Der Wiedehopf ist ein häufiger und auffälliger Vogel, verhält sich in Nestnähe aber sehr vorsichtig.

Im Malpaís bei La Oliva, ehemaligem Kulturland, hat sich eine artenreiche Trockenvegetation angesiedelt.

Fruchtkapseln verbergen sich an ihrem Grund. Das grazile *Dipcadi serotinum* ist seltener zu finden. In der Krautschicht herrschen Zwergheliotrop, die gelb blühende *Reichardia tingitana* und der kleine Wegerich *Plantago aschersonii* mit gezähnten Blättern vor. Als Besonderheit tritt lokal der kriechende Schultz-Goldstern (S. 141) auf, ein Korbblütler.
Für die heimliche Kragentrappe und das unstete Sandflughuhn bestehen hier wichtige Vorkommen. Außerdem werden Triel,

Der Fuerteventura-Gecko lebt nur auf den Ostinseln.

Rennvogel, Stummellerche und Wüstengimpel angegeben. Zusätzlich kommen Schmutzgeier (S. 133), Mäusebussard, Turmfalke, Felsenhuhn, Raubwürger, Kanarenpieper, Brillengrasmücke und Kolkrabe vor, also alle gängigen Vogelarten. Die meisten trifft man aber nicht auf den vegetationsarmen Ödflächen, sondern in den strukturenreicheren Barrancos an.
Ein auffälliges Insekt ist die kleine Blattkäferart *Chrysolina sanguinolenta* mit schwarzen gehämmerten und orangefarben gesäumten Flügeldecken. Die Käfer sitzen häufig offen auf Grasbüscheln und fressen dort. Es scheint, als nützen sie eine

Dipcadi serotinum ist eine hübsches kleines Liliengewächs, das auch auf sehr trockenen Böden gedeiht.

Die Kragentrappe

Von der seltenen Kragentrappe lebt nur auf Fuerteventura und auf Lanzarote eine Unterart namens *fuerteventurae*. Die scheuen Vögel stehen in der Roten Liste der Kanarischen Landwirbeltiere und bedürfen dringend des Schutzes, seit sie nach der Mitte dieses Jahrhunderts stark zurückgegangen sind. Gefährdung und Störung gehen vor allem von Manövern und privaten Geländefahrzeugen aus. Man rechnet derzeit mit einem Bestand von 250 – 300 Tieren. Angesichts dieser Situation hat die Kanarische Generaldirektion für Umwelt und Naturschutz ein Programm zur Erhaltung der Art in Gang gesetzt. Auf Fuerteventura sind auf der Halbinsel Jandía, bei Lajares und bei der Lagune von Tesjuate Schutzgebiete mit einer Ausdehnung von insgesamt 6000 ha ausgewiesen worden. Außerdem wird der schwierige Versuch unternommen, die Art zum Zweck der Wiederansiedlung in menschlicher Obhut nachzuzüchten. Wichtig wäre es, große Gebiete zum Schutz der Population und ihres Lebensraums völlig zu sperren. Als Gast auf der Insel sollte man vermeiden, die Vögel zu suchen oder zu stören. Es bedeutet schon einen Glücksfall, die gut getarnten und kaum je von selbst auffliegenden Trappen am Boden zu entdecken.

Sie ernähren sich von pflanzlicher Kost, fressen aber auch viele Insekten. Im Januar und Februar ist die Zeit der Balz. Dann steht der Hahn zuweilen wie ein weiß blühender Blumenstrauß auf einer Anhöhe und demonstriert seinen Revieranspruch.

Warntracht zur Abwehr insektenfressender Feinde. Auf offenen Sandflächen liegen zu Tausenden die Urnen von Pelzbienen, wohl subfossil und durch Wind und Wasser freigelegt. Hier findet man auch Mengen leerer weißer Schneckenhäuser der Art *Theba pisana*.

Malpaís bei La Oliva

Unmittelbar nördlich des Ortes La Oliva gibt es alte Ströme von Schollenlava, die von dem längst erloschenen Vulkankegel des Arena ausgegangen sind. Hier ist die pflanzliche Besiedlung weit fortgeschritten. In den ehemals intensiv durch Kulturen genutzten Flächen stehen allenthalben noch die 1 m hohen Begrenzungsmauern. Das Gebiet wirkt auf die Ferne hellgrün, vor allem durch die Flechten, die Mauern und Felsen als dichter Rasen bedecken. Als Kulturpflanzen findet man eingestreute Agaven zweier Arten und Opuntien. Auch der Wilde Tabak steht überall. Unter den dornigen Sträuchern dominieren Dornlattich, Bocksdorn und der kletternde Krapp mit seinen harten stachligen Blättern. Hinzu kommt der äußerst stachlige, verholzte, hüfthohe Spargel der Art *Asparagus stipu-*

laris, ein Endemit von Fuerteventura und Lanzarote. Daneben stehen viele Individuen der König-Juba-Wolfsmilch (S. 105), die im Frühjahr leuchtend gelbgrün blühen, sowie der sukkulente »Verode« (S. 40). In der Krautschicht dominieren neben dem weißblühenden Zwergheliotrop Polster gelbblühenden Hornklees. Die Liliaceen sind mit zwei Affodill-Arten vertreten, dem großen Kleinfrüchtigen Affodill (S. 99) und dem zartblättrigen *Asphodelus tenuifolius*. Dazwischen findet sich auch der eingeschleppte Gelbe Sauerklee (S. 22). Verborgen in Felsspalten oder auf offener steiniger Fläche steht gruppenweise eine der ausgefallensten Pflanzen der Insel. Es ist die für Lanzarote und Fuerteventura endemische, selten gewordene Fliegenblume, ein Schwalbenwurzgewächs. Sie hat sich an das Wüstenklima mit den gleichen Mitteln angepaßt wie die Kandelaberwolfsmilch (S. 43). Ihre bis etwa 20 cm hohen Sprosse sind blattlos und kakteenartig sukkulent. Im Dezember trägt sie neben den unscheinbaren Blüten auch winzige Blätter. Die paarigen hornförmigen Fruchtkapseln fallen im Frühjahr auf. Sie platzen später, so daß die Samen vom Wind vertrieben werden. Obwohl die Fliegenblume sich durch giftige Glycoside gegen Tierfraß schützt, nimmt sie bedenklich ab und sollte geschont werden.

Wie die Pflanzenwelt ist auch die Tierwelt des Malpaís reichhaltig. Zur Blütezeit der meisten Pflanzen im Spätwinter schwirrt und summt es von Insekten, insbesondere von vielen verschiedenen Bienenarten und anderen Hautflüglern. An Singvögeln kommen Brillengrasmücken und Kanarenpieper vor, auch Kolkraben lassen sich sehen. An den Mauern sonnen sich Eidechsen. Es handelt sich um die Fuerteventura-Unterart *mahoratae* der Ostkanareneidechse (S. 146). Die Tiere sind klein: die Männchen werden höchstens 22,5 cm, die Weibchen 18,5 cm lang. Auch die grünlich-blauen Flecken an der Flanke der Männchen sind unauffällig.

Im Gebiet hat sich auch das lebhafte Nordafrikanische Erdhörnchen von der benachbarten afrikanischen Küstenregion angesiedelt, ein in steinigem Gelände lebender, knapp eichhörnchengroßer Nager, der sich von pflanzlicher Kost ernährt. Im Jahre 1965 wurde in Pajara ein einziges Paar freigesetzt. Sie haben sich inzwischen massenhaft vermehrt und auf der ganzen Insel ausgebreitet. Die sozialen Tiere sind lebhaft und possierlich und stellen eine Attraktion für den Beobachter dar. Grundsätzlich sind solche Faunenverfälschungen aber keineswegs zu begrüßen.

Im Gebiet unterwegs

Um vom Nordteil der Insel zur <u>Halbinsel Jandía</u> zu gelangen, benötigt man mit dem Wagen mindestens 2 Stunden. Die Küstenstraße von Tarajalejo bis **Morro del Jable** ist gut ausgebaut und viel befahren. **El Saladar** ① liegt direkt am Strand. Jenseits des Ortes gibt es Pisten, die teils im Ausbau sind. Die Strecke ② zum **Faro de Jandía** ③ ist relativ eben. Nach etwa 12 km zweigt rechts eine Bergstrecke ab, die an ihrem Ende den Weiler **Cofete** ④ und schließlich die Nord-

Selten geworden auf den Ostinseln ist die Fliegenblume.

biet. Doch passiert man das Lavafeld auch auf der Straße von La Oliva nach Lajares.

Praktische Tips

Anreise
Fuerteventura hat einen kleinen Flughafen und wird von Mitteleuropa aus regelmäßig angeflogen. Es bestehen auch Flugverbindungen zum spanischen Festland und zu anderen Kanarischen Inseln. Der Flughafen liegt an der Ostküste unweit der Hauptstadt. Zwischen Playa Blanca an der Südspitze von Lanzarote und Corralejo im Norden von Fuerteventura verkehren zwei Autofähren. Von Corralejo aus werden mit kleinen Personenfähren, aber auch mit Glasboden-Booten Ausflüge zur Insel Lobos angeboten. In deren Boden sind beidseitig am Grunde eines Schachtes Fenster mit Sicht zum Meeresboden angebracht.

Verkehrsverbindungen
Daten über Busverbindungen sind in Reisebüros und in einer Tankstelle in Corralejo angeschlagen, aber nicht vervielfältigt zu erhalten. Es gibt 9 Linien. Die meisten Verbindungen bestehen von Puerto del Rosario aus: nach Morro Jable (4x täglich), Vega Rio Palma (2x), Caleta Fuste (12 x), Corralejo (5x), El Cotillo (2x). Ferner gibt es zwei Linien (1x, 2x) zwischen Pájara und Morro Jable sowie eine zwischen Costa Calma und Morro Jable (1x). Fuerteventura empfiehlt sich wegen der im allgemeinen geringen Steigungen zum Fahrradfahren.

Unterkunft und Verpflegung
Unterkunft in Hotels und Bungalows bzw. Appartements muß im allgemeinen vorher gebucht werden. Individualisten können im alten Ortskern von Morro Jable, vielleicht auch in La Pared nach privater Unterkunft fragen. Restaurants gibt es in großer Zahl in den Urbanisationen. Kleine abgelegene Restaurants bestehen z. B. in der Fischersiedlung am Faro de Jandía und in Cofete.

küste erreicht. Ein wirklich lohnender Ausflug!

Zur Halbwüste beim Istmo de La Pared gelangt man, indem man von der Küstenstraße Richtung La Pared abbiegt. Nach etwa 3,5 km erreicht die Straße ihren höchsten Punkt. Hier zweigen Pisten westwärts ins Gebiet ab ⑤. Man sollte sie zu Fuß benutzen.

Zu den Dünen bei Corralejo ⑥ führt von Corralejo aus eine gut ausgebaute, mit breiten Parkstreifen versehene und ständig sandüberwehte Straße am Strand entlang südwärts in Richtung Puerto del Rosario. Die Halbwüste von Lajares ⑤ erreicht man, indem man von La Oliva aus Richtung El Cotillo fährt. Am Beginn der neu ausgebauten Straße zweigt nach links eine Piste ab, die weiter westlich auch El Cotillo erreicht. Um zum Malpaís bei La Oliva ⑧ zu gelangen, fragt man sich am besten zu dem am nördlichen Ortsrand von La Oliva liegenden ICONA-Haus durch. Direkt dahinter beginnt rechts und links der Piste das Ge-

Lanzarote

Lanzarote ist die nördlichste der sieben Kanaren. Sie liegt dem afrikanischen Festland fast genau so nahe wie die Nachbarinsel Fuerteventura. Die Nähe Afrikas macht in vieler Hinsicht ihren spröden landschaftlichen Reiz aus.

Die Insel ist etwa 60 km lang und erreicht eine Breite von kaum mehr als 20 km. Sind die westlichen Kanaren gebirgig, so wirken die beiden Ostinseln trotz mancher steiler Vulkankegel und Barrancos eher hügelig. Lanzarote steigt nahe seiner Nordspitze in den **Peñas del Chache** auf nicht mehr als 670 m an. Daher kann der Passat fast ungehindert über die Insel streichen. Die Passatwolke ist eine eher seltene Erscheinung. Die wenigen Niederschläge konzentrieren sich auf die Monate Dezember und Januar. Sie erreichen kaum 200 mm pro Jahr, nur an den Peñas del Chache liegen sie über 250 mm. Das Klima ist arid und die natürliche Vegetation

steppen- oder wüstenhaft. Abgesehen von Baumpflanzungen in den Ortschaften und einigen Beständen von hier nicht heimischem Eukalyptus fehlt der Wald. Auch die typische Strauchvegetation ist niedrig und schütter, so daß die steinige Oberfläche fast überall bloßliegt.

Relativ junger Vulkanismus beherrscht das Gesicht dieser Insel mehr als es bei den anderen der Fall ist. »Isla de los Volcanes« – Insel der Vulkane – wird sie deshalb genannt. Ein großes Gebiet solch junger Vulkanlandschaft im Südwesten der Insel ist als Nationalpark geschützt. Doch auch anderswo sind im Zusammenwirken von Vulkanismus, Verwitterung, Sonne und Meer die unglaublichsten Landschaften entstanden: Riesige, ebene oder leicht geneigte Flächen mit schütterer Vegetation, Berge aus schwarzer vulkanischer Asche, Lavaplatten, von unerhörten Kräften zerbrochen.

Die Abhänge der Riscos de Famera sind für ihre Flora und Vogelwelt berühmt; im Hintergrund die Islotes.

Lanzarote war lange Zeit ein Geheimtip für Maler, Schriftsteller und Naturfreunde. Heute ist die Insel erschlossen und recht überlaufen. Durch die unermüdlichen Bestrebungen des 1992 verstorbenen, weltweit anerkannten Künstlers César Manrique ist es weitgehend gelungen, sie von Hotel-Hochhausbauten freizuhalten. Die weiß gestrichenen Häuser der Einheimischen haben sich das afrikanische Flachdach und eine andere Eigenheit bewahrt: Fenster- und Türrahmen, Geländer und Veranden aus Holz tragen einen dunkelgrünen Anstrich. Trotzdem sind die Urbanisationen im Bungalowstil in den letzten zehn Jahren an vielen Orten unaufhaltsam in die Breite gewachsen.

Die Insel baut sich um drei Gebirgsstöcke herum auf, die sich in Nordost-Südwest-Richtung erstrecken. Das Timanfaya-Gebiet im Westen besteht aus etwa 20 jungen Vulkanen. Die Berge um Haría im Norden sind viel älter und stark verwittert, nur der Vulkan **Corona** hat die Nordostspitze der Insel in jüngerer Zeit mit Malpaís zugedeckt. Durch den Süden erstreckt sich ein etwa 600 m hoher Bergzug. Die wesentlichen Straßen verlaufen ebenfalls in Nordost-Südwest-Richtung. An der Straße zwischen **Mozaga** im Inselzentrum und **Uga** im Südwesten reihen sich eigentümliche und charakteristische Weingärten: Jeder Weinstock wächst in einer etwa 1 m tiefen Mulde in lockeren schwarzen Lapilli und ist ringsum oder nur nordwärts durch ein halbrundes Mäuerchen gegen den Passat geschützt (s. S. 138).

Praktische Tips

Anreise

Lanzarote kann man per Flugzeug von Europa oder von den benachbarten Inseln aus erreichen. Der Flughafen liegt wenige Kilometer südlich der Hauptstadt Arrecife. Zwei Autofähren verbinden Lanzarote täglich achtmal mit Fuerteventura. Die Überfahrt von Playa Blanca im Süden von Lanzarote nach Corralejo an der Nordspitze von Fuerteventura dauert etwa 35 Minuten. Preisgünstige Tagesausflüge werden angeboten. Vom Hafen Orzola an der Nordspitze von Lanzarote aus erreicht man mit der Personenfähre die Insel Graciosa. Man kann auch ein Boot mieten, um die Insel Alegranza zu besuchen.

Verkehr

Die **Straßen** sind im allgemeinen gut ausgebaut. Besonders in Arrecife und Umgebung ist der Autoverkehr gefürchtet. Auf dem Lande benötigt man eine genaue Straßenkarte, weil es oft weder Ortsschilder noch Wegweiser gibt. Den Straßen fehlen zuweilen Mittel- und Randstreifen. Informationen über die **Buslinien** bekommt man in den Reisebüros. Alle Busse verkehren von oder nach Arrecife. Ganztägige Verbindungen gibt es nur zwischen Arrecife und Puerto del Carmen. Alle anderen Linien verkehren sporadisch. Taxis gibt es fast überall. Die offiziellen Preise sind angeschlagen.

Unterkunft

Private Unterkunft ist zeitweise nicht leicht zu finden und teuer. Appartements gibt es z. B. in Arrecife, Puerto del Carmen, Orzola, bei La Caleta und in Playa Blanca im Süden. Das Essen in den Restaurants ist ebenfalls nicht billig, besonders in den touristischen Zentren.

Museum

Lanzarote hat wie die anderen Inseln eine vorspanische Geschichte. Einen Eindruck davon kann man in dem von dem Heimatforscher Juan Brito aufgebauten kleinen Museum im Fort Castillo de San Gabriel im Hafen von Arrecife gewinnen (1992 Eintritt 50 Ptas., wochentags zwischen 9 und 14.45 Uhr). An der Mole kann man hier auf kleinen Felsinseln und im Felswatt stets viele rastende Watvögel aus dem Norden sehen. Weiter draußen halten sich in wechselnder Zahl auch Seeschwalben auf.

18 Timanfaya und der Süden

Nationalpark mit 20 jungen Vulkanen und Kennzeichen noch lebenden Vulkanismus knapp unter der Erdoberfläche; geringe Vegetation; an der Küste große Saline, Rastplatz vieler Wasservögel, sowie El Golfo, ein halb im Meer versunkener Tuffkrater mit Lagune.

Noch zu Beginn des 18. Jh. war die Gegend des heutigen Timanfaya-Gebirges im Südwesten der Insel fruchtbares Kulturland, Timanfaya selbst ein blühendes Dorf mit einem alten, von den vorspanischen Ureinwohnern geprägten Namen. In den Jahren 1730-1736 und 1824 kam Unglück über das Land. Vulkanausbrüche verwüsteten das westliche Viertel der Insel fast vollständig.

Heute stellt das Timanfaya-Gebirge ein beeindruckendes Ausflugsziel für den Inselbesucher dar. Hier kann man dem Vulkanismus hautnah begegnen. Die **Montañas del Fuego** (Feuerberge) sind mit einer Fläche von 5107 ha seit dem Jahre 1974 Nationalpark. Zwei verschiedene Oberflächenformen bestimmen das Bild der Landschaft. Während man schon bei der Zufahrt endlose Ströme wüster Schollenlava durchquert, sind die konischen Vulkanberge in der Regel von vulkanischer Asche und Lapilli (s. S. 11) unterschiedlicher Farbgebung bedeckt. Lapilli können auch große Flächen zwischen den Kegeln einnehmen, z. B. im Valle de la Tranquilidad, dem Tal der Stille.

Am **Islote del Hilario**, dem Zentrum des Nationalparks, liegt eine abgeschlossene Blase glühenden Magmas knapp unter der Oberfläche. Hier werden von den Wärtern folgende Demonstrationen durchgeführt: In eine 2 m tiefe Höhlung mit einer Temperatur von etwa 250°C wird mit einer langen Gabel ein trockener Dornlattich-Busch geschoben, der sich nach wenigen Sekunden entzündet und lichterloh brennt. Auf einer Terrasse sind Metallrohre von etwa 15 cm Durchmesser 10 m tief in den Boden eingelassen, wo eine Temperatur von 400° C herrscht. Hineingeschüttetes Wasser verpufft mit geringer Verzögerung als 5-10 m hohe Dampffontaine. Rote Lapilli vom Rand der Terrasse fühlen sich in der Hand merklich heiß an.

Während der vom Nationalparkzentrum aus angebotenen Busrundfahrt gewinnt man atemberaubende Eindrücke von der Wildheit vulkanischer Oberflächenformen. Zerrissene Lavaschollen wechseln mit Aschekegeln, ein Krater öffnet sich 100 m tief. Ein weiter Ausblick reicht über eine monumentale Landschaft bis zum Meer hinunter, streicht über Vulkankegel, Lavaflüsse und einen mäandrierenden, tief in die Ebene hineingefressenen Lavastrom, heute eine leere Höhle. In einer solchen Höhle, die man durchfährt, meint man noch zu sehen, wie die flüssige Lava von den Simsen tropft – jetzt alles zur Bewegungslosigkeit erstarrt.

Der Schmutzgeier ist ein Charaktervogel Lanzarotes.

◄ Aschekegel, Malpaís und Lavaströme kennzeichnen das Bild der urtümlichen Vulkanlandschaft Timanfayas.

Das Dromedar kommt als Touristentragtier zu neuen Ehren. ►

Pflanzen und Tiere

Die jungen und genau datierten Lavaströme des Timanfaya-Gebietes stellen ein natürliches Laboratorium der Ökologie dar, in dem man die Abläufe pflanzlicher und tierlicher Besiedlung genau studieren kann. Die ersten Pflanzen, die die Malpaís-Regionen der frischen Lava erobern, sind anspruchslose Flechten, Symbiosen aus Pilzen und Algen. Eine graue krustige Art (*Stereocaulon vesubianum*) ist als Pionier am häufigsten. Sie trägt den Namen des Vesuv und ist weltweit besonders auf jungen Laven verbreitet. Eine gelbliche Bäumchenflechte vermag erst später Fuß zu fassen. Beide bedecken verwitternde Lavaoberflächen an manchen Stellen so dicht, daß diese auf die Ferne weiß oder gelblich wirken. Als dritte häufigere Form kommt die leuchtend orangefarbene Krustenflechte *Xanthoria parietina* hinzu. Sie ist ebenfalls ein Kosmopolit, bevorzugt aber Stellen, wo Stickstoff vorhanden ist. Auffallend ist, daß der Flechtenbewuchs sich in nordöstlicher Richtung orientiert. Insgesamt sind im Timanfaya-Gebiet mehr als 100 Flechtenarten, 5 Algenarten und ein gutes Dutzend Moose nachgewiesen worden. Von höheren Pflanzen sind 177 Arten gefunden worden. Dem Besucher begegnen vorwiegend der Dornlattich (S. 76), in einigen streng begrenzten Zonen auch die große Stechbinse (S. 115), die es auch im Mittelmeergebiet gibt. Stachlig bewehrte Blätter hat auch die mit den Brennesseln verwandte Mäusefalle (»Ratonera«), die man in kleinen Beständen findet. Weniger zu begrüßen sind die Felder

oder einzelnen Pflanzen verwilderter Begonien. Vielerorts hat sich auch der baumförmige Wilde Tabak (S. 76) angesiedelt. Die Einheimischen mögen ihn nicht. Sie nennen ihn »Tabacco moro« oder »Bobo« (= Blödkopf), wegen seiner Giftwirkung auch »Venenero«.

Flechten wie das graue *Stereocaulon vesubianum* sind die ersten Pflanzen, die die frische Lava besiedeln.

Vulkanausbruch auf Lanzarote

Chronist dieser Ereignisse war Don Andrés Lorenzo Curbelo, der Pfarrer von Yaiza. Hier Zitate aus seinem Bericht: »Am 1. September (1730) zwischen 9 und 10 Uhr abends öffnete sich plötzlich in der Nähe von Timanfaya, zwei Meilen von Yaiza entfernt, die Erde. Schon in der ersten Nacht erhob sich ein enorm hoher Berg aus den Tiefen des Untergrunds, und aus seiner Spitze stiegen Flammen auf, die 19 Tage lang loderten... Ein paar Tage später tat sich erneut ein Abgrund auf, und ein Strom von Lava ergoß sich über Timanfaya, Los Roques und einen Teil von Mancha Blanca. Die Lava breitete sich über diese Ansiedlungen hinaus weiter nordwärts aus, anfangs schnell wie Wasser, später mit geringerer Geschwindigkeit und zäh wie Honig... Die vulkanische Aktivität setzte sich auf diese Weise volle 10 Tage lang bis zum 28. Oktober fort, als plötzlich das Leben des Viehs der ganzen Gegend ausgelöscht wurde, erstickt durch giftige Ausdünstungen, die sich verdichteten und als Regen herabfielen. Am 30. Oktober war alles totenstill... Etwa Ende Juni 1731 waren alle Strände und die Westküste mit ungaublichen Mengen toter Fische aller Arten bedeckt, von denen einige bisher noch nie gesehen worden waren. Von Yaiza aus konnte man an der Westküste aus dem Meer in großen Mengen Dampf und Flammen aufsteigen sehen, begleitet von lauten Explosionen...«.
Die Einwohner der betroffenen Ortschaften verloren alles Hab und Gut. Die Leute von Yaiza flohen mit ihrem Pfarrer nach Gran Canaria, kehrten aber bald wieder zurück.

Wenn dünnflüssige Lava sich oberflächlich ausbreitet und schnell abkühlt, entstehen Bilder wie hier: Stricklava.

Die Tierwelt wirkt nach außen hin ärmlich, doch ist zu bedenken, daß die zahlreichen Wirbellosen einschließlich der Insekten sich der Beobachtung weitgehend entziehen. An Vogelarten treten paarweise Felsentauben und Kolkraben auf. Selten kann man auch den Schmutzgeier beobachten, von dem ein Paar im Gebiet brütet. Häufiger ist der Turmfalke. An Singvögeln läßt sich der ökologisch universelle Kana-

In Lavahöhlen scheint die Lava von der Decke zu tropfen.

renpieper sehen, in den Randregionen auch der altrosafarbene Wüstengimpel (S. 147) mit lackrotem Schnabel. Wühlspuren und Kotansammlungen belegen die Anwesenheit von Wildkaninchen. In Höhlen oder sonstwie verborgen hält sich die kürzlich erst entdeckte Kanarische Spitzmaus auf. Von den Kamelarten ist allein das Dromedar (das einhöckerige Kamel) als Haustier auf den Kanaren eingeführt. Die Art wurde wahrscheinlich schon im 4. oder 3. Jahrtausend v. Chr. in Arabien domestiziert, die ersten im 15. Jh. durch die normannischen Eroberer auf die Kanaren gebracht. Auf Lanzarote und Fuerteventura gab es zeitweise viele Tausende. Sie sind vor allem als Trag- und Zugtiere in der Landwirtschaft eingesetzt worden, ließen sich aber nur in geringem Maße züchten. Neuerdings werden sie wieder vermehrt als Tragtiere für Ausflügler angeboten.

Im Gebiet unterwegs

Die Einfahrt zum Nationalpark erreicht man entweder über Yaiza oder von Norden her von La Caleta über Tinajo und Mancha Blanca. An einer Schranke bezahlt man eine Gebühr von 800 Ptas. pro Person (1992). Dieser Preis schließt eine Busrundfahrt (»Ruta de los Volcanes«) ein. Innerhalb des Nationalparks ist es nicht erlaubt, die Straßen und befestigten Wege zu verlassen, außerhalb der Parkplätze anzuhalten und auszusteigen, auf Lava oder vulkanischer Asche herumzulaufen, Pflanzen, Mineralien oder Gesteine auf- oder mitzunehmen, Jagd auszuüben und Abfall fortzuwerfen. Ebenfalls ist Zelten und Kampieren untersagt. Daß man die Wege nicht verlassen darf, hat seinen Sinn: Fuß- oder gar Reifenspuren bleiben jahrzehntelang in den nur leicht vom Wind gewellten Lapilliflächen erhalten.
Schon bevor man von Yaiza her die eigentliche Parkzufahrt erreicht, passiert man den

vielbesuchten **Echadero de los Camellos** ①, von wo aus man auf dem Rücken eines Dromedars reitend in Karawane für 20 Minuten einen kleinen Ausflug am Südostabhang des Timanfaya unternehmen kann. Am Echadero gibt es außerdem – sorgsam im vulkanischen Boden verborgen – eine Bar, ein WC sowie ein Informationsbüro von ICONA und einen kleinen Ausstellungsraum mit Mineralien und vulkanischem Gestein. Hier beginnt auch eine kostenlose, von Mitarbeitern von ICONA geführte Wanderung in den Süden des Nationalparks (2–3 Stunden, festes Schuhwerk), wo ein nur unter Führung erlaubter Wanderweg »Senda de Tremesana« ② gebaut worden ist. Ein öffentlich zugänglicher Wanderweg von etwa 9 km Länge (etwa 5 Stunden) führt die dem Nationalpark zugehörige Küstenlinie ③ entlang. Auch für diesen Weg kann Führung vereinbart werden. Anmeldungen bei ICONA in Tinajo, Tel. 84 02 38, oder persönlich, werktags zwischen 8 und 15 Uhr.
Vom Parkeingang fährt man wenige Minuten in das Herz des Parks zum **Islote del Hilario** ④. Am Parkplatz beginnen zwischen 10.30 Uhr und 17 Uhr zwei- bis dreimal pro Stunde Busrundfahrten von 30 – 45 Mi-

Trockenfeldbau

Diese Technik der Feldbewirtschaftung stammt von Lanzarote, wird aber auch auf anderen Inseln angewendet, z. B. bei Vilaflor auf Teneriffa. Ein bestelltes Feld wird mit einer etwa 10 cm hohen Schicht grober vulkanischer Asche (Lapilli) oder ähnlichen Materials bedeckt. Handelt es sich auf Lanzarote teils um Dünensand (Jable), so verwendet man auf Teneriffa entweder graue (Jable) oder gelbliche Bimslapilli (Sahorra). Diese Abdeckung schützt den Boden vor Austrocknung durch Wind und Sonne. Sie speichert Tau und Regenwasser und gibt die

Feuchtigkeit allmählich wieder an den Boden und an die Luft ab. Bevor der Boden bearbeitet wird, muß allerdings die Auflage mühsam abgetragen, außerdem alle 10-12 Jahre erneuert werden. Der Boden wurde in früheren Zeiten und wird lokal auch noch heute mit einem einfachen Hakenpflug (»Arado romano«) aufgerissen. Diesem Trockenfeldbau (»enarenado«) stehen die üblichen Bewässerungsverfahren (»regadio«) gegenüber, bei denen viel wertvolles und teures Wasser verbraucht wird, besonders wenn man nicht moderne Verfahren verwendet. Auch kann man damit nicht so häufige Ernten erzielen.

Bei Masdache wächst jeder Weinstock in einer Mulde aus Lapilli, durch ein Mäuerchen gegen den Wind geschützt.

Am Islote del Hilario ist die Hitze des Magmas im Boden so groß, daß der trockene Dornlattich sich entzündet.

nuten Dauer. Die zurückgelegte Strecke ist 14 km lang. Im Bus gibt es stimmungsvolle Kassettenmusik und gesprochene Information auf Spanisch und Englisch zu den einzelnen Stationen des Vulkanismus.

Blick in die Umgebung

Salinas de Janubio

Verglichen mit den anderen Salinen der Kanarischen Inseln stellen die **Salinas de Janubio** ⑤ im Südwesten Lanzarotes wohl die größte Anlage zur Meersalzgewinnung mit Hilfe der Sonnenwärme dar. Eine ausgedehnte Bucht erstreckt sich zwischen steil abfallenden Felsen bis zum Meer. Sie ist gegen den Ozean hin durch einen etwa

Im vielfarbigen Tuffkrater von El Golfo liegt hinter dem Strandwall eine smaragdgrüne Lagune.

1 km langen hohen Strandwall aus dunklem Schotter und Sand abgeschlossen. Meerwärts folgt ein steil abfallender Sandstrand, auf den schwere Dünung aufläuft. Landeinwärts schließen sich Sand- und Schotterflächen sowie Salzwasserlagunen an. Die Landschaft ist stark durch Autospuren, Müll, verfallende Gebäude und Mauern gestört. Um die große Zentrallagune herum liegen landeinwärts zahllose unterschiedlich gefüllte und erhaltene Salinenbecken.

Unter dem Einfluß des Salzwassers hat sich ein breiter Gürtel von Salzpflanzen angesiedelt. Als interessanteste tritt teilweise direkt am Ufer der Lagune das strauchförmige Jochblatt auf. Die blaugrauen bis gelblichen Blätter sind flaschenförmig sukkulent und damit an den Salzgehalt des Untergrunds angepaßt. Die Art kommt auch auf den anderen Inseln meist nur an den Südküsten vor. An etwas trockeneren Stellen gedeiht auch der Dornlattich (S. 76).

Die Salinas de Janubio stellen für die Kanarischen Inseln einen der bedeutendsten Sammel- und Rastplätze durchziehender Watvögel dar. Sie sind u. a. vom Internationalen Rat für Vogelschutz zu einem der ornithologisch wichtigsten schutzwürdigen Gebiete der Kanaren erklärt worden. Hier kann man zu jeder Jahreszeit verschiedene, teils arktische Watvogelarten antreffen: Grünschenkel, Rotschenkel, Flußuferläufer, Sandregenpfeifer (S. 143), Kiebitzregenpfeifer, Steinwälzer (S. 148), Sanderling, Alpenstrandläufer, Stelzenläufer, Pfuhl- und Uferschnepfe. Als Brutvögel kommen vor: Seeregenpfeifer, Stummellerche, Wüstengimpel (S. 147; legt Nester in Mauerritzen an), Wiedehopf (S. 126) und Turmfalke (S. 103).

An Mauern und im Gesträuch sind sehr häufig kleine dunkle Ostkanareneidechsen in ihrer Lanzarote-Unterart (S. 146) anzutreffen, die meist bei Annäherung des Beobachters eilig verschwinden, manchmal auch ganz vertraut sitzenbleiben.

El Golfo

Die Straße von den Salinen nach El Golfo führt kilometerweit durch junge Schollenlava, die noch frei von jeglichem Bewuchs ist. Die wild zerrissene, brandungsumtoste Felsküste (Los Hervideros) kann von mehreren Aussichtpunkten aus betrachtet werden. El Golfo ⑥ ist das weite Halbrund eines meerseitig durch die Brandung geöffneten Tuffkraters. Er liegt etwa 6 km nördlich der Salinen von Janubio und ist von zwei Seiten her zu erreichen, von Süden her über den Charco de los Cliquos, von Norden her über das Fischerdorf Casas de El Golfo, jeweils die letzte Strecke von einem Parkplatz aus zu Fuß. Die welligen Tuffschichtungen des Kraterinneren verwittern stark. Die Tuffe wechseln ihre Farben von Schwarz über Braun und Rot nach Gelb (s. S. 12). Sie sind durch Ablagerung vulkanischer Glasformationen in Seewasser zu Palagoniten umgewandelt worden. Man spricht von einem palagonisierten Tuffring. Vom Meer her ist der Bucht ein hoher Strandwall aus dunklen Grobsanden vorgelagert.

Schwere faustdicke Knollen, auch in der Nachbarschaft, sind häufig mit Olivin angefüllt. Im Basalt und anderen gasarmen Lavaformen finden sich nicht selten solche daumennagel- bis faustgroßen Einschlüsse olivgrünlicher, wasserheller oder auch goldfarbener Kristalle, ein Silikatmineral, das als Halbedelstein gilt. Die Knollen werden von Einheimischen zum Kauf angeboten. Für die Verarbeitung hat sich eine lokale Schmuckindustrie gebildet.

Im Inneren des Golfo-Kraters liegt eine sichelförmige Lagune mit wechselndem Wasserstand. Ihr Wasser ist durch eine dichte Population planktischer Algen leuchtend grün gefärbt. Darin schwimmen einige große Meeräschen, die sich als Planktonfresser hier halten. Die Lagune ist durch ein Seil für das Publikum abgesperrt. Strömungsspuren im Strandwall zeigen, daß manchmal bei Hochwasser Wellen hineinschlagen.

Bei Famara zum Meer abfallender Steilhang mit zahlreichen endemischen Pflanzen und reicher Brutvogelwelt; im Osten ein botanisch interessantes Trockental; gut erschlossene Vulkanhöhlen mit einem pigmentlosen Höhlenkrebs; Insel Graciosa mit Sandstrand, Dünen sowie Pflanzen und Tieren der Küste.

Die höchste Erhebung Lanzarotes bei den **Peñas del Chache** ist Teil eines alten vulkanischen Bergrückens, der den Nordteil der Insel durchzieht. Dieser Kamm stürzt in einem Steilhang nordwestwärts ins Meer hinab. Das Gestein ist brüchig und stark verwittert. Deshalb hat sich zwischen Steilhang und Meer am Hangfuß mit sanft abnehmendem Gefälle eine riesige Geröllhalde gebildet. Das Gebiet mitsamt den darüber stehenden steilen Wänden nennt man **Riscos de Famara**. Es ist Teil eines Naturparks. Von hier aus hat man Ausblick auf die Inseln Graciosa, Montaña Clara und Alegranza. Nach Südwesten dehnt sich die weite Bucht von Famara. Von dem Dorf Guatiza aus erstreckt sich in nordwestlicher Richtung auf die Peñas del Chache zu der tief eingeschnittene **Barranco de Teneguime** in die Berge hinein. In seinem unteren Teil gibt es noch Terrassen, Kulturpflanzen wie Feigenbäume, Mandelbäume, je zwei Arten Agaven und Opuntien und den unvermeidlichen Wilden Tabak. Weiter drinnen tritt der menschliche Einfluß zurück. Allerdings wird gleichzeitig auch die Fruchtbarkeit des Bodens und damit der pflanzliche Formenreichtum geringer. In der Tiefe des abgelegenen Tales herrscht hörbare Stille. Nördlich von Guatiza liegt **Jameos del Agua**, eine riesige vulkanische Höhle. Ihr

Dach ist an mehreren Stellen eingestürzt. Sie wurde nach Plänen von César Manrique zu einer publikumswirksamen Anlage ausgebaut, mit einem Restaurant, einem Schwimmbecken und einem beeindruckenden Konzertsaal.

Zum gleichen Höhlensystem gehört die benachbarte kilometerlange **Cueva de los Verdes**, die man ebenfalls besichtigen kann. Die Höhlen sind zur Zeit des Ausbruchs des Vulkans Corona durch Lavaströme in den Untergrund hineingefräst worden. Übereinander liegende Gänge und Galerien sind durch seitliche Kranzleisten und Zwischendecken voneinander getrennt. An Leisten und Simsen hängen Lavatropfen und -zapfen.

Drei kleine Inseln – **Islotes** genannt – sind der Nordspitze von Lanzarote vorgelagert.

Nauplius schultzii, ein am Boden kriechender Goldstern.

Die fernste, wegen ihrer riesigen Kolonie von Gelbschnabelsturmtauchern (s. S. 44) und des heute erloschenen Vorkommens einer Unterart des Kanarenschmätzers berühmt, ist **Alegranza**. Man braucht mit dem Motorboot Stunden, um sie zu erreichen. Die felsige **Montaña Clara** liegt ein Stück näher an Lanzarote. **La Graciosa**, die »Anmutige«, liegt direkt jenseits eines Río genannten Sundes von etwa 1 km Breite. Im Hafenort **Caleta del Sebo** scheint die Zeit stehengeblieben. Immerhin findet man einige Fischrestaurants und Unterkunftsmöglichkeiten. Während die Nordküste teilweise felsig ist, reihen sich an der Süd- und Ostküste der Insel weiße Sand-

Den schönsten Überblick über den Río mit der Insel Graciosa genießt man vom Aussichtspunkt Mirador del Río.

Pflanzen und Tiere

Riscos de Famara

Hier kann man fast sämtliche endemischen Blütenpflanzen Lanzarotes antreffen, wenn auch teilweise nur in geringer Dichte. Einige Arten werden für die Gipfelregion angegeben, treten aber trotzdem vereinzelt auch unten im Geröllhang auf. Im Februar wirkt die Region teilweise wie ein blühender Steingarten. Im Sommer

Argyranthemum maderense ist eine der wenigen gelb blühenden Mageriten der Kanaren.

Der Sandregenpfeifer - ein Gast aus dem Norden.

strände aneinander, meist mit vor- oder eingelagerten Felsriffen. Nahe der Punta de Herradura gibt es eine Strandlagune. Die Inseln sind 1986 zum Naturpark erklärt worden. Das bedeutet Einschränkungen, auch für den Besucher. Unterwasserjagd ist untersagt, Zelten und Kampieren nur mit besonderer Erlaubnis gestattet.

In der Höhlenlagune von Jameos del Agua weidet der fast pigmentlose Krebs *Munidopsis polymorpha* die Steine ab.

sind viele Pflanzen verblüht, manche werfen ihre Blätter ab. Die Vegetation wird von zwei strauchigen Wolfsmilchgewächsen beherrscht, der einblütigen Balsamwolfsmilch und der vielblütigen König-Juba-Wolfsmilch (S. 105) mit lebhaft grüngelben Hochblättern. Der Dornlattich ist auch hier häufig. Neben ihm dominiert als weiterer Korbblütler der manchmal bis hüfthohe »Verode« (S. 40) mit seinen endständigen Blattwirbeln. Aus der gleichen Familie steht überall am Weg als kniehoher Strauch der Seidige Goldstern mit

An den Sandstränden hat sich die Strandwolfsmilch mit ihrer kräftigen Pfahlwurzel tief im Boden verankert.

weich behaarten Blättern und gelben Korbblüten. Nur wenigen Individuen am unteren Teil des Weges ist der verwandte großblütige Schultz-Goldstern vertreten, ein Zwergstrauch mit leicht sukkulenten Blättern, der sich flach an den Boden drückt. Er kommt nur hier auf Lanzarote und lokal auf Fuerteventura vor. Als letzter Korbblütler sei die strauchige Margarite *Argyranthemum maderense* genannt, eine der wenigen gelbblühenden Arten der Gattung.

Wie eine gelb flammende Kerze hebt sich vereinzelt das bis 2 m hohe Lanzarote-Steckenkraut aus der Strauchschicht heraus, ein Schirmblütler mit dunkelgrünem, feinzerteilten Laub. Die beiden letztgenannten Arten kommen als Inselendemiten nur im Norden Lanzarotes vor.

Häufig ist der flach kriechende Lanzarote-Hornklee mit gelben Schmetterlingsblüten, den es nur auf den Ostinseln gibt. Bodendeckend wirken auch das Schneeweiße Nagelkraut, ein Nelkengewächs mit seinen unscheinbaren Blütenbüscheln, und der Zwergheliotrop. Mit dem Hornklee nicht verwechseln sollte man den kleinen Rachenblütler *Kickxia heterophylla* mit Mengen von leuchtendgelben, lang gespornten Blüten und leicht sukkulenten Blättern. Gelb sind auch die kleinen fünfzähligen Blüten des Kanarischen Sonnenröschens, die wie bei den verwandten Zistrosen nur einen Tag lang blühen und abends abfallen. Zu den Lippenblütlern gehört der Lavendel, hier mit der Art *Lavandula pinnata* vertreten, mit langgestielten tiefblauen Blütenständen. Das für Lanzarote typische Fettblattgewächs *Aeonium lancerottense* ist hier selten. Doch kann man diese schöne, stark verzweigte Art in großen Mengen auf Pahoehoe-Lava im Inselzentrum bei Masdache besichtigen.

Die Riscos de Famara gehören auch zu den ornithologisch wichtigen Gebieten der Inseln. Grund dafür sind Brutvorkommen von Gelbschnabelsturmtaucher (als

Höhlenbrüter), Schmutzgeier, Fischadler, Wüstenfalke, Schleiereule und Wüstengimpel, eventuell auch Eleonorenfalke. Häufige Singvögel sind ferner Kolkrabe, Bluthänfling, Kanarenpieper und Brillengrasmücke. Den Fischadler kann man in der Bucht von Famara fischen sehen.

Barranco de Teneguime

Im Kulturland im unteren Teil überwiegen am Weg und am Feldrand typische Ruderalpflanzen. Dazu gehören mehrere Kreuzblütler und der auffallende kleine Blasenampfer, ein Fremdelement der Kanarischen Pflanzenwelt; aber vor allem fällt die aus dem Mittelmeergebiet stammende Kronenmargerite ins Auge. Sie sieht zwar mit ihren gelblichen Blütenkronen hübsch aus, stellt aber ein lästiges Ackerunkraut dar. Ein ungemein häufiger Korbblütler mit gelben, in ihrem Zentrum dunkel gefärbten Blüten und kurzem unverzweigtem Stiel ist die auch im Mittelmeergebiet vorkommende *Reichardia tingitana*. Sie wächst an Straßen und Wegen und im offenen Gelände fast überall auf Lanzarote und Fuerteventura, ist aber auch auf den anderen Inseln verbreitet. Häufig findet man das niedrig kriechende Jochblattgewächs *Fagonia cretica*, das sonst in Nordafrika und im Mittelmeergebiet verbreitet ist. Es hat dreizählig gefiederte, kleine Blätter mit zugespitzten Fiederblättchen und fünfzählige, rosafarbene Blüten mit gestielten Kronblättern.

Der Barranco ist in seinem unteren Teil besonders an dem nach Nordost exponierten Hang ziemlich dicht mit Sträuchern bewachsen. Allerdings ist er auf einige 100 m vom Talende her von Weidevieh kahlgefressen. Nach einer Mauer beginnt die weniger gestörte Vegetation. Hier dominieren knie- bis mannshohe Sträucher: ein Gemisch von König-Juba-Euphorbie, dem sukkulenten »Verode« und dem in erstaunlichen Mengen vorkommenden Strauch *Campylanthus salsoloides* mit verlängerten, dünnen, fleischigen Blättern

und hängenden violetten Blütentrauben am Ende der Äste.

In der lokal gut ausgeprägten Krautschicht am Hangfuß gibt es als Frühjahrsblüher einen Aronstab, daneben zwei Affodill-Arten: den kräftigen Kleinfrüchtigen Affodill (S. 99) neben dem zarten *Asphodelus tenuifolius*. Diese Arten sind giftig und werden vom Weidevieh verschont. Eine andere tulpenartige Form ist der aus Marokko stammende Breitblättrige Blaustern, der auf Lanzarote als selten gilt. Die Liliengewächse sind mit weiteren Arten und dem unauffällig blühenden *Dipcadi serotinum* (S. 127) vertreten, mit wenigen, lang ausgezogenen, sich am Boden windenden Blättern und einer Serie braun-grünlicher Blütenglocken von etwa 1 cm Länge am aufrechten Stiel. Natürlich gibt es auch hier reichlich den Dornlattich.

Das Lanzarote-Steckenkraut ist ein Inselendemit.

Unter den Sträuchern ist der Seidige Goldstern häufig. Vereinzelt findet man einen meterhohen Strauch mit hellgrünen, welligen, lanzettlichen Blättern, im Frühjahr über und über mit weißlichen, parfümduf-

Die Ostkanareneidechse lebt auch auf den kleinen Inseln, z. B. auf Graciosa.

tenden Blütensternen bedeckt: *Messerschmidia angustifolia*.

Der Barranco gehört zu den 64 wichtigen Vogelgebieten der Kanarischen Inseln und steht formal unter Landschaftsschutz. Als Brutvögel werden neben dem Gelbschnabelsturmtaucher auch andere Höhlenbrüter angegeben. Die Schleiereule wird man kaum zu Gesicht bekommen. Die seltene Blaumeise (S. 70) gehört einer für Lanzarote und Fuerteventura endemischen Unterart an: *Parus caeruleus degener*. Sie kommt sonst nur noch bei Haría vor. Im Tal kann man auch dem Wüstenfalken begegnen, einem nahen Verwandten des Wanderfalken. Er mag hier die schnellen und häufigen Felsentauben jagen. Auch er dürfte in den Felswänden Brutmöglichkeiten finden, ebenso wie der häufige Turmfalke. Als weiterer Greif ist der Schmutzgeier (S. 133) anzutreffen. Fliegt er zu nahe am Horst des Kolkraben vorbei, so wird er heftig angegriffen. Am Boden und im Gebüsch treten als Singvögel der Kanarenpieper, die sehr häufige Brillengrasmücke und der Wüstengimpel auf.

Jameos del Agua

Von biologischem Interesse ist der Salzwassersee am Grund einer dunklen Grotte, die nur wenig Licht von oben erhält. Er steht mit dem einige hundert Meter entfernten Meer in Verbindung. Von dort aus ist die bis etwa 2 cm lange und fast pigmentlose Krebsart *Munidopsis polymorpha* eingewandert, die hier in Mengen vorkommt. Der Krebs stammt aus der Familie der Galatheiden und gehört zu den Zehnfüßigen Krebsen. Die höhlenbewohnenden Krebse weiden auf der Oberfläche der Steine eine dünne Algenschicht ab. Sie sind nicht gänzlich blind, wie häufig behauptet wird. Wenn man sich über sie beugt, verschwinden sie in der nächsten Felsspalte.

Die offenen Zonen des Höhlensystems werden von lärmenden Weidensperlingen (S. 91) besiedelt. Im dunklen Höhlendach brüten zuzeiten die weißkehligen Fahlsegler.

La Graciosa

Der salzige Boden der strandnahen Zonen verlangt, daß seine pflanzlichen Bewohner Salz vertragen können. Malerisch steht die Strandwolfsmilch im Sand. Ihre dicht beblätterten Sprosse sind maximal 40 cm lang und unverzweigt. Ist sie vom Wind freigeweht worden, zeigt sie ihre stabile, mehrere Zentimeter dicke Pfahlwurzel. Neben ihr wächst häufig ein kleiner Kreuzblütler mit blaßvioletten Blüten: der Meerkohl. Nicht fehlen dürfen auch der unverwüstliche Dornlattich (S.61) und das Jochblatt als sukkulenter Salzspezialist sowie das kriechende Schneeweiße Nagelkraut.

Landschaftsbildend aber sind in den ausgedehnten Dünenzonen hinter dem Strand andere Formen, unter ihnen strauchige Gänsefußgewächse und das bis zur Unkenntlichkeit reduzierte Nelkengewächs *Herniaria canariensis*. Ihre meist liegenden und verholzten Zweige sind ringsum dicht an dicht mit kurzen sukkulenten Blättern besetzt, die Blüten unauffällig. Langsam zu stattlicher Größe heranwachsend halten sie mehr und mehr Sand fest, der ihnen vom Wind zugetragen wird. Sie bilden einen Sandberg unter sich und verhindern die Ausbildung wandernder Dünen. Der Umfang einer einzigen solchen Pflanzendüne betrug 34 m.

Die flache Ausgleichsküste mit sandigen Partien und bei Niedrigwasser trockenfallendem Felswatt zieht Wasservögel an. Man kann regelmäßig einzelne Seidenreiher sehen, Weißkopfmöwen treten in verschiedenen Alterskleidern auf. Der Fischadler jagt im flachen klaren Wasser vor dem Strand. Am häufigsten sind die nordischen Watvögel: Sand- und Kiebitzregenpfeifer, Steinwälzer, Sanderling u. a. kann man teilweise auf geringe Entfernung beobachten. Nur die Regenbrachvögel sind scheu. Auf Schill- und Sandflächen brütet der gut getarnte Seeregenpfeifer, in den mehr bewachsenen Zonen die Stummellerche, der Kanarenpieper (S. 32) und die Brillengrasmücke. Den Triel bekommt man nicht leicht zu Gesicht, doch hinterläßt er seine dreizehigen Fußabdrücke auf den Sandflächen. Der Turmfalke jagt nach den Eidechsen, deren Spuren man ebenfalls im Sand findet.

In den Tidentümpeln kann man leicht die kleine quergebänderte Meergrundel *Mauligobius maderensis* und viele Garnelen beobachten. Das Meer ist reich an Schalentieren, woraus ein vielgestaltiger Spülsaum und Schillflächen resultieren. Hier fallen Schalen von Napfschnecken, des Meerohrs sowie der ansehnlichen Schnecken *Thais haemastoma* und der Turbanschnecke auf.

Der Wüstengimpel baut seine Nester in Mauern oder Felsspalten. Er kommt zum Süßwasser, um zu trinken.

Im Gebiet unterwegs

<u>Riscos de Famara</u>: Von der Straße, die Uga mit Teguise verbindet, biegt man nach wenigen Kilometern nordwärts in Richtung La Caleta ab. Man fährt abwärts durch eine ausgedehnte Halbwüste fast bis zum Meer hinunter. Oberhalb der Urbanisation Famara beginnend führt ein Feldweg ① parallel zur Küste mit schwacher Steigung durch den Geröllhang. Man kann ihn ein Stück weit mit dem PKW befahren, muß

aber spätestens dort parken, wo vom Meer her eine zweite Piste heraufkommt ②. Nach etwa 3 km erreicht der Weg den unteren Rand der Felswand. Er wird dann weniger gangbar, ist teilweise verschüttet oder abgerutscht. Dennoch kann man ihn im Steilhang weiter bis unterhalb des Mirador del Río verfolgen. Hierfür benötigt man insgesamt etwa drei Stunden, den Rückweg nicht gerechnet. Vom **Mirador del Río** ③ (Aussichtspunkt in 479 m Höhe, von César Manrique gestaltet, geöffnet 10 – 17.45 Uhr; 300 Ptas.) und der von ihm ausgehenden Höhenstraße aus hat man einen zu Recht gerühmten Ausblick auf die Insel La Graciosa mit ihren Vulkankegeln und Stränden.

<u>Barranco de Teneguime</u>: Wenn man mit dem Fahrzeug von Arrecife her kommend etwa 500 m vor Guatiza links abbiegt, gelangt man auf geteerter Seitenstraße durch Kulturland zu einer Weggabelung. Man fährt rechts entlang eines ummauerten Friedhofs mit Kapelle abwärts. Sobald man den Talboden und eine Kreuzung ④ erreicht, stellt man das Fahrzeug ab. Diese Kreuzung kann man auch von Guatiza aus erreichen. Von hier aus geht man zu Fuß in den Barranco hinein einen Weg entlang, der sich bald als Bachbett entpuppt. Wenn man sich etwa 2 Stunden Zeit nimmt, kommt man genügend weit in das Tal hinein.

Die Höhlen <u>Jameos del Agua</u> und <u>Cueva de los Verdes</u> ⑤ liegen einige Kilometer nördlich von Arrieta. Die Zufahrten sind gut ausgeschildert.

Vom kleinen Hafen **Orzola** aus erreicht man <u>La Graciosa</u> ⑥ in 30 Minuten mit einem Ausflugsboot (Abfahrt bei günstiger Tide 10.30 Uhr, Rückfahrt 16.30 Uhr; 1992: 1000 Ptas.).

Der Steinwälzer ist nordischer Gast und Durchzügler.

Reiseplanung

Vor der Reise

Information

Spanische Fremdenverkehrsämter

➪ Postfach 151940, D-80051 München, Tel.: 089/530158;

➪ Kurfürstendamm 180, D-10707 Berlin, Tel.: 030/88 26543;

➪ Rotenturmstraße 27, A-1010 Wien, Tel: 0222/5331-425;

➪ 40 Boulevard Helvétique, 67 Rue de Rhône, CH-1207 Genf, Tel.: 022/735 954;

➪ Seefeldstraße 19, CH-8008 Zürich, Tel.: 01/252 7930.

Informationen auf den Kanarischen Inseln

➪ Fuerteventura: General Franco 33, Puerto Rosario, Tel.: 0034-28/851024;

➪ Gran Canaria: Parque de Santa Catalina, Tel 0034-28/264623.

Einreise

Visa sind nicht nötig, ein gültiger Reisepaß oder Personalausweis genügt. Bei einer Aufenthaltsdauer über 3 Monate wird ein Visum benötigt. Ein Kfz kann bis zu 6 Monaten mitgeführt werden. Führerschein und Zulassung des Heimatlandes sind ausreichend.

Devisen und Zollbestimmungen

Auf den Kanarischen Inseln gilt die Spanische Pesete (Pta). Der Wechselkurs von 1992 war 60 Ptas. = 1 DM. Geldumtausch ist in vielen Banken und Wechselstuben möglich, auch schon am Flughafen. Am günstigsten sind Euro-Schecks oder Traveller-Schecks. Bei Barumtausch werden bei ungünstigerem Kurs mitunter noch hohe Gebühren berechnet. Kreditkarten kann man nur in den großen Städten und Hotels verwenden.

Es gelten die international gültigen Zollbestimmungen.

Gesundheit

Impfungen werden generell nicht verlangt. Apotheken (»Farmácia«) sind durch ein großes grünes Kreuz kenntlich. Die ärztliche Versorgung ist besonders in den Zentren des Fremdenverkehrs gut. Die Ärzte oder ihre Mitarbeiter sprechen in der Regel etwas Deutsch oder Englisch. Meist muß man Arztrechnungen (etwa 7000 Ptas.) und verschriebene Medikamente in bar bezahlen und sich die Kosten dann zu Hause von der Krankenkasse zurückerstatten lassen. In Touristenzentren werden z. T. auch Auslandskrankenscheine akzeptiert.

Reisezeit

Auf den Kanarischen Inseln ist das ganze Jahr über Saison mit frühlingshaften Temperaturen. In den Wintermonaten November bis Januar muß man mit stärkeren Niederschlägen rechnen, im Sommer dagegen kann es zum Wandern auf der Südseite schon fast zu heiß sein. Als günstigste Jahreszeit gilt das Frühjahr. Dann sind auch Vogelwelt und Blütenpflanzen in vollster Ausprägung zu beobachten.

Ortszeit

Auf den Kanaren gilt die Westeuropäische Zeit. Bei der Einreise muß man die Uhr 1 Stunde zurückstellen. Die Umstellung auf Winter- und Sommerzeit erfolgt wie in Mitteleuropa.

Anreise

Die Kanaren werden von zahlreichen Flughäfen her angeflogen. Erkundigen Sie sich einige Monate vor Ihrem Reisetermin nach günstigen Angeboten – sie sind schnell ausgebucht.

Auch mit dem eigenen PKW kann man die Kanaren erreichen. Die Schiffsreise von Cadiz nach Santa Cruz de Tenerife dauert 2 Tage.

Reisen im Land

Flugzeug und Schiff

Flüge zwischen den Inseln, z. B. mit den Gesellschaften Iberia oder Aviaco, kann man schon zu Hause buchen, aber eventuell auch kurzfristig in den entsprechenden Büros oder an den Flughäfen auf den Inseln. Sie sind nicht teuer, aber umweltschädlich.

Auch mit **Autofähren** kommt man von Insel zu Insel. Züge gibt es keine.

Mietwagen

Bereits am Flughafen werden Leihwagen angeboten; günstiger ist es jedoch, zuerst das Angebot der kleinen Firmen in den Städten oder Feriensiedlungen zu vergleichen. Kleine Modelle mit geringem Verbrauch bekommt man schon zu Preisen zwischen 30 und 40 DM pro Tag, wenn man sie für 1 Woche oder länger mietet (inkl. Versicherungen und Steuer, ohne Benzin). Leihwagen sind nicht unbegrenzt für Gelände- oder Pistenfahrten geeignet. Teils gelten Versicherungsleistungen nur für ausgebaute Straßen. Man sollte vor Abschluß des Mietvertrages auf vollständige Ausstattung achten: Ersatzrad, Werkzeug, Nackenstützen, Abdeckung des Gepäckraums, und die Gurte prüfen. Bei Unfällen ist es unbedingt notwendig, die Polizei zu verständigen, eventuell auch das Konsulat. ACHTUNG: Auf den stark erschlossenen Inseln (Teneriffa, Gran Canaria) werden immer wieder abgestellte Pkw sowohl in den Ortschaften als auch im Gelände aufgebrochen und ausgeraubt. Also keine Wertgegenstände im Wagen lassen.

Privatauto

Da die Leihwagen relativ billig sind, sollte man gut überlegen, ob man das Risiko eingeht, mit dem eigenen Pkw zu reisen. Die Straßen sind kurvenreich, nicht selten handelt es sich um Pisten. Leitplanken oder Begrenzungsmauern fehlen oft, auch an Steilhängen. In den Barrancos liegende zerstörte Autowracks erinnern an frühere Unfälle. Die heimischen Autofahrer hupen vor unübersichtlichen Stellen. Parken ist im allgemeinen kein Problem.

Busse

Anstatt ein Auto zu mieten, kann man auch gut mit den öffentlichen Bussen reisen – streßfrei und umweltfreundlich. Die Verbindungen sind auf den großen Inseln hervorragend, auf den kleinen seltener; man muß daher gut vorplanen. Näheres dazu s. »Praktische Tips« der jeweiligen Inseleinführung.

Taxi

Der Fahrpreis richtet sich nach der Entfernung und ist im Prinzip fixiert. Man sollte sich trotzdem erkundigen und versuchen zu handeln. Die Preise sind relativ billig.

Fahrrad

Fahrradfahren empfiehlt sich auf den Kanarischen Inseln nur für aktive Berg- und Talfahrer. Fast auf allen Inseln sind, bedingt durch gebirgsbildende Lavaströme und Erosionstäler, starke Höhenunterschiede zu bewältigen. Schon mit dem Pkw braucht man für 30 km auf manchen Strecken eine Stunde. Die Straßen sind eng und oft schlecht (Schotter). Da kaum Fahrradfahrer unterwegs sind, ist das Risiko übersehen zu werden erhöht. Auf Gomera (ähnlich neuerdings auch auf anderen Inseln) gibt es einen Radverleih mit Mountainbike-Führung durch den Nationalpark; dabei müssen die Nationalparkweisungen beachtet werden. Auf Lanzarote sieht man viele profimäßig ausgestattete Radrennfahrer. Fuerteventura ist die schönste Insel zum Radfahren.

Sonstiges

Unterkunft

Die hochentwickelten Touristikzentren mit Bungalow-Siedlungen und Appartement-

hotels sind in der Hauptsaison meist ausgebucht. Wer auf die Kanaren fliegt und sich selbst Unterkunft suchen will, hat eher im Sektor Privatquartier in den Städten oder Ortschaften Glück. Die Preise orientieren sich in etwa an den billigeren Appartementpreisen und lagen 1992 bei etwa 2000 – 5000 Ptas. pro Tag für ein Appartement. Doppelzimmer liegen etwa bei 1600 – 4000 Ptas. Bei den Wirtsleuten zeigt sich die sprichwörtliche Gastfreundschaft der kanarischen Bevölkerung.
In Informationsbüros gibt es eine Broschüre »Hoteles, Campings, Apartementos« (herausgegeben von Turespaña, Secretaria General de Turismo), wo Art, Preise und Adressen von Unterkünften für alle Inseln aufgelistet sind.

Camping
In Arona, 80 km von Sta. Cruz, Teneriffa, gibt es einen einzigen vom Fremdenverkehrsbüro genannten Campingplatz. Pro Person ist mit etwa 600 Ptas. pro Übernachtung zu rechnen.
Camping ist generell nicht genehmigungspflichtig, aber in den Nationalparks und an einigen Stränden verboten. Am Strand muß mit Diebstahl gerechnet werden. Wildes Campen ist schon allein wegen des unregelmäßig scharfkantigen vulkanischen Untergrunds schwierig; jede auch nur halbwegs ebene Fläche wird (oder wurde) als Feld genutzt. Allerdings gibt es zahlreiche blind endende oder abgeschiedene Wege, auf denen es sich mit einem Caravan oder auch Zelt herrlich stehen läßt.

Telefon
Es gibt auch in kleineren Orten häufig Münztelefone, die in der Regel gut funktionieren. Man kann direkt wählen. Die Vorwahlen sind für Deutschland 07 49, danach Ortsvorwahl ohne 0; für die Schweiz 07 44, für Österreich 07 43. Nach dem Wählen des internationalen Netzes mit 07 muß man warten, bis ein zweiter durchgehender Pfeifton in anderer Tonhöhe er-

klingt. Am besten verwendet man 100-Peseta-Stücke, da bei kleineren Münzen die Verbindung unterbrochen werden kann. Rückruf ist in den meisten Zellen möglich.

Hygiene
Das Leitungswasser ist auf den Inseln im allgemeinen überall trinkbar, schmeckt aber teilweise nicht gut. Es handelt sich wenigstens zum Teil um Wasser aus Meerwasserentsalzungsanlagen. Wer empfindlich ist, sollte mit Wasser und Essen vorsichtig sein. Die Toilettenanlagen haben unterschiedliche Standards, in Touristenorten sehr gut, sonst jedoch zufriedenstellend. Selbst in Appartements wird oft das Toilettenpapier nicht gestellt, so daß man es im nächsten Laden einkaufen muß.

Gifttiere
Auf den Inseln gibt es keine Schlangen, auch keine giftigen Skorpione. Geckos und Eidechsen sind harmlos.
Stechmücken können regional lästig werden. Beim Schwimmen im Meer kann besonders im Frühjahr die Portugiesische Galeere, eine Staatsqualle, mit brennenden Verätzungen gefährlich werden. Außerdem gibt es einige Fische mit Giftstacheln und zahlreiche Seeigel.

Portugiesische Galeeren können mit dem Nesselgift ihrer Fangfäden heftigen Schmerz und sogar Schock erzeugen.

Kleidung

Die Witterung ist das ganze Jahr über zumal an der Küste mild. Doch gibt es vor allem im Winter Kaltlufteinbrüche vom Norden her. Auch wenn man höhere Lagen aufsuchen will oder längere Zeit im kühlfeuchten Lorbeerwald verbringen möchte, ist ein warmer Pullover und eine leichte Regenjacke unumgänglich. Auch abends kann es, besonders im Norden, kühler werden. In windexponierten Lagen muß man mit Starkwinden rechnen. Für Wanderungen sind feste Schuhe vonnöten. Das scharfe Vulkangestein zerschlitzt schnell leichteres Schuhwerk und trägt zu Knöchelverletzungen bei.

Baden, Verhalten am Meer

Die Dünung ist an vielen Stellen auf den Kanaren, besonders an den Steilküsten, so gefährlich, daß sich das Baden von selbst verbietet. Das gilt sogar für manche Sandstrände, wo sich in engen Buchten starker Sog, Strömungen und Wirbel bilden können. Man sollte immer ein Auge auf die Wellen haben. Der Tidenhub kann je nach Wetterlage, Exposition und Mondphase 1–2 m betragen. Darauf muß man achten, wenn man längere Zeit am Strand lagert oder kampiert.

Eine aufgezogene gelbe Flagge warnt an den belebten Stränden vor dem Schwimmen, eine rote Flagge verbietet es bei hoher Strafe (La Palma). Zum Schnorcheln eignen sich besonders die **Meerwasserschwimmbecken**; oft hat sich darin eine sehr reichhaltige natürliche Fauna und Flora der Küste angesiedelt. Einige gute Möglichkeiten zum Schnorcheln und Baden abseits der riesigen Touristenstrände sind:

Teneriffa: Bajamar, Puerto de la Cruz, Garachico. Freies Baden und Schnorcheln am Fußpunkt der Masca-Schlucht sowie bei ruhigem Wasser im kleinen Hafen an der Punta de Teno und bei Guimar. Tauchen auch bei San Juan südlich von Los Gigantes.

La Palma: Charco Azul bei San Andrés, Fajaná im Nordosten: hier mehrere Becken. Freies Schnorcheln an der Playa de Cancajos, die durch Inseln und Betonvorbauten etwas geschützt ist. Der Strand ist allerdings zu Zeiten wegen der Nähe des Hafens ölverschmutzt.

Gomera: Playa de Santiago.

Hierro: Charco Azul, Punta del Verodal.

Gran Canaria: Mehrere kleine Becken bei San Felipe im Norden.

Fuerteventura: Kleine ruhige Buchten mit Flachwasser im Nordosten der Insel (El Cotillo).

Lanzarote: Ruhige Buchten an der Südostküste.

ACHTUNG: Die Sonneneinstrahlung ist auf den Kanaren besonders an der Küste oft extrem stark. Deshalb Sonnenschutzmittel mit hohem Lichtschutzfaktor verwenden und an Kopfbedeckung denken. Dies gilt für alle Jahreszeiten.

Seekrankheit

Die lästige Seekrankheit mit Übelkeit und Niedergeschlagenheit tritt bei Bootsfahrten auf dem Meer, aber selbst in großen Autofähren bei bewegter See auf. Empfindliche Personen sollten sich deshalb mit Reisetabletten versorgen, aber auch Kamelritte vermeiden.

Nationalparkregeln

Allgemein gelten folgende Regelungen für den Besucher:

1. Keinerlei Abfall darf hinterlassen werden.
2. Fremde Pflanzen oder Tiere dürfen nicht ausgesetzt werden.
3. Weder Pflanzen noch Tiere oder Teile davon oder Steine dürfen gesammelt werden.
4. Jegliches Anzünden von Feuer ist strengstens untersagt.
5. Objekte von historischem, archäologischem oder sonstwie kulturellem Wert dürfen weder verändert noch beschädigt oder entfernt werden.

6. Auf den Wanderwegen dürfen motorisierte Fahrzeuge nicht verwendet werden.
7. Das Führen von Waffen ist verboten.
8. Es ist verboten, ruhestörenden Lärm zu machen.
9 Man darf sich in den Bächen waschen oder baden, aber keine Seife oder andere Detergentien verwenden (Caldera de Taburiente auf La Palma).
10. Das Kampieren außerhalb der dafür vorgesehen Flächen ist untersagt. Teilweise bedarf es einer Sondererlaubnis bei der zuständigen Stelle.

Außerdem ist es untersagt, Kulturdenkmäler wie Felszeichnungen der Guanchen zu verändern oder zu beschädigen, ebenso Scherben oder andere Reste ihrer Seins und ihrer Tätigkeit zu sammeln oder auszugraben.

Artenschutz

Sieht man die Pracht der schönen trockenangepaßten Sukkulenten in der Landschaft, so möchte man sie gleich für den heimischen Steingarten mitnehmen. Die Arten überdauern in Mitteleuropa nicht den Winter; im Topf gehalten verlieren sie bald ihre Blattrosetten und gehen jämmerlich zugrunde. Deshalb: Fotos sind die bessere Möglichkeit, ein Souvenir zu gewinnen.

Diplomatische Vertretungen Spaniens

➪ Königliche Spanische Botschaft, Schloßstr. 4, D-53115 Bonn, Tel.: 0228/217094 oder 95, 217527;
➪ Spanisches Generalkonsulat, Lichtensteinallee 1, D-10787 Berlin, Tel.: 030/2616081 oder 82.

Bitte erfragen Sie dort die Adresse Ihres zuständigen Konsulats in Hamburg, Bremen, Düsseldorf, Hannover, Frankfurt oder München.

➪ Spanische Botschaft, Argentinierstraße 34, A-1010 Wien, Tel.: 0222/505 5788-0;
➪ Spanisches Konsulat, Steinenring 42, CH-4051 Basel, Tel.: 061/2810454.

Diplomatische Vertretungen auf den Kanarischen Inseln

➪ Deutsches Vizekonsulat, Avenida de Anaga 45, E-38001 Santa Cruz de Tenerife, Tel.: 022/284812 oder16;
➪ Deutsches Vizekonsulat, Calle Franchy y Roca 5-2, E-35007 Las Palmas de Gran Canaria, Tel.: 028/275700 oder 04;
➪ Österreichisches Konsulat, Calle San Francisco 17, E- 38001 Santa Cruz de Tenerife, Tel: 022/243799;
➪ Schweizerisches Konsulat, Apartado 314, Edificio Juan 23, E-35004 Las Palmas de Gran Canaria, Tel.: 028/293450.

Öffnungszeiten

Es gibt im allgemeinen geregelte Ladenschlußzeiten. Die Geschäfte sind täglich einschließlich Samstag von 8 - 13 Uhr und von 16 bis etwa 20 Uhr geöffnet. Doch gilt: Je kleiner der Laden, desto länger wird er offengehalten. Manche Läden und Bäckereien haben auch am Sonntagvormittag geöffnet.
Banken und Behörden sind meist an Werktagen zwischen 9 Uhr und 14 oder 15 Uhr geöffnet. Auch die ICONA-Büros folgen diesen Zeiten. Selten haben Banken auch am Samstagvormittag geöffnet. Viele Tankstellen sind an Sonn- und Feiertagen geschlossen.
Museum: Das Museo Arqueologico in Sta. Cruz de Tenerife ist wochentags von 9-13 Uhr und von 16-18 Uhr geöffnet.

Buchhandlungen

Etwas anspruchsvollere Literatur kann man auf Teneriffa in der Buchhandlung Goytec, Pérez Galdós 15, Santa Cruz, nahe der Plaza de España bekommen. Beinahe ebenso gut ist Lemus im Universitätsviertel in La Laguna. Ein gutes Angebot findet man auch im Centro de Visitantes in El Portillo in den Cañadas oder in den Informationszentren der anderen Nationalparks, z. T. auch in der kleinen Libreria unterhalb des Jardín Botánico in Puerto de la Cruz.

ANHANG

Karten

Karte der **Kanarischen Inseln**: Mapa turistico, Islas Canarias; 1:150000, Firestone-Verlag.
Für alle **Nationalparks** gibt es Informationsbroschüren mit Detailkarten herausgegeben von ICONA.
Teneriffa: Mapa de la Isla de Tenerife, Cabildo Insular de Tenerife.
Detailreicher die neue Kartenserie mit Wanderwegen: Sendero turistico (Touristischer Wanderweg) herausgegeben vom Cabildo Insular und ICONA. Von 10 geplanten Karten im Jahr 1991 4 verfügbar.
La Palma: Isla de la Palma, Mini Ediciones DAVID.
La Gomera: La Gomera, Wanderrouten-Übersicht 1:50000, Goldstadtverlag, Pforzheim (deutsch).
El Hierro: El Hierro, Straßen- und Wanderkarte mit Tips zu Sehenswürdigkeiten, Unterkunft und Autovermietung (deutsch).
Gran Canaria: INSOR, Gran Canaria, 3. Aufl. (deutsch).
Fuerteventura: Mapa turistico, Paisajes Canarios S.L.
Lanzarote: Mapa turistico, A. Murillo.

Literatur

ASHMOLE, M.& P. (1989): Natural History Excursions in Tenerife. A Guide to the Countryside, Plants and Animals. Kidston Mill Press, Peebles, GB. Einziger naturkundlicher Führer, sehr informationsreich.
BRAEM, H. & M. (1988): Kanarische Inseln – Auf den Spuren atlantischer Völker. Knaur, München. Taschenbuch über Vorgeschichte der Inseln.
HERNANDEZ, P.H. (Hrsg., 1968): Natura y Cultura de las Islas Canarias. La Laguna. 5. Aufl. Dickleibiges Handbuch und enzyklopädisches Nachschlagewerk.

Tiere

BACALLADO, J.J.A. (Hrsg. 1984): Fauna marina y terrestre del Archipielago Canario. Gran Biblioteca Canaria Bd. 13. Las Palmas de Gran Canaria.
BANNERMAN, D.A. (1963): Birds of the Atlantic Islands. Vol. 1, Edinburgh. Klassisches dickleibiges Werk.
BERGMANN, H.-H. & H.-W. HELB (1982): Stimmen der Vögel Europas. München. Sonagramme, auch von kanarischen Vogelarten.
BRAMWELL, D. & Z. (1987): Historia Natural de las Islas Canarias. Madrid. Naturkundlicher Führer mit vielen Abbildungen.
HEINZEL, H., R.FITTER & J.PARSLOW (1972): Pareys Vogelbuch. Hamburg. Farbtafeln aller kanarischen Vogelarten.
HOHMANN, H., F. LA ROCHE & G.ORTEGA (1992): Bienen und Wespen der Kanarischen Inseln. Veröff. Überseemuseum Bremen A, Bd. 11. Ergebnis langer Sammeltätigkeit.
MACHADO, A. (1987): Bibliografía Entomologica Canaria. La Laguna. Quellenverzeichnis entomologischer Literatur.
MARTíN HIDALGO, A. (1987): Atlas de las aves nidificantes en la isla de Tenerife. La Laguna. Brutvogelatlas mit Verbreitungskarten für Teneriffa.
MARTíN HIDALGO, A. et al. (1989): Libro rojo del los Vertebrados terrestres de Canarias. Caja Gen. Ahorros de Canarias, Sta. Cruz de Tenerife, 146: 1-135. Rotes Buch der landlebenden Wirbeltiere der Kanarischen Inseln.
MORENO, J.M. (1988): Guía de las aves de las Islas Canarias. Sta.Cruz de Tenerife. Feldführer auf Spanisch mit deutschen Namen, mit Farbtafeln und Verbreitungskärtchen.

PEREZ SANCHEZ, J.M. & E. MORENO BATET (1990/1991): Invertebrados Marinos de Canarias. Cabildo Insular de Gran Canaria. Las Palmas de Gran Canaria. Ausgezeichnet gedrucktes Werk über Wirbellose der Küste, mit vielen Farbfotos.
SCHMIDT, G. (1990): Zur Spinnenfauna der Kanaren, Madeiras und der Azoren. Stuttgarter Beitr.Naturk.Ser.A, Nr. 451, 1-46.

Pflanzen

BRAMWELL, D. & Z. (1974): Wild Flowers of the Canary Islands. London. Einführung, Zeichnungen, Farbfotos, Bestimmungsschlüssel einer reichen Auswahl wildlebender Pflanzen. Spanische Neuauflage 1990: Flores Silvestres de las Islas Canarias. Madrid. Noch mehr Farbfotos und andere Abbildungen.
HOHENESTER, A. & W. WELSS (1993): Exkursionsflora für die Kanarischen Inseln. Ulmer, Stuttgart. Pflanzen-Bestimmungsbuch mit Fotos und Strichzeichnungen.
KÄMMER, F.(1974): Klima und Vegetation auf Teneriffa, besonders im Hinblick auf den Nebelniederschlag. Scripta Geobotanica 7, 1-78
KUNKEL, G.(1974): Flora de Gran Canaria. Bde 1-4. Las Palmas. Großformatige Bände mit prachtvollen Zeichngen.
KUNKEL, G. (1993): Die Kanarischen Inseln und ihre Pflanzenwelt. Fischer, Stuttgart. Standardwerk.
SCHMIDT, H. (1992): Pflanzen auf Teneriffa. Basilisken-Pr., Marburg/L. Lebensräume und Arten in vielen brillanten Fotos.

Atlas

GARCíA RODRíGUEZ, J.-L. (1990): Atlas interinsular de Canarias. Sta. Cruz de Tenerife. Guter kanarischer Schulatlas.

Wörterbuch

deutscher oder spanischer Name/ wissenschaftlicher Name

Insekten und Spinnen
Ameisenlöwe, -jungfer / Euroleon spec.
Baldachinspinne / Cyrtophora citricola
»Blattkäfer« / Chrysolina sanguinolenta
Distelfalter / Vanessa cardui
»Gespinstmotte« / Yponomeuta gigas
Kanaren-Kiefernspinner / Macaronesia fortunata
Kanarenbläuling / Cyclyrius webbianus
Kanarischer Admiral / Vanessa vulcanica
Kanarischer Blaupfeil / Orthetrum chrysostigma
Königslibelle / Anax imperator
Koschenilleschildlaus / Dactylopius (Coccus) cacti
Manto de Canarias / Cyclyrius webbianus
Ölkäfer / Meloë tuccius
Pelzbiene / Anthophora spec.
Raubfliege / Promachus spec.
Wanderheuschrecke / Schistocerca gregaria
Zitronenfalter / Gonepteryx cleobule

Sonstige Wirbellose
»Krebs« / Munidopsis polymorpha
Meerohr / Haliotis coccinea
Napfschnecke / Patella spec.
Portugiesische Galeere/ Physalia physalis
Rennkrabbe / Grapsus grapsus
Turbanschnecke / Astraea rugosa
Wachsrose / Anemonia sulcata

Fische, Amphibien
Iberischer Seefrosch / Rana perezi
Laubfrosch / s. Mittelmeerlaubfrosch
Meeräsche / Mugil spec.
Meergrundel / Mauligobius maderensis
Meerpfau / Thalassoma pavo
Mittelmeerlaubfrosch / Hyla mediterranea
Schleimfisch / Ophioblennius atlanticus

Reptilien
Fuerteventuragecko / Tarentola angustimentalis
Hierro-Rieseneidechse / Gallotia simonyi
Kanar. Rieseneidechse / Gallotia stehlinii
Lagarto gigante del Hierro / Gallotia simonyi
Ostkanareneidechse / Gallotia atlantica
Teneriffagecko / Tarentola delalandii
"Skink" / Chalcides sexlineatus
Westkanareneidechse (nördliche) / Gallotia galloti eisentrauti
Westkanareneidechse (südliche) / Gallotia galloti galloti
Westkanareneidechse / Gallotia galloti gomerae

Säugetiere
Dromedar / Camelus dromedarius
Grindwal / Globicephala melaena
Kanarische Spitzmaus / Crocidura canariensis
Mönchsrobbe / Monachus monachus

Mufflon / Ovis musimon
Nordafrikanisches Erdhörnchen / Atlantoxerus getulus
Wanderigel / Erinaceus (Aethechinus) algirus
Wildkaninchen / Oryctolagus cuniculus

Vögel
Alpenkrähe / Pyrrhocorax pyrrhocorax
Alpenstrandläufer / Calidris alpina
Amsel / Turdus merula
Blaumeise / Parus caeruleus subspec.
Bluthänfling / Carduelis cannabina
Brillengrasmücke / Sylvia conspicillata
Buchfink / Fringilla coelebs subspec.
Buntspecht / Dendrocopos major
Einfarbsegler / Apus unicolor
Eleonorenfalke / Falco eleonorae
Fahlsegler / Apus pallidus
Felsenhuhn / Alectoris barbara
Felsentaube / Columba livia
Fischadler / Pandion haliaetus
Flußseeschwalbe / Sterna hirundo
Flußuferläufer / Actitis hypoleucos
Gebirgsstelze / Motacilla cinerea
Gelbschnabelsturmtaucher / Calonectris diomedea
Girlitz / Serinus serinus
Graja / Pyrrhocorax pyrrhocorax
Grauammer / Emberiza calandra
Grünfink / Carduelis chloris
Grünschenkel / Tringa nebularia
Kampfläufer / Philomachus pugnax
Kanarengirlitz / Serinus canaria
Kanarenpieper / Anthus berthelotii
Kanarenschmätzer / Saxicola dacotiae
Kanarentaube / Columba bollii
Kanarienvogel / Serinus canaria
Kiebitzregenpfeifer / Pluvialis squatarola
Kolkrabe / Corvus corax
Kragentrappe / Chlamydotis undulata
Lorbeertaube / Columba junoniae
Mäusebussard / Buteo buteo
Mehlschwalbe / Delichon urbica
Mönchsgrasmücke / Sylvia atricapilla
Pfuhlschnepfe / Limosa lapponica
Raubwürger / Lanius excubitor
Rauchschwalbe / Hirundo rustica
Regenbrachvogel / Numenius phaeopus
Rennvogel / Cursorius cursor
Rotkehlchen / Erithacus rubecula
Rotmilan / Milvus milvus
Rotschenkel / Tringa totanus
Samtkopfgrasmücke / Sylvia melanocephala
Sanderling / Calidris alba
Sandflughuhn / Pterocles orientalis
Sandregenpfeifer / Charadrius hiaticula
Schleiereule / Tyto alba
Schmutzgeier / Neophron percnopterus
Schwarzer Austernfischer / Haematopus meadewaldoi
Seeregenpfeifer / Charadrius alexandrinus
Seidenreiher / Egretta garzetta
Sperber / Accipiter nisus
Star / Sturnus vulgaris
Steinsperling / Petronia petronia
Steinwälzer / Arenaria interpres

Stelzenläufer / Himantopus himantopus
Stieglitz / Carduelis carduelis
Stummellerche / Calandrella rufescens
Teidefink / Fringilla teydea
Teneriffa-Goldhähnchen / Regulus (regulus) teneriffae
Triel / Burhinus oedicnemus
Turmfalke / Falco tinnunculus
Turteltaube / Streptopelia turtur
Uferschnepfe / Limosa limosa
Waldohreule / Asio otus
Waldschnepfe / Scolopax rusticola
Weidensperling / Passer hispaniolensis
Weißkopfmöwe / Larus cachinnans
Wiedehopf / Upupa epops
Wüstenfalke / Falco peregrinoides
Wüstengimpel / Rhodopechys githaginea
Zilpzalp / Phylloscopus collybita

Pflanzen
Adlerfarn / Pteridium aquilinum
Affodill, Kleinfr. / Asphodelus microcarpus
Afrikanische Tamariske / Tamarix africana
Agave / Agave americana
Akazie / Acacia spec.
Aleppokiefer / Pinus halepensis
Alheli montunjo / Cheiranthus virescens
Ampferstrauch / Rumex lunaria
Asphaltklee / Psoralea bituminosa
Avocadobaum/ Persea gratissima (P. americana)
Balsamwolfsmilch / Euphorbia balsamifera
Banane / Musa cavendishii, und M. paradisiaca
Baumförmige Wolfsmilch / Euphorbia melifera
Baumheide / Erica arborea
Begonie / Begonia spec.
Blasenampfer / Rumex vesicarius
Blattlose Wolfsmilch / Euphorbia aphylla
Blauer Teidenatternkopf / Echium auberianum
Bocksdorn / Lycium intricatum
Braune Fensterpflanze / Ceropegia fusca
Breitblättriger Blaustern / Scilla latifolia
Bremsenragwurz / Ophrys bombyliflora
Brezo / Erica scoparia
Capitana / Phyllis nobla
Cardón / Euphorbia canariensis
Codeso / Adenocarpus foliolosus
Codeso de Cumbre (Codesco del Teide) / Adenocarpus viscosus
Cresta de Gallo / Isoplexis canariensis
Dornlattich / Launaea arborescens
Drachenbaum / Dracaena draco
Drago s. Drachenbaum
Efeublättriger Streifenfarn / Asplenium hemionitis
Eisblume, (Eispflanze) / Mesembryanthemum crystallinum
Engelsfarn, Kanarischer / Polypodium macaronesicum
Escobón / Chamaecytisus proliferus
Eukalyptus / Eucalyptus globulus
Faya / Myrica faya
Federborstengras / Pennisetum setaceum
Feige / Ficus carica
Feigenkaktus / Opuntia ficus-indica
Fliegenblume / Caralluma burchardii

Französische Zistrose / Cistus monspeliensis
Gagelbaum / Myrica faya
Gelbe Fensterpflanze / Ceropegia dichotoma
Gelbe Hauhechel / Ononis natrix
Gelber Sauerklee / Oxalis cernua (o. pescaprae)
Gibalbera / Semele androgyna
Ginsterwinde / Convolvulus scoparius
Glockenblütenbaum / Spathodea campanulata
Gold-Schriftfarn / Ceterach aureum
Goldmohn / Eschscholtzia california
Grüne Schizogine / Schizogyne glaberrima
Heliotrop / Heliotropium erosum (H. ramosissimum)
Hierro-Rose / Greenovia aurea
Hija de Don Enrique / Sventenia bupleuroides
»Hornklee« / Lotus spartioides
Hörnerranke / Periploca laevigata
Jandía-Wolfsmilch / Euphorbia handiensis
Japanische Mispel / Eriobotrya japonica
Jochblatt / Zygophyllum fontanesii
Kanarenkiefer / Pinus canariensis
Kanarische Besenrauke / Descurainia bourgaeana
Kanarische Dattelpalme / Phoenix canariensis
Kanarische Gänsedistel / Sonchus canariensis
Kanarische Glockenblume / Canarina canariensis
Kanarische Kiefer / Pinus canariensis
Kanarische Stechpalme / Ilex canariensis
Kanarische Steinbeere / Neochamaelea pulverulenta
Kanarische Tamariske / Tamarix canariensis
Kanarische Weide / Salix canariensis
Kanarische Zinerarie / Senecio webbii
Kanarischer Blaustern / Scilla haemorrhoidalis
Kanarischer Erdbeerbaum / Arbutus canariensis
Kanarischer Fingerhut / Isoplexis canariensis
Kanarischer Holunder / Sambucus canariensis
Kanarischer Krugfarn / Davallia canariensis
Kanarischer Lorbeer / Laurus azorica
Kanarischer Salbei / Salvia canariensis
Kanarisches Flachkraut / Aizoon canariensis
Kanarisches Johanniskraut / Hypericum canariense
Kanarisches Sonnenröschen / Helianthemum canariense
Kandelaberwolfsmilch / Euphorbia canariensis
Kastanie / Castanea sativa
Kasuarine / Casuarina equisetifolia
Kiefer, Kanarische / Pinus canariensis
Klebriger Alant / Inula (Dittrichia) viscosa
Klebriger Codeso / Adenocarpus viscosus
Kleinfrüchtiger Affodill / Asphodelus microcarpus
König-Juba-Wolfsmilch / Euphorbia regis-jubae
Krapp / Rubia fruticosa

Kronenmargerite / Chrysanthemum coronarium
Kuckucksknabenkraut / Orchis mascula
Lanzarote-Hornklee / Lotus lancerottensis
Lanzarote-Steckenkraut / Ferula lancerottensis
»Lavendel« / Lavandula pinnata, und L. minutolii
Lorbeer, Kanarischer / Laurus azorica
Mandelbaum / Prunus amygdalus
Margerite / Argyranthemum spec.
Marmulán / Sideroxylon marmulano
Maulbeerblättrige Brennessel / Urtica morifolia
Mäusefalle / Forsskålea angustifolia
Medusenhauptwinde / Convolvulus caput-medusae
Meerkohl / Cakile maritima
Milchdistel / Galactites tomentosa
Mittagsblume / Mesembryanthemum spec.
Mocán / Visnea mocanera
Mönchsohr / Aeonium undulatum
Montereykiefer / Pinus radiata (P. insignis)
Natternkopf / Echium spec.
Nierenblättriger Milzfarn / Adiantum reniforme
Nymphendolde / Astydamia latifolia
Oleander / Nerium oleander
Opuntie / Opuntia ficus-indica (O. dillenii)
Orchilla-Flechte (Orseille) / Roccella tinctoria
Palo blanco / Picconia excelsa
Phönizischer Wacholder / Juniperus phoenicea
Poleo / Bystropogon origanifolius und B. plumosus
Poleo del monte / Bystropogon canariensis
Portugiesischer Kirschlorbeer / Prunus lusitanica
Ratonera / Forsskålea angustifolia
Reina del mono / Ixanthus viscosus
Retama del Teide / Spartocytisus nubigenus
Rotbraune Wolfsmilch / Euphorbia atropurpurea
Roter Teidenatternkopf / Echium wildpretii
Sauerklee / Oxalis cernua (O. pes-caprae)
Scheidenblättrige Zistrose / Cistus symphytifolius
Schizogine / Schizogyne sericea
Schizogine, Grüne / Schizogyne glaberrima
Schneeball / Viburnum rigidum
Schneeweißes Nagelkraut / Polycarpaea nivea
Schultz-Goldstern / Nauplius schultzii
Schwalbenwurzgewächse / Asclepiadaceae
Seidiger Goldstern / Asteriscus (Nauplius) sericeus
Skorpionskraut / Heliotropium spec.
Sonnenröschen / Helianthemum canariense
Spanisches Rohr / Arundo donax

Stachliger Natternkopf / Echium aculeatum
Stechbinse / Juncus acutus
Strandflieder / Limonium pectinatum
Strandmargerite / Argyranthemum arborescens
Strandwolfsmilch / Euphorbia paralias
Tamariske / Tamarix africana und T. canariensis
Tasaigo / Rubia fruticosa
Teidebesenrauke / Descurainia bourgaeana
Teideginster / Spartocytisus nubigenus (S. supranubius)
Teidelack / Cheiranthus scoparius (Erysimum scoparium)
Teidenatternkopf, Blauer / Echium auberianum
Teidenatternkopf, Roter / Echium wildpretii
Teideskabiose / Pterocephalus lasiospermus
Teideveilchen / Viola cheiranthifolia
Tejo / Erica scoparia
Til / Ocotea foetens
Valo / Plocama pendula
Venushaar / Adiantum capillus-veneris
Venusnabel / Umbilicus horizontalis
Verode / Senecio kleinii (Kleinia neriifolia)
Viñatigo / Persea indica
Waldhahnenfuß / Ranunculus cortusifolius
Walnuß / Juglans regia
Wasserhahnenfuß / Ranunculus spec.
Wasserlinse / Lemna spec.
Weidenblättrige Kugelblume / Globularia salicina
Weißes Eupatorium / Ageratina adenophora
Wilde Artischocke / Cynara cardunculus
Wilder Tabak / Nicotiana glauca
Wolfsmilch / Euphorbia spec.
Wollgänsedistel / Sonchus acaulis
Wurzelnder Grübchenfarn / Woodwardia radicans
Zedernwacholder / Juniperus cedrus
Zinerarie / Senecio spec.
Zwergbanane / Musa cavendishii
Zwergheliotrop / Heliotropium erosum (H. ramosissimum)
Zwergstrandflieder / Limonium pectinatum
Zypergras / Cyperus kallii

Register

Fettgedruckte Seitenzahlen verweisen auf
Abbildungen, schräg gedruckte auf Essays
(im Text blau unterlegt). Seitenzahlen mit
dem Zusatz »ff.« bezeichnen den Beginn
eines Hauptreiseziels.

Pflanzen und Tiere

Adlerfarn 53, 70, 79
Admiral 97
Aeonium 17, **19**, 21
Aeonium ciliatum 52
Aeonium cuneatum 52
Aeonium gomerense 70
Aeonium haworthii 50
Aeonium lancerottense 144
Aeonium manriqueorum 99
Aeonium nobile 59
Aeonium percarneum 91, 99, 105
Aeonium sedifolium **19**
Aeonium simsii 105
Aeonium spathulatum **19**, 99
Aeonium subplanum **19**, 70, 74
Aeonium tabuliforme **19**
Aeonium undulatum **19**
Aeonium urbicum **19**, 50, 75
Aeonium valverdense 80, **83**
Aeonium virgineum **90**, 91
Afrikanische Tamariske 115, 125
Agave **96**, 128
Aichryson bollei 59
Aichryson laxum **70**, 97
Aichryson punctatum 71
Aleppokiefer 72
Alheli montuño 83
Allagopappus dichotomus 39
Alpenkrähe 55, 59, **60**
Alpenstrandläufer 123, 140
Ameisenlöwe 116
Ampferstrauch **42**, 90
Amsel 40, 65, 71, 81, 97, 100, 117
Androcymbium psammophilum 126
Argyranthemum canariense 90
Argyranthemum filifolium 112
Argyranthemum maderense **143**, 144
Argyranthemum teneriffae 32
Aronstab 90
Artemisia ramosa 112
Arthrocnemum fruticosum 123
Asparagus plocamoides 112
Asparagus stipularis 128
Asphaltklee 72
Asphodelus tenuifolius 121, 129, 145
Avocado 22

Baldachinspinne 113, 116, **117**
Balsamwolfsmilch 39, 43, 62, 90, 112, 144
Banane **23**
Baumförmige Wolfsmilch 62
Baumheide 15, 18, 48, 58, 69, 71, 79
Begonie 135
Blasenampfer 145
Blattlose Wolfsmilch 43, **90**, 93
Blauer Teidenatternkopf **31**, 32
Blaumeise 40, 65, 71, **72**, 97, 100, 104, 146
Bluthänfling 118, 145
Bocksdorn 44, 90, 121
Bosea yervamora 95
Braune Fensterpflanze **90**, 91

Breitblättriger Blaustern 145
Bremsenragwurz **99**, 100
Brillengrasmücke 45, 59, 92, 116, 125,
145, 146, 147
Buchfink 50, 59, 64, 71, **80**, 81, 97
Buntspecht 105, **107**, 109
Bystropogon plumosus 75

Campylanthus salsoloides 39, 112, 145
Canario 25
Capitana **65**, 71, 79
Cardón **43**
Carduelis triasi 25
Cedronella canariensis **64**, 70, 79
Cheirolophus canariensis 43
Chrysolina sanguinolenta 127
Codeso 72, **73**, 74, 105
Codeso de Cumbre 32
Colias croceus 101
Cresta de Gallo 48
Crocidura osorio 24
Cuscuta approximata 124
Cynodon dactylon 112

Danaus plaxippus 97
Dasychira 21
Dickblattgewächse 21
Dipcadi serotinum 91, 124, **127**, 145
Diplodus cervinus 46
Distelfalter 71, 117
Dolchwespe 124
Dornlattich 44, **76**, 90, 112, 115, 121, 123,
135, **139**, 140, 144, 147
Drachenbaum **1**, **16**, 40, 100
Drago millenario 47
Dromedar **135**, 137

Echium callithyrsum 100
Echium decaisnei 90, **102**, 108, 112
Echium onosmifolium 108, 112
Echium webbii 60, **61**
Efeublättriger Streifenfarn 53, **54**
Eidechse **116**
Einfarbsegler 40, 52, 59, 72, 75, 81, 82, 117
Eisblume 45, 89
Eleonorenfalke 145
Escobon 71, 74, 80, 104, 105
Eukalyptus 22, 74, 94

Fagonia cretica 145
Fahlsegler 147
Federborstengras **89**
Feige 60, 74
Feigenkaktus 24, 39
Felsenhuhn 40, 84, 127
Felsentaube 40, 75, 81, 97, 137, 146
Fingergras 112
Fischadler 46, 122, 145, 147
Fische 25
Flechten 135
Fliegenblume 129, **130**
Flußregenpfeifer 117
Flußuferläufer 117, 140
Frankenia ericifolia 124
Französische Zistrose 39, 50, **61**, 71, 74,
80, 83, 104
Fuerteventuragecko 125, **127**

Gagelbaum 48, 58, 69, 79, 96
Gallotia galloti 32, **49**, 50, 75, 125, 129,
140, **146**
Gebirgsstelze 40, 59, 97, 100

Gecko **26**, 46, 125, **127**
Gelbe Fensterpflanze **45**
Gelbe Hauhechel 93, 124
Gelber Sauerklee **22**, 90, 129
Gelbschnabelsturmtaucher 38, **44**, 46, 142
Gennaria diphylla 97
Gesnouinia arborea 64
Gespinstmotte 59
Gibalbera 64, **65**, 95
Ginsterwinde 112
Girlitz 97, 101
Goldhähnchen 59, 65, 71
Gonepteryx cleobule **64**, 71
Grapsus grapsus **26**
Grauammer 113
Greenovia aurea 59, 80, **83**, 100, 105
Greenovia diplocida **61**
Grindwal 24
Grüne Schizogine 112, 115
Grünfink 100, 113
Grünschenkel 140

Habenaria tridactylites 91
Hauskatze 24, 100
Haustaube 81
Hemicycla bidentalis 53
Herniaria canariensis 147
Hierro-Rieseneidechse **84**
Hierro-Rose 80, **83**
Hija de Don Enrique 93, 101
Honigbiene 97
Hörnerranke 44, **80**, 84, 93
Hornklee 58
Hyparrhenia hirta 91, 112
Hypericum canariense 96
Hypericum reflexum 96

Iberischer Seefrosch 59, **95**, 97, 102, 113,
117
Ilex platyphylla 52
Insulivitrina lamarcki **52**, 53

Jandía-Wolfsmilch **119**, 121
Jochblatt 125, 140, 147

Kampfläufer 117
Kanarenbläuling 33
Kanarengirlitz **25**, 40, 59, 60, 65, 71, 75,
82, **96**, 100, 105, 113
Kanarenkiefer **36**, 82
Kanarenpieper **32**, 33, 40, 45, 59, 75, 82,
92, 104, 116, 122, 125, 137, 145, 147
Kanarenschmätzer 118, **120**, 142
Kanarentaube 50, 52, 53, 64, **65**, 66, 71, 81
Kanarienvogel 25
Kanarische Dattelpalme 21, **68**, **73**, **109**, 115
Kanarische Gänsedistel 93
Kanarische Glockenblume **95**, 96, 101
Kanarische Kiefer 15, 20, 58, 72, 100, 104
Kanarische Rieseneidechse 108, **116**
Kanarische Spitzmaus 137
Kanarische Stechpalme 48, 52, 63, 80, 96
Kanarische Steinbeere 44, 112
Kanarische Tamariske 115
Kanarische Weide 39, 40, **56**, 58, 59
Kanarische Zinerarie **52**, 90, 92, 100
Kanarischer Admiral 71
Kanarischer Blaupfeil 39
Kanarischer Blaustern 90
Kanarischer Engelsfarn 100
Kanarischer Erdbeerbaum 50
Kanarischer Fingerhut 48, **49**, 96
Kanarischer Krugfarn 53, 70, 96

Kanarischer Lorbeer 51, 53, 63, 80, 95
Kanarischer Salbei 90, 108
Kanarisches Flachkraut 89
Kanarisches Johanniskraut 40
Kanarisches Sonnenröschen 90, 144
Kandelaberwolfsmilch 18, 39, **43**, 93, 112
Kasuarine 120
Kickxia 124
Kickxia heterophylla 144
Kiebitzregenpfeifer 123, 140, 147
Klebriger Alant 50, 90
Klebriger Codeso 58
Kleinfrüchtiger Affodill 75, 90, **99**, 104, 129, 145
Kolkrabe 33, 59, 75, **79**, 81, 82, 92, 104, 117, 122, 137, 145
König-Juba-Wolfsmilch 39, 43, 74, 83, 90, **105**, 112, 129, 144
Königslibelle 33, 50, 80, 117
Koschenillelaus *23*, **24**
Kragentrappe 118, 125, *128*
Krapp 39, 79, 83, 90
Kronenmargerite 145
Kuckucksknabenkraut 60
Kugelassel 53

Lagarto gigante del Hierro 84
Lanzarote-Hornklee 144
Lanzarote-Steckenkraut 144, **146**
Lavandula minutolii **111**
Lorbeertaube 50, 52, 53, 65, 66, 71, 81
Lotus berthelotii 101
Lotus maculatus 101, **102**
Lotus spartioides 104, **106**

Macaronesia fortunata 21
Mandelbaum 74
Marmulán 40
Maulbeerblättrige Brennessel 79, 100
Mauligobius maderensis 46, 147
Mäusebussard 40, 50, **70**, 71, 72, 92, 100
Medusenhauptwinde **122**, 124
Meeräsche 140
Meerkohl 147
Meerohr 147
Meerpfau **46**
Mehlschwalbe 117
Meloë tuccius 92, **93**
Mesembryanthemum nodiflorum 45, **47**
Messerschmidia angustifolia 146
Micromeria benthamii 104
Micromeria lanata 104
Micromeria pineolens 104
Micromeria varia 79
Milchdistel 90
Mittagsblume 45, **47**
Mittelmeerlaubfrosch **50**, 97, 102
Mocán 40, 50
Mönchsgrasmücke 40, 59, 65, 96, 97, 100, 113
Mönchsohr 99
Monarch **95**
Montereykiefer 21, 72, 82, 104
Mufflon 24
Munidopsis polymorpha **144**, 146

Napfschnecke 26, 147
Nierenblättriger Milzfarn 53, **54**
Nordafrikanisches Erdhörnchen **123**, 129
Nymphendolde 45, **47**, 62, 89

Ölkäfer 92, **93**
Ophioblennius atlanticus 46
Opuntia dillenii 39, 44

Opuntie 23
Orchilla 26, 91, **92**
Ostkanareneidechse 125, 129, 140, **146**

Palo blanco 48, 80, 95
Parolinia ornata 112
Paronychia gomerensis 75
Parus caeruleus degener 146
Pelzbiene **125**, 127
Pfuhlschnepfe 123, 140
Phönizischer Wacholder 73, 79, **83**, 112
Pimpinella junoniae 75
Plantago aschersonii 127
Plantago webbi 75
Pleiomeris canariensis 53
Poleo 104
Portugiesische Galeere 26, **151**
Portugiesischer Kirschlorbeer 53, 63
Promachus spec. **80**

Raubfliege **80**
Raubwürger 33, 113, 116
Rauchschwalbe 117
Regenbrachvogel 117, 123
Reichardia tingitana **123**, 127, 145
Reina del Monte 48, 64, 70
Rennkrabbe **26**
Rennvogel 118, 125
Romulea columnae **107**
Rotbraune Wolfsmilch **40**, 43
Roter Teidenatternkopf 32, **35**
Rotkehlchen 40, **49**, 59, 65, 71, 81, 97, 100, 104
Rotschenkel 140

Samtkopfgrasmücke 40, 45, 72, 82, 93, 97, 100
Sanderling 117, 123, 140, 147
Sandflughuhn 118, **122**, 125
Sandregenpfeifer 117, 123, 140, **143**, 147
Scheidenblättrige Zistrose 59, **61**, 104
Schizogine 44
Schleiereule 118, 145
Schmutzgeier 122, 127, **133**, 137, 145, 146
Schneeball 80, 96
Schneeweißes Nagelkraut 124, 144, 147
Schriftfarn 97
Schultz-Goldstern 127, **141**, 144
Scrophularia calliantha **99**, 100
Seeregenpfeifer 123, 147
Seidenreiher 147
Seidiger Goldstern 144
Senecio leucanthemifolius 123
Senecio steetzii 71
Senecio webbii **91**, **94**
Sepia 26
Sideritis dasygnaphala 105
Sideritis lotsyi 75
Siebenpunkt 92
Skink **115**, 117
Spanisches Rohr 112, 115
Sperber 50, 81
Spirula spec. **26**
Staatsqualle 26
Stachliger Natternkopf 82
Star 117
Stechbinse **115**, 135
Steinsperling 113
Steinwälzer 140, 147, **148**
Stelzenläufer 140
Stereocaulon vesubianum **135**
Stieglitz 97, 100, 113
Strandmargerite 43

Strandwolfsmilch 125, **144**, 147
Stummellerche 125, 140, 147
Sventenia bupleuroides 101

Tamariske **114**, 115
Tarentola delalandii **26**, 46
Tarentola angustimentalis 125, **127**
Tasaigo 79
Teidebesenrauke 32
Teidefink **34**, 105
Teideginster **32**, 59
Teidelack 32, 59, 100, 105, **107**
Teideskabiose 31, **35**
Teideveilchen **34**
Tejo 52, **73**
Teline microphylla 105, **111**
Teneriffagecko **26**, 46
Teneriffa-Goldhähnchen 59, 65, 71
Thais haematoma 147
Theba pisana 125
Til 53, 63, 95
Triel 82, 118, 125, 147
Trüffel 126
Turmfalke 40, 59, 72, 75, **103**, 116, 118, 137, 140, 146
Turteltaube 82, 100

Uferschnepfe 140

Valo 39, 45, 112, 115
Velella spec. 26
Venushaar 97
Venusnabel 91, 100
Verode **40**, 83, 84, 90, 112, 129, 144
Vieraea laevigata 43, **46**
Viñatigo 48, **63**
Viola palmensis 59

Wachsrose **86**
Wal 24
Waldhahnenfuß **58**, 100
Waldohreule 50, 81
Waldschnepfe 50
Walnuß 96
Wanderheuschrecke 118
Wanderigel 122
Weidenblättrige Kugelblume 50
Weidensperling **91**, 92, 97, 113, 117, 147
Weißes Eupatorium 22, 64, 71
Weißkopfmöwe 46, 105, 116, 122, 147, **148**
Westkanareneidechse **32**, **49**, 50, 75
Wiedehopf 116, 118, 122, **126**, 140
Wilde Artischocke **76**
Wilder Tabak 22, **76**, 115, 122, 128, 135
Wildkaninchen 24, 59, 102, 125, 137
Wollgänsedistel 92
Wollschweber 124
Wurzelnder Grübchenfarn **51**, 53, 63, 70
Wüstenfalke 145
Wüstengimpel 113, 125, 137, 140, 145, 146, **147**

Xanthoria parietina 135

Yponomeuta gigas 59

Zedernwacholder 72
Ziege 118, 121, **124**
Zilpzalp 40, **49**, 50, 59, 65, 72, 80, 92, 96, 100
Zitronenfalter **64**
Zwergbanane 23
Zwergheliotrop 124, 129, 144
Zwergstrandflieder 45, **47**, 89
Zygonyx torrida 41
Zypergras 115, 125
Zypresse 82, 104

Register

Orte, Sachbegriffe und Personen

Aa-Lava 11
Aceviños 72
Adeje 41
Agaete 93
Agulo 68
Alegranza 132, 142
Anaga-Gebirge 52 ff., **53**
Andén Verde 89 ff., **91**
Antipassat 13
Arena 121
Arenas Blancas **10**, 85, **86**
Arguineguín 110
Arrecife 132
Artenara 105
Artenschutz 153
Atlantis 10
Autofähre 130
Azulejos 36

Bandama 102, **103**
Barlovento 55, 67
Barranco de Guayedra 93
Barranco de Guiniguada 102
Barranco de la Virgen 94
Barranco de las Angustias 56
Barranco de Moya 97
Barranco de Teneguime 141
Barranco del Agua 65
Barranco del Infierno **38**
Barranco von Arguineguín 110 ff.
Barranco von Tenteniguada 98 ff.
Barrancos 13
Bartflechte **15**
Basalt **12**, 33
Bastard 50
Bimstein 12
Biosphärenreservat 63
Blocklava **10**, 11
Blumenvogel *96*
Botanischer Garten 37, 73, 98
Bramwell, D. 99
Buchhandlungen 153
Buenavista 46

Caldera 12, 31
Caldera de Taburiente **56** ff.
Caleta del Sebo 142
Calima 15
Camping 65
Canal y los Tilos **55**, 63 ff.
Casas de El Golfo 140
Castillo de San Gabriel 132
Cerca de Espino 113
César Manrique 132, 141
Charco Azul 85
Charco de los Cliquos 140
Chipude 74
Cenobio de Valerón **27**, 93
Cofete 129
Conchero 83
Corona 132, 141
Corralejo 119 ff.
Cromagnon 27
Cruz de la Zarzita 72
Cruz de Tejeda 108
Cuesta de Silva 89 ff.
Cueva de los Verdes 141
Cumbre Nueva 62

Dehesa 79
Don Andrés Lorenzo Curbelo 136
Drachenblut 16
Dünen 13, **114**, 120

Echadero de los Camellos 136
El Bailadero 54, 72
El Cedro 70, 72
El Cercado 75
El Cotillo 120
El Golfo **77**, 78 ff., **139**, 140
El Hierro 77 ff.
El Julán 85
El Oasis 115
El Palmital 97
El Portillo 36
El Sabinar 78 ff.
El Saladar 123, 129
Endemismus 17
Epiphyten 21
Eremita de los Reyes 85
Eremita N.S. de Lourdes 72
Erjos del Tanque 51

Fahrrad 150
Famara 148
Faro de Jandía 129
Faro de Maspalomas 114
Faro de Teno 42
Fayal-Brezal 18, 69, **72**, 73, 79
Felsgravierung 27, 63, 85
Felswatt **86**, 132
Fladenlava 79
Fortunaten 27
Frontera 80
Fuencaliente 62
Fuente de La Zarza 67
Fuerteventura 9, 10, 118 ff.

Garajonay 69 ff.
Gekröselava 79
Gemeindeweide 79
Glasboden-Boot 130
Gomera 9, 68 ff.
Gran Canaria 9, 87 ff.
Graciosa 132, **142**
Grundwasserspiegel 94
Guanchen 27
Guatiza 141
Guía 97

Halbwüste 123, 125
Haría 132
Hermigua 68
Hierro 9, 10, 77 ff.
Hoya del Morcillo 85

Icod de los Vinos 16, 47
ICONA 44, 62, 130, 137
Idafe 56
Ignimbrit 110
Inagua 104
Isla de los Volcanes 131
Islote del Hilario 133
Islotes 141
Istmo de La Pared 119, **122**

Jable de Corralejo 120
Jable de Lajares 121
Jameos del Agua 141
Jandía 119 ff.

Jardín Botánico Viera y Clavijo 98
Jinama 80
Juego de Bolas 73
Juncalillo 105

Kabinenbahn 36
Kalksand 13, 85
Karmin 24
Kiefernwald **20**, **57**, 104, **106**
Kissenlava 79
Klima 13
Kulturpflanzen *22*
Kunkel 118

La Caleta 132, 148
La Cumbrecita **57**, 58
La Cura 61
La Finca de Osorio 94
La Fortaleza **74** ff.
La Galga 63
La Gomera 68 ff.
La Graciosa **142**
La Oliva 119, 120, 128
La Palma 9, 55 ff.
La Restinga 78 ff., 79
La Zarza 63, **64**, 67
La Zarzita 67
Lagune 117, 140
Lajares 119, 120, 128
Lanzarote 9, 131 ff.
Lapilli 11, 133
Las Cañadas de Teide 30 ff.
Las Hayas 69
Las Narices 31, **35**
Las Palmas de Gran Canaria 88
Las Paredes 76
Las Rosas 68
Laurisilva *21*
Lavahöhle 11, 133, **136**
Lobos 120, 130
Lockervulkan 12
Lorbeerwald 18, *21*, 48, 52, **53**, 63, 69, 78, 94
Los Azulejos **30**, 31
Los Brecitos 60
Los Hervideros 140
Los Letreros 85
Los Llanos de Aridane 55
Los Llanos de Ucanca 36
Los Lomelitos 65
Los Sauces 55, 67
Los Tilos de Moya 94 ff.

Malpaís 11, 121, **126**, 128, 135
Malpaso 85
Masca 44, 51
Masdache **138**
Maspalomas 88, 114 ff.
Meerwasserschwimmbecken 152
Mirador Bailadero 70
Mirador de Jinama 78, 85
Mirador de la Peña 85
Mirador de Las Chozas 62
Mirador de los Roques 62
Mirador del Balcón 93
Mirador del Río **142**, 148
Mischvulkan 12
Montaña Blanca 30
Montaña Clara 142
Montaña de los Santos 121
Montañas del Fuego 133

Monte del Agua 48 ff., **49**
Morro de Jable 129
Moya 97
Mozaga 132
Mumie 16, 27

Nationalpark 28, 56, 68, 133, 137
Naturpark 28
Nebelniederschlag **15**
Neck 12, **69**
Nullmeridian 26, 77

Obsidian *33*, 89
Ojeda 104
Olivin 12, 140
Orzola 132

Pahoehoe-Lava 11, **78**, 79
Pajonales 104
Palagonit 140
Palmenhonig 73
Parador Nacional 36, 68, 86, 109
Passat 13
Passatwolke **14**, 15, 58, 69, 131
Pavón 76
Peñas del Chache 131, 141
Phönizier 26
Phonolith 110
Pico de la Zarza 119
Pico del Inglés 52
Pico Viejo 30
Pijaral 52 ff.
Playa Blanca 130, 132
Playa del Inglés 117
Portela Alta 51
Portela Baja 51
Pozo de la Salud 85
Pozo de las Nieves 87, 105
Puerto del Carmen 132
Puerto del Rosario 130
Puerto Espindola 44
Puerto Estaca 85
Puerto Naos 55
Punta de Fraile 42
Punta de Teno **42** ff.
Punta Grande 86
Purpurarien 26
Pyroklastit 11

Refugio de Altavista 36
Riesenwuchs 17
Riscos de Famara **131**, 141 ff.
Roque Agando 69
Roque Bentaiga 109
Roque bollii 51
Roque Carmona 69
Roque Grande 98
Roque Nublo 104, 109
Roque Ojila 69
Roque Zarcita 69
Roque-Nublo-Formation 110
Roques de García **31**, 36
Roques de los Muchachos 56
Roques de Salmor 84
Ruderalpflanzen 145
Ruta de los Volcanes 137

Sabin de Berthelot 23
Sabinar 78
Sabinosa 86

Salinas de Janubio 139
Salzpflanzen 140
Salzwiese 122
San Andrés y Sauces 67
San Antonio 62
San Marcos 47
San Miguel de la Palma 55
San Nicolás 93
San Sebastián 68, 70
Santiago 68
Santiago del Teide 51
Schichtvulkan 12
Schutzgebiet 28
Scirocco 15, 118
Scoria 12
Silbo 75
Sklave 28
Solfatare 33
Soria **111**, 113

Spülsaum 85
Sta. Cruz de la Palma 62
Staphylit 11
Stockausschlag 21, **22**, 48
Stricklava 79, **83**, **136**
Sukkulenten 18
Sukzession 31, 98
Sventenius, E.R. 99

Tafira Baja 98
Tageslänge 13
Tamadaba 93, 104 ff.
Támaran 88
Targa **68**
Tazacorte 55
Teide **29**, 30 ff., **34**, **87**
Temperatur 13
Teneguía 62
Teneriffa 9, 29ff.

Teno-Gebirge 42 ff.
Tenteniguada **98** ff.
Tesjuate 128
Timanfaya 133 ff.
Tinajo 137
Trockenfeldbau *138*
Trockenpflanze 39
Tuff **11**, 12, 140

Uga 132
Urbanisation 132
Ureinwohner 74

Valle Gran Rey 68
Vallehermoso 68, 73
Valverde 77
Vega de San Mateo 102
Vegetation 15 ff., **18**
Vilaflor 36

Vogelblume 96
Vueltas de Taganana 54
Vulkanausbruch 136
Vulkanhöhle 47, 141
Vulkanische Bombe **12**, 58, 74
Vulkanismus 10ff., 133
Vulkanschlote 69

Wasser 33
Wetter 15
Wind 79
Würm-Eiszeit 114

Yaiza 136

Zonierung **17**, 18 ff.

Die Natur als Reiseziel

Informationen und Impressionen für reiselustige Naturfreunde

»... mit diesen ›Reiseführern Natur‹ wurde eine wichtige Lücke geschlossen. Es war mir vergönnt, in den letzten dreißig Jahren alle von Ihnen publizierten Räume zu besuchen und ich kann ermessen, welche konzentrierte Einstimmung Sie jedem Naturfreund mit den vorzüglich ausgerichteten Reisevorbereitungen ermöglichen. Ich bin sicher, daß der BLV mit dieser Produktion allen reisefreudigen Naturfreunden eine große Hilfe sein wird.«

Heinz Sielmann

»Endlich, kann man nur sagen! Es gibt endlich gute Reiseführer für Leute, die vor allem die Natur des Gastlandes erkunden wollen. Vorbei sind die Zeiten, in denen man sich aus mehreren Büchern alle notwendigen Informationen über Nationalparks, Tiere, Pflanzen, Wander- und Beobachtungsmöglichkeiten selber zusammentragen mußte...«

Ein Herz für Tiere